500만 독자 여러분께
감사드립니다!

세상이 아무리 바쁘게 돌아가더라도
책까지 아무렇게나 빨리 만들 수는 없습니다.
길벗은 독자 여러분이
가장 쉽게, 가장 빨리 배울 수 있는 책을
한 권 한 권 정성을 다해 만들겠습니다.

독자의 1초를 아껴주는
정성을 만나보세요.

———————

미리 책을 읽고 따라해 본 2만 베타테스터 여러분과
무따기 체험단, 길벗스쿨 엄마 2% 기획단,
시나공 평가단, 토익 배틀, 대학생 기자단까지!
믿을 수 있는 책을 함께 만들어주신 독자 여러분께 감사드립니다.

학교 · 가정 · 기업 · 사회

AI 2026
AI 교육 트렌드

[7인의 교육 전문가가 전하는
생생한 현장 인사이트 리포트]

박소이 | 유영걸 | 오유나 | 김영준 | 김정환 | 정나래 | 한창훈

길벗

2026 AI 교육 트렌드

2026 AI Education Trends

초판 발행 · 2025년 12월 1일

지은이 · 박소이, 유영걸, 오유나, 김영준, 김정환, 정나래, 한창훈
발행인 · 이종원
발행처 · (주) 도서출판 길벗
출판사 등록일 · 1990년 12월 24일
주소 · 서울시 마포구 월드컵로 10길 56(서교동)
대표 전화 · 02) 332-0931 | **팩스** · 02) 323-3895
홈페이지 · www.gilbut.co.kr | **이메일** · gilbut@gilbut.co.kr

기획 및 책임 편집 · 안수빈(puffer@gilbut.co.kr)
표지·본문 디자인 · 황애라 | **제작** · 이준호, 손일순, 이진혁
영업마케팅 · 전선하, 박민영, 서현정 | **유통혁신** · 한준희
영업관리 · 김명자 | **독자지원** · 윤정아

교정교열 · 이정주 | **전산 편집** · 김정미 | **CTP 출력 및 인쇄** · 금강인쇄 | **제본** · 경문제책

ISBN 979-11-407-1675-3 03370
(길벗 도서번호 007230)

정가 25,000원

독자의 1초를 아껴주는 정성 길벗출판사

(주)도서출판 길벗 · IT교육서, IT단행본, 경제경영, 교양, 성인어학, 자녀교육, 취미실용 ▸ www.gilbut.co.kr
길벗스쿨 · 국어학습, 수학학습, 어린이교양, 주니어 어학학습, 학습단행본 ▸ www.gilbutschool.co.kr
페이스북 ▸ gilbutzigy | **인스타그램** ▸ gilbut.it | **네이버 블로그** ▸ blog.naver.com/gilbutzigy

모두가 거대한 AI를 곁에 두게 된 시대,
더 많이 암기하고 더 빨리 문제를 푸는 능력만으로는
배움을 설명하기 어려워졌습니다.

초·중등 교실, 대학의 강의실,
가정의 식탁, 기업의 교육장까지
교육이 이루어지는 모든 공간에서
우리는 같은 질문을 마주했습니다.

각기 다른 교육 현장에서
교육의 미래에 대해 고민하고 있는
일곱 명의 교육자가 함께 이 책을 써 내려갔습니다.

다른 현장, 다른 학생들을 만나고 있지만
우리는 모두 교육의 미래를 바라보고 고민합니다.

앞으로 우리는 무엇을 가르치고, 무엇을 배워야 할까요?

저
자
의
말

——————————————————— 박소이

- 이메일: softaiedu@gmail.com
- 인스타그램: @softai_edu   ▪ 유튜브: @softaiedu

『2026 AI 교육 트렌드』의 집필 모임을 리드했다. 현재 카카오 ESG 기술인재양성 조직에서 소상공인과 중·고등학생 등 다양한 대상이 AI 기술을 더 쉽게 활용할 수 있도록 돕는 교육 프로그램을 기획하고 있다. AI가 평범한 직장인의 일상을 바꾸는 과정을 담은 『AI 덕분에 오늘도 칼퇴합니다(비전코리아)』의 저자이다. 개인 SNS 채널 'Soft AI'를 운영하며 AI를 더 쉽고 인간적으로 전하는 방법을 실험 중이다.

어린 시절, 우리는 마음껏 꿈을 꾸었습니다. 무엇이든 할 수 있고, 어떤 사람이든 될 수 있을 거라 믿었지요. 하지만 자라면서 점점 세상의 기준 속에서 자신을 증명하며 살아가게 되었습니다. 학벌, 전공, 소속, 연봉 같은 잣대로 자신을 설명하고 평가받으며 스스로의 가능성을 좁혀왔습니다. 저 역시 그런 보통의 어른으로 살아가던 중, AI를 만나 다시 어린 시절로 돌아간 듯한 느낌을 받았습니다. 스스로를 어떤 사람이라 규정하지 않고, 마음껏 상상하며 배우고 도전하던 그때로요. AI는 어쩌면 우리 모두에게 '다시 배우는 용기'를 건네는 존재인지도 모릅니다. 이 책을 통해 AI 교육이 학교와 사회의 경계를 넘어 모든 세대가 배우는 방식을 다시 설계하는 계기가 되길 바랍니다.

이 책을 완성하기까지 많은 분들의 도움이 있었습니다. 먼저 저의 가장 큰 지지자인 남편에게 깊은 감사와 사랑을 전합니다. 책 마감으로 바쁜 시간을 이해하고 응원해준 덕분에 자신감을 가지고 몰입할 수 있었습니다. 함께 배우고 성장한 AI 스터디 '꼼지락' 멤버들과 집필 모임의 선생님들 그리고 출판 제안을 주신 길벗에 진심으로 감사드립니다. 교육에 대한 진심과 AI에 대한 순수한 호기심으로 모인 멤버들 덕분에 서로의 배움을 응원하며 행복한 시간을 보낼 수 있었습니다. 마지막으로 오랜 교직 생활을 마치고 최근 암까지 이겨내신, 가장 존경하는 스승이자 사랑하는 어머니 최호숙 선생님께 진심 어린 존경과 감사의 마음을 전합니다.

유영걸

- 인스타그램: @ai.educator4u

현재 카카오공동체 axz에서 AI를 활용한 글로벌 서비스를 기획하고 있다. 사회복지법인에서 유아 및 초등학생을 대상으로 AI 기반 놀이 및 교육 프로그램을 운영하고, 초·중·고 학부모와 교사를 대상으로 한 AI 교육 강연자로도 활동 중이다. AI융합교육연구회 소속으로 AI를 활용한 교육법을 전국의 교사들과 공유하고 있으며, 초등학생 자녀를 둔 부모와 교육자를 위한 AI 실용서 『AI에 지지 않는 아이(비욘드)』의 저자이다.

학생부터 교사와 학부모까지, 누구나 AI를 통해 창작자가 될 수 있는 시대가 열렸습니다. 이제 중요한 것은 '얼마나 많은 AI를 다루느냐'가 아니라 '어떤 방식으로 AI를 활용하느냐'입니다. AI는 잠시 쓰고 마는 도구가 아니라, 일상에서 함께 생각을 펼치고 확장해나갈 동반자이기 때문입니다. 따라서 우리는 아이들에게 'AI를 잘 쓰는 법'보다 먼저 'AI와 함께 배우고 탐구하는 태도'를 가르쳐야 합니다. 그 출발점은 학교 교실이 아닌 가정과 유아기 교육 현장입니다.

이 책이 전하고자 하는 메시지는 분명합니다. AI는 인간의 창의성을 대신하는 존재가 아니라, 새로운 생각을 이끌어내는 촉매제입니다. 아이들이 AI를 통해 세상을 새롭게 바라보려면, 무엇보다 교사와 부모가 먼저 AI를 이해하고 받아들이는 자세가 필요합니다. AI와 함께 배우고 성장하는 오늘의 작은 시도가, 내일의 교육을 바꾸는 첫걸음이 될 것입니다.

직장에서의 치열한 하루를 마치고 늦은 밤부터 새벽까지 함께 집필에 힘써주신 공동 저자님들께 진심으로 감사드립니다. 함께 나누었던 토론과 고민의 시간이 있었기에 이 책을 완성할 수 있었습니다. 또한 집필 기간 동안 넓은 마음으로 이해하고 응원해준 아내에게 깊은 사랑과 고마움을 전합니다. 마지막으로 직장인과 작가, 강연자라는 여러 길을 걸어가는 저를 묵묵히 응원하며 늘 자랑스러워해주신 부모님께 진심으로 감사드립니다.

오유나

- 이메일: ohyuna@snu.ac.kr

현재 서울시교육청 소속 초등학교 교사로 재직 중이며, 서울대학교 사범대학원 AI융합교육학과 석사 학위를 취득했다. 교육부 디지털 학생 맞춤교육 선도교사, AIEDAP 마스터교원, T.O.U.C.H. 교사단 등 다양한 활동을 통해 전국 교사들과 함께 AI 및 디지털 교육의 방향을 모색하며, 교육부 교육혁신 선도교사, AIEDAP 마스터교원 등 신규 선도교사 양성 교사로 활동하고 있다. 또한 수업 사례를 기반으로 한 교원 연수와 개별 학교 맞춤형 AI·SW 분야 컨설팅을 진행하며 서울시교육청 컨설팅 장학 위원으로도 활동 중이다. 『서울대학교 AI융합교육학과 인공지능 수업 가이드(다빈치books)』의 저자이며, 2024년 AI 및 디지털 분야에 대한 공적을 인정받아 교원 디지털 역량 강화 부문 교육부 장관 표창을 수상했다.

몇 해 전부터 AI에 대한 관심이 높아지면서, 수업에 AI를 활용해보고자 하는 선생님들이 점점 많아지고 있습니다. 하지만 'AI가 좋다'는 이야기를 듣고 막상 교실에 적용하려 하면, 무엇부터 시작해야 할지 막막함을 느끼는 경우가 많습니다. 익숙하지 않은 기술 앞에서의 두려움, 그리고 '학생들에게 정말 도움이 될까' 하는 현장의 진솔한 고민이 함께 존재합니다. 이 책은 그런 선생님들께 작은 용기를 드리고 한 걸음씩 나아갈 수 있도록 다양한 학교 현장의 사례와 선도교사들의 이야기를 담았습니다.

저는 교실 속에서 AI와 디지털 도구를 활용하며 얻은 경험과 시행착오를 다른 선생님들과 나누는 과정에서 큰 의미를 느꼈습니다. 그 과정은 단순히 기술을 배우는 시간이 아니라, 서로의 수업을 이해하고 공감하며 함께 성장하는 여정이었습니다. 이 책이 그 나눔의 연장선이 되어, 함께 배우고 성장하는 동료 교사 문화의 밑거름이 되기를 바랍니다. 선생님들이 각자의 교실에서 'AI 수업'의 새로운 가능성을 발견하기를 진심으로 응원합니다.

김영준

서울성남고등학교에 재직 중이며, '인공지능 기초'와 '공학일반(로봇과 공학세계)' 과목을 가르치고 있다. SW 선도학교, AI 중점학교, AI-IoT 시범학교, 삼성미래교육모델학교(2018), 인텔 AI Lab(2019~2022), LG CNS AI지니어스 아카데미(2022), 메이커 모델학교(2020~2023), 창의융합(STEAM) 선도학교, 디지털선도학교 등 시대의 변화를 반영한 다양한 교육혁신 사업을 주도해왔다. 또한 교육청과 교사, 학생을 대상으로 메이커교육, 로봇교육, AI 교육 강사로 활동 중이다. 『인공지능 윤리(정보통신정책연구원)』 대표 저자를 시작으로 『소프트웨어와 생활』, 『인공지능과 피지컬 컴퓨팅』, 『로봇과 공학세계』 등 교과서 집필에도 참여하며 AI 시대의 교육 방향과 실천 방법을 연구하고 있다.

AI 교육은 단순한 기술 학습이 아니라, 새로운 사고의 언어를 배우는 일입니다. 저는 교실에서 학생들과 함께 도전하며, 매일 변화의 속도를 체감하고 있습니다. 기계가 인간의 사고를 모방하는 시대, 저는 끊임없이 스스로에게 묻습니다. "AI가 학생의 생각을 대신하는 시대에, 우리는 어떻게 학생의 '사고력'을 지켜줄 수 있을까?" 그래서 기술의 진보보다 사람의 성장을 중심에 둔 프로젝트 수업을 설계했습니다. 학생들이 스스로 문제를 발견하고, 로봇과 인공지능을 활용해 해답을 만들어가는 과정에서 '학습자'는 '창조자'로, '교실'은 '실험실'로 변화했습니다.

'아이들에게 가르치기 전에, 제가 먼저 배워야 한다'는 마음으로 지금도 꾸준히 AI를 공부하고 수업에 적용하고 있습니다. 그 이유는 분명합니다. 예전에는 부모님과 교사의 경험과 조언이 세대의 나침반이 되었지만, 이제 우리 모두가 처음 맞이하는 AI 시대를 함께 살아갑니다. 이 변화의 속도를 몸으로 느끼지 않고서는 학생들에게도 진정한 조언을 건넬 수 없다고 생각합니다. 이 책을 읽는 모든 독자 여러분께서도 같은 마음으로 AI 시대를 맞이하고, 각자의 삶 속에서 'AI와 함께 성장하는 법'을 발견하시길 바랍니다.

김정환

• 이메일: jhkim@cha.ac.kr

차의과학대학교 의료홍보미디어학과 교수이자 미디어커뮤니케이션학 전공주임으로 재직 중이며, AI 시대의 교육 변화를 현장에서 직접 경험하고 있다. 한국콘텐츠진흥원, 경기콘텐츠진흥원, 한국과학창의재단 등의 프로젝트를 통해 XR, 메타버스, AI 기반 콘텐츠를 제작하며 기술과 교육의 융합을 실험해왔다. 최근에는 학생들과 함께 이주 배경 청소년들의 한국 사회 적응을 위한 콘텐츠를 제작하여 과학기술정보통신부 장관상을 수상했다.

AI를 수업에 처음 도입했을 때, 솔직히 말하면 엉망이었습니다. 학생들은 낯선 도구 앞에서 어쩔 줄 몰랐고, 저도 마찬가지였습니다. 그렇게 학생들과 함께 헤매기 시작했습니다. 처음엔 AI가 만든 결과물에 압도당하기도 했고, 때론 전혀 엉뚱한 결과물이 나와 다 함께 웃기도 했습니다. 그러다 자연스럽게 질문이 바뀌었습니다. "AI가 이렇게 만들었는데, 네가 원했던 건 뭐였어?" 학생들은 조금씩 자신이 원하는 것을 명확히 표현하기 시작했습니다.

학생들은 종종 묻습니다. "AI가 다 해주는데 우리가 왜 공부해야 하나요?" 그럴 때마다 되묻습니다. "AI가 당신 대신 꿈을 꿀 수 있나요?" 저는 이 책을 통해 AI 시대 교육의 변화와 가능성을 함께 고민하고자 합니다. 기술을 두려워하지도, 맹신하지도 않으며 사람이 더 사람답게 성장할 수 있는 길을 모색하는 것. 그것이 우리가 함께 찾아가야 할 방향이라고 믿습니다.

'마감이 사람을 만든다'라는 명언(?)을 늘 일깨워주며 묵묵히 지원해준 아내와 아빠의 늦은 밤 집필을 이해해준 사랑스러운 두 아이에게 깊은 고마움을 전합니다. 무엇보다 이 책을 함께 기획하고 집필한 공저자 선생님들께 진심으로 감사드립니다. 서로 다른 관점이 모여 더 풍성한 이야기가 만들어졌습니다. 마지막으로 AI 시대의 교육 변화를 함께 고민하고 실험하는 차의과학대학교 동료 교수님들과 학생들, 그리고 다양한 프로젝트에서 만난 모든 분께 감사의 인사를 전합니다.

정나래

- 이메일: naraewool.wings@gmail.com
- 인스타그램: @ai_edu_log ▪ 브런치: @naraewool

카카오에 테크니컬 라이터로 재직 중이며, 개발자를 위한 기술 문서 작성부터 개발자 웹 사이트의 UX 라이팅, 내부 문서 관리 등 다양한 글쓰기를 담당하고 있다. 현재 직장인을 위한 글쓰기 실용서를 집필 중이다.

저는 기술 변화의 최전선에서 AI를 적극 활용하며 일하고 있는 직장인이자 초등학생의 엄마입니다. AI의 발전 속도를 체감할수록, 기존의 교육 방식이 더 이상 아이들에게 맞지 않을지도 모른다는 불안을 느꼈습니다. 저와 같은 고민을 가진 부모와 교사들과 함께, 앞으로 어떻게 준비하면 좋을지 이야기하고 싶었습니다.

제가 집필한 4교시 '가정' 파트에서는 일상 속으로 스며든 AI로 인해 부모가 느끼는 두려움과 혼란을 다룹니다. 이러한 감정이 자연스러운 것임을 인정하면서, AI를 막기보다 아이가 올바르게 활용할 수 있도록 돕는 길을 찾고자 했습니다.

부모가 먼저 AI의 기본 개념을 이해하고, 자녀의 학습과 삶에 어떤 영향을 미치는지 함께 고민하는 과정이 그 시작이라 생각합니다. AI에 대한 막연한 두려움을 넘어, 기술을 이해하고 현명하게 활용하는 교사와 부모가 늘어나길 바랍니다. 아이와 함께 배우며, AI 시대의 창의력과 비판적 사고를 키워가는 여정에 이 글이 작은 동반자가 되길 바랍니다.

마지막으로, 집필하는 동안 집안일을 도맡아주고 글이 막힐 때마다 따뜻한 커피를 타준 나의 단짝 남편, 그리고 이것저것 시도하는 엄마의 실험적인 활동들을 묵묵히 따라와준 아들에게 고마움을 전합니다. 또한 늘 영감과 자극을 주는, 우리 꼼지락 멤버들과 선생님들에게 진심 어린 감사를 전합니다.

한창훈

- 이메일: peterhan365@gmail.com
- 브런치: @peterhan365

'피터의 커뮤니케이션' 대표로서 비즈니스 커뮤니케이션을 주제로 강의, 코칭, 퍼실리테이션을 진행하고 있다. 국내 대기업 및 외국계 기업의 임직원, E-MBA 참가자, 스타트업 대표, 교장 선생님 등 다양한 직군을 대상으로 효율적 소통법을 나누고 있다. LG전자에서 해외 마케팅 업무를 담당했고, 실무 경험을 바탕으로 한 실질적인 해결책 도출에 관심이 많다.

기업의 임직원분들을 만나다 보면 AI의 혜택을 기대하는 쪽, AI로 불안해하는 쪽이 있다는 생각을 하게 됩니다. 산업군별 AI를 도입하고 활용하는 속도, 수준, 보안 정책 등에 편차도 매우 크다는 것을 실감하고요. 그렇다 보니 같은 AI 도구인데 누군가는 너무 쉽고 당연하게 받아들이고, 누군가는 너무 어려워하기도 합니다.

문제는 여기서 생산성의 격차가 매우 빠른 속도로 커진다는 점입니다. 그렇기에 사회에서의 AI 활용도 중요하지만, 학교에서부터 AI 활용에 대한 경험과 지혜를 쌓는 것이 중요하다는 생각을 많이 하게 됩니다. 사회보다는 학교가 실패를 통해 배우기에 더 좋다고 생각하기 때문입니다. 이 책을 통해 학생, 교사, 부모, 그리고 사회인들이 AI 시대를 사는 방향성을 정립하는 데 도움이 되기를 바랍니다.

이 책을 쓰면서 다양한 교육 현장에 있는 다른 훌륭한 저자분들과 교류할 수 있었습니다. 원고를 다듬고 피드백을 주고받는 과정에서 AI 시대의 빠른 변화를 체감했고, 시야를 넓힐 수 있었습니다. 이 책을 읽는 여러분도 그러한 경험을 하실 수 있으리라 기대합니다. 좋은 자극과 피드백을 나눠주신 저자님들, 그리고 길벗의 편집자님께 감사드립니다. 그리고 뒤에서 저를 믿고 응원해주는 사랑하는 아내와 딸에게도 감사의 말을 전합니다.

AI가 모든 것을 바꾸는 지금, 기술 기업에 있는 저에게도 AI는 기대감과 혼란을 동시에 줍니다. 학부모로서는 더욱 그렇습니다. 하지만 AI의 발전을 지켜볼수록 한 가지는 확신하게 됩니다. 중요한 건 기술이 아닌 인간이라는 점입니다. 이 책은 그 신념을 더 굳건히 해줍니다. AI를 활용하며 오히려 더 인간다워질 수 있는 방법을 제시하기 때문입니다. 유아기부터 성인까지 각 연령에 맞게, AI에게 기계적인 일을 맡기고 인간은 더욱 가치 있는 것을 배우고 실현할 수 있도록 인사이트와 구체적 활동 예시를 담았습니다. 사회 각 분야에서 변화를 이끄는 리더와 AI 시대를 준비하는 교사분들에게 이 책을 추천합니다.

서은희 | 카카오 ESG 기술인재양성 리더

AI가 일상이 된 시대, 미래 교육의 방향을 고민하는 모든 분께 단비 같은 책이 출간되었습니다. AI융합교육연구회 소속의 열정적인 교사, 교수, 산업 전문가들이 교육 현장과 산업의 경계를 넘어 유아부터 성인까지 전 생애를 아우르는 AI 교육 로드맵을 그려냈습니다. 이론과 실제를 넘나드는 깊이 있는 혜안이 담긴 이 책이 미래 인재를 키우는 든든한 나침반이 되어줄 것이라 믿으며 추천합니다.

신승인 | AI융합교육연구회 회장

AI 시대를 살아가는 우리는 이제 상상만 하던 일, 아니 상상조차 하지 못했던 일이 현실이 되는 세상을 마주하고 있습니다. 챗GPT가 등장해 우리를 놀라게 한 지 어느덧 3년, 그러나 매일 새로 등장하는 AI 도구들 앞에서 우리는 여전히 상상력의 한계를 실감합니다.

대학에서 학생들을 가르치며 늘 'AI 시대의 교육은 어떻게 변화해야 할까'를 고민해왔습니다. 그런데 이 책을 읽으며, 제 고민이 '대학 교육'이라는 좁은 틀에 머물러 있었다는 사실을 깨달았습니다. 『2026 AI 교육 트렌드』는 유아기부터 중장년층에 이르기까지, 다양한 연령과 환경에서 AI가 학습과 삶을 어떻게 바꾸어가고 있는지를 폭넓게 보여줍니다. 덕분에 대학 교육의 의미를 더 큰 흐름 속에서 새롭게 조망할 수 있었습니다.

그러나 이 책은 학생이나 교육자, 학부모만을 위한 것이 아닙니다. 학교와 가정의 경계를 넘어, 온라인과 오프라인을 아우르며 끊임없이 배우고 성장하는 우리 모두를 위한 책입니다. AI가 스며든 삶의 전 영역을 비추며, 교육이란 결국 '어떻게 살 것인가'의 문제임을 상기시킵니다. 변화의 한가운데에서, 『2026 AI 교육 트렌드』는 AI를 경쟁자가 아닌 협력자로 삼아 살아갈 길을 따뜻한 통찰과 현실적인 시선으로 보여줍니다.

심영숙 | 가톨릭대학교 영어영문학부 교수

AI가 경영의 한가운데로 들어오며 일하는 방식이 빠르게 바뀌고 있습니다. 우리 기업도 AI로 더 큰 성장을 기대하는 만큼, 인재 육성 책임자인 저는 '어떻게 함께 배우고, 어떻게 현명하게 활용할까'를 매일 고민합니다. 이 책은 유아, 초등, 중고등, 대학, 성인에 이르기까지 다양한 현장에서 AI와 공존하는 원칙·가이드·사례를 구체적으로 보여주며, 기업의 인재 육성과 조직 문화에도 바로 적용할 수 있는 실천 힌트를 제시합니다. 특히 AI 네이티브가 신입 사원으로 합류하는 시대에 우리가 만들어야 할 문화의 방향을 선명하게 보여줍니다. 『2026 AI 교육 트렌드』는 AI로 성장을 준비하며 미래를 설계하는 모든 리더에게 친절한 안내서가 될 것입니다.

권윤희 | CJ인재원 부원장

AI 기술의 발전으로 교육과 산업의 변화가 가속화되면서, 교사들은 AI 교육의 방향성에 대한 고민에 직면했습니다. 이 책은 7인의 저자가 현장의 깊은 이해를 바탕으로, AI의 맞춤형 학습 활용 사례와 교사의 역할을 제시합니다. 특히, 소외되기 쉬운 시니어 세대를 위해 AI가 건강·안전·정서적 연결을 지원하는 '돌봄 기술'로서 어떻게 활용되어야 할지에 대한 통찰을 제공하며, 독자들이 AI 시대의 미래를 함께 고민하도록 이끌어줍니다.

고준태 | 세종과학예술영재학교 교사

넥스트를 준비하는 교육자라면 반드시 알아야 할 AI 트렌드!

생성형 AI의 등장은 초등 교실부터 대학, 기업, 가정에 이르기까지 전 세대에 걸친 교육 현장을 뒤흔들고 있습니다. 아이들은 AI 툴과 튜터를 자연스럽게 사용하고, 부모는 낯선 학습 방식을 마주하며 당황합니다. 대학은 지식 전달의 공간에서 사고를 촉진하는 장으로 바뀌고 있으며, 기업은 문제 해결력과 협업 역량을 새로운 인재의 기준으로 삼고 있습니다. 이제 교육의 무대는 학교를 넘어 유아기부터 청소년기, 성인기, 은퇴 이후까지 이어지는 평생학습의 장으로 확장되고 있습니다.

이 책은 교육 현장에서 이러한 변화의 흐름을 직접 마주한 7인의 교육자들이 기록한 AI 트렌드 리포트입니다. 각자의 현장에서 AI 교육을 실험하고 실행하며 겪은 생생한 실제 사례를 담았고, 치열한 고민과 시행착오 끝에 얻은 팁과 노하우, 인사이트를 아낌없이 공유합니다.

또 교사, 학부모, 정책 담당자, 기업 교육자 모두가 각자의 자리에서 참고할 수 있도록 다양한 현장의 목소리와 실천적 제안을 담았습니다. 이를 통해 AI를 활용한 수업 설계 사례뿐 아니라 가정과 사회, 기업까지 아우르는 전 생애주기의 맥락 속에서 AI 교육을 바라봅니다.

AI는 교육의 도구이자, 동시에 교육의 본질에 새로운 질문을 던지는 존재입니다. 우리는 기술이 아닌 사람을 중심에 두고, 배움의 본질을 지켜내야 합니다. 이 책이 여러분의 교실과 가정, 일터에서 그 변화를 구체적으로 시작할 수 있는 실마리가 되기를 바랍니다.

이 책은 다음과 같이 구성했습니다.

| 페르소나 스토리 |

태블릿과 함께 자란 초등학생 서윤, 대학 진학을 위한 AI 활용법에 관심이 많은 고등학생 민준, 직장에서 AI를 사용하기 시작한 지혜 씨와 지훈 씨까지. 한 가족의 일상 속 이야기를 통해 교사가 마주하는 학생, 학부모, 사회의 변화를 입체적으로 보여줍니다.

| 현장의 목소리 |

AI의 도입으로 인해 달라지고 있는 교육 현장의 생생한 변화와 그 속에서 저자의 경험, 느낀 점을 전합니다. 교육자의 시선을 통해 현장을 바라보며 '이럴 때 나는 어떻게 대응할까?'를 함께 생각해보세요.

| 인사이트 |

각 장의 주제와 맞닿은 국내외 사례, 연구, 정책, 기술 동향 등을 키워드로 나눠 소개합니다. 이를 통해 앞으로 AI 교육이 나아가야 할 방향성과 인사이트를 제시합니다.

| 수업에 적용하기 |

교육 현장에서 바로 활용할 수 있는 구체적인 수업 설계안과 다양한 툴, 노하우를 전달합니다.

1부 | 학교 안 AI

1교시 • 유아·초등, AI 네이티브 키즈가 등장하다

2교시 • 중·고등, 수업과 입시의 판이 바뀌다

5교시 • 창작, 모두가 크리에이터가 되다

3부 | 사회 속 AI

6교시 • 사회, 배움을 멈추지 않는 교실이 되다

7교시 ◦ 인간성, 결국 사람을 향해 나아가다

무엇이든 물어보세요!

책을 읽다 궁금한 점이 생기면 길벗 홈페이지(gilbut.co.kr)에 회원으로 가입하고 고객센터의 1:1 문의 게시판에 질문을 남겨보세요. 지은이와 길벗 독자지원센터에서 신속하고 친절하게 답변해 드립니다.

길벗 홈페이지
(gilbut.co.kr)
회원 가입 후
로그인하기

▶

[고객센터] – [1:1 문의]
게시판에서
'도서 이용'을 클릭하고
책 제목 검색하기

▶

'문의하기'를
클릭해
새로운 질문
등록하기

1부

학교 안 AI

AI는 이제 학교 담장을 넘어 교실 안 깊숙이 들어와 있습니다. 처음엔 단순한 정보 검색 도구였지만 이제는 수업을 함께 설계하고, 학생의 질문에 실시간으로 답하며, 학습 자료를 만들고 평가를 돕는 '교육 파트너'가 되어가고 있죠. 교사는 더 이상 모든 지식을 혼자 전달하는 역할에 머물지 않습니다. 학생 또한 AI를 활용해 자기 주도적으로 탐구하고 표현하는 새로운 학습자로 성장하고 있습니다. 그렇다면 우리는 이 변화를 어떻게 바라봐야 할까요? AI가 바꿔놓고 있는 학교 교육의 풍경 속에서, 교사와 학생의 역할은 어떻게 달라지고 있을까요? 이 변화는 단지 도구의 문제가 아니라, 교육 철학과 문화의 전환을 요구하고 있는 건 아닐까요? 지금, 우리 교실에 들어온 AI는 어떤 교육의 미래를 열고 있을까요?

1교시
유아·초등

AI 네이티브 키즈가 등장하다

유아기부터 생성형 AI와 함께 자란 아이들이 초등학교에 들어오고 있습니다. 미술을 배우기 전에 AI로 이미지를 생성하고, 키보드 타이핑보다 먼저 음성으로 메시지를 입력하는 세대. 이들에게 AI는 학습 도구를 넘어, 일상에서 자연스럽게 감정과 생각을 표현해주는 또 하나의 친구가 될 것입니다. 'AI 네이티브'는 더 이상 미래의 개념이 아니라, 교육이 시작되는 순간부터 마주하는 현실이 되었습니다. 이런 변화 속에서 교사는 무엇을 바라보고 어디서부터 함께해야 할까요?

저녁 식탁에 둘러앉은 서윤이네 가족. 엄마 지혜 씨가 오늘 회사에서 점심 시간에 들었던 흥미로운 이야기를 꺼냈다. "오늘 회사에서 들었는데, 요즘 어린이집에서는 아이들이 AI랑 노래를 만든대."

"우와! 직접 노래를 만든다고?" 서윤이가 눈을 반짝이며 물었다. "응. 기분을 색깔로 표현하고 그걸 한 줄로 적으면, AI가 1분 만에 음악을 만들어 준대. 말 몇 마디, 글자 몇 줄로 노래가 만들어지는 거지."

아빠 지훈 씨가 고개를 끄덕였다. "요즘 애들은 정말 다르긴 해. 우리는 공책에 계이름을 쓰고 음표와 연주 방법부터 배웠는데, 이제는 말 몇 마디로 노래를 만들다니…"

"그게 AI 네이티브라는 거 아니에요?" 오빠 민준이도 한마디 덧붙였다. "AI 네이티브? 아직 디지털 네이티브도 완전히 이해하기 힘든데… 지금 태어나는 아이들은 장난감 대신 AI랑 놀게 되겠구나?"

지혜 씨는 웃으며 말했지만 마음 한편이 무거웠다. 아이들이 처음 만나는 AI가 어떤 존재일지를 알려주는 건 결국 어른의 몫이라는 생각이 들었기 때문이다.

유아기, 생성형 AI를 처음 만나다

연필보다 AI를 먼저 사용하는 세대를 맞이하며
우리는 무엇을 준비해야 할까요?

| 현장의 목소리 |

"아이들은 자신의 감정을 색으로 표현하고,
종이에 적은 짧은 문장이 노래로 바뀌는 과정을 경험하며,
놀이와 창작이 하나로 이어지는 흐름을 익혀가고 있습니다."

지금 유아기를 보내고 있는 아이들은 태어난 순간부터 디지털 기기와 함께 자라났습니다. 스마트폰과 태블릿 화면을 넘어 AI와 함께 생각하고 표현하는 것이 자연스러운, 이른바 'AI 네이티브 세대'로 성장하고 있죠. AI는 이들에게 단순한 도구가 아니라 감정과 상상을 담아내는 하나의 창구로 작용합니다.

유아기는 언어, 감정, 상상력의 기초가 형성되는 시기입니다. 아직 어휘가 완전하지 않아도 아이는 충분히 느끼고 기억하고 표현할 준비가 되어 있습니다. 유아교육 현장에서도 음악, 그림, 이야기 만들기 등 아이들의 상상력을 자극하는 창작 활동에 AI가 자연스럽게 도입되고 있습니다. AI 네이티브 세대의 아이들에게 생성형 AI는 자신의 감정과 생각을 다양한 방식으로 표현하도록 도와주는 창작의 동반자가 되어가고 있죠.

바로 이 시기에 AI에 대한 올바른 개념과 사용 태도를 함께 익혀야 합

니다. 유아는 디지털 환경에 빠르게 적응하지만, 기술을 있는 그대로 받아들이는 경향도 그만큼 강합니다. 따라서 AI를 자연스럽게 활용하는 능력과 함께 AI의 작동 방식에 대한 이해, 결과물을 바라보는 비판적 관점도 함께 길러야 합니다. 생성형 AI는 아이가 쓴 한 줄의 문장을 음악으로 바꾸고, 그림을 이야기로 확장할 수 있습니다. 하지만 그 결과물이 어떻게 만들어졌는지, 어떤 정보에 기반했는지, 무엇이 생략되었는지를 아이스스로 인식하기는 어렵습니다.

유아기는 타인의 감정을 공감하고 이해하는 능력이 자라나는 시기이기도 합니다. AI가 만들어낸 노래나 이미지를 단순히 재미로 소비하지 않도록, 나와 친구의 감정이 모두 존중받고 표현될 수 있는 수업 환경을 설계하는 것이 필요합니다. 이를 위해 유아교육 현장의 교사는 기술의 사용법을 전달하는 역할을 넘어, 아이들이 스스로 묻고 표현하고 생각하는 습관을 기를 수 있도록 기다려주고, 아이의 사고와 감정이 AI가 생성해낸 창작물에 어떻게 담겨 있는지를 함께 관찰하며 찾아야 합니다.

| 인사이트 | AI 네이티브 키즈

지금 어린이집이나 유치원에 다니는 아이들은 태어났을 때부터 AI와 함께 자라난 'AI 네이티브' 세대로, AI를 활용해 표현하고 대화하며 일상을 구성합니다. 아직 글을 배우지 않은 아이들도 가정에서 흔히 볼 수 있는 스마트 스피커와 AI 도우미에게 "동화 들려줘", "노래 틀어줘"라고 말하며 원하는 콘텐츠를 스스로 요청합니다. AI는 친근한 말투로 대답하며 아이의 요구에 반응하죠. 이런 환경에서 아이들은 AI를 단순한 기술로 인식하는 것이 아니라, 하나의 대화 상대로 받아들입니다.

놀이 중심 코딩 & AI 도구 활용 사례

구분	내용
AI 활용 신체 놀이	알파미니, AI 카메라 – 안녕! AI 친구야! 같이 놀자! – 신나게 춤을 추고 별을 모으자! – 로봇과 함께 하는 신나는 춤추기
	스피로, 보틀리 – 우리 반 올림픽 경기(축구, 피겨, 육상 등) – 힘센 보틀리! 정리를 도와줘!
AI 활용 미술 놀이	터틀봇, 오조봇, 보틀리 – 우리 같이 그림 그리자! – 로봇이 그린 그림 – 길을 따라 움직이는 로봇
AI 활용 역할 놀이	알파미니, AI 스피커, 태블릿 – 우리 반 패션쇼 – 우리 반 영화 보기

교육 현장에서도 이러한 흐름이 감지됩니다. 일부 유치원과 어린이 집에서는 생성형 AI를 활용한 창의 놀이 활동이 시도되고 있으며 특히 그림 그리기, 이야기 만들기, 음악 구성 등 감각적인 표현 중심의 활동에서 AI는 아이들의 생각을 시각적·청각적으로 실현하는 새로운 도구로 주목받고 있습니다.

◆   편집실. (2022.04.). 인공지능(AI)교육 시범유치원 도입 "놀이로 AI와 만나요!". 행복한 교육(vol.477). 교육부.

생성형 AI 이전부터 시작된 '알파미니' 유아 AI 교육

서울시는 생성형 AI가 본격적으로 확산되기 이전부터, 유아들이 AI를 자연스럽게 접하고 경험하도록 AI 로봇 '알파미니'를 어린이집에 제공해왔습니다.

내 손안에 서울

어린이집에서 만나는 AI 로봇 '알파미니'

알파미니는 키가 25cm 남짓한 작은 AI 로봇으로 동화 읽기, 동요 부르기, 율동, 간단한 퀴즈 등 놀이 기반 활동은 물론이고 눈의 표정이나 목소리 반응을 통해 감정 표현도 가능하여 아이들과 친밀한 상호작용을 만들어냅니다. 아직 글을 모르는 유아도 말로 질문하고 반응을 주고받으며 AI와 자연스럽게 대화하고 표현하는 경험을 하게 됩니다.

보육 현장에서는 언어 발달, 정서 표현, 사회성 형성 등 교육적 효과는 물론이고, 선생님 입장에서도 수업 도입부나 분위기 전환에 유용한 보조 수단으로 활용되고 있습니다. AI가 단순한 기계가 아닌 '친근한 친구' 역할을 하며 아이들 곁에 자리 잡고 있죠.

MIT 팝봇 – 유아 대상 AI 로봇 놀이 커리큘럼

미국 MIT 미디어랩은 유아기 아동, 특히 4~7세를 대상으로 한 AI 기반 로봇 놀이 교육 프로그램인 '팝봇(PopBots)'을 개발해 운영하고 있습니다. 이 프로그램은 어린 아이들이 AI를 단순히 보기만 하지 않고, 직접 만지고 조작하고 체험하는 놀이 활동을 통해 자연스럽게 이해하도록 설계되었습니다.

레고와 태블릿, 스마트폰으로 이루어진 '팝봇'

아이들은 먼저 간단한 로봇을 직접 조립하고, 블록 형태의 그림 코딩 도구(PopBlocks)를 사용해 로봇이 움직이는 방식이나 반응을 직접 설정합니다. 이 블록 코딩은 아직 글을 읽지 못하는 유아도 직접 촉감을 느끼고 아이콘과 색상 중심으로 제어할 수 있도록 구성되어, 컴퓨터 언어나 숫자를 몰라도 AI가 스스로 학습하고 반응하는 구조를 자연스럽게 탐색할 수 있게 돕습니다.

예를 들어 아이는 로봇에게 '가위바위보' 게임 규칙을 가르치며 AI가 규칙을 이해하고 판단하는 과정을 간접적으로 경험하고, '음식 사진을 분류하는 머신러닝 활동'에서는 아이가 직접 데이터를 입력하고 결과를 관찰하며 AI가 스스로 판단을 개선해가는 모습을 목격하게 됩니다.

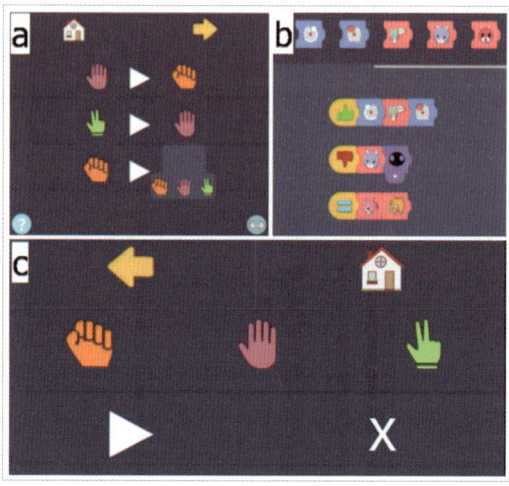

AI에게 가위바위보를 학습시키고 실제 게임으로 즐기는 화면◆

또한 팝봇 커리큘럼 중 하나인 'AI 음악 만들기 활동'에서는 여러 가지 소리 조각이나 리듬, 감정 키워드(예 신나는, 부끄러운, 졸린 등)를 선택해 자신만의 노래를 구성하고 로봇을 통해 재생해봅니다. 아이들이 자신의 감정이나 상상을 AI와 함께 새로운 방식으로 표현하도록 이끄는 놀이 기반 창작 교육의 좋은 예시죠.

서울시의 알파미니 도입과 MIT의 팝봇 프로그램은 서로 다른 환경에

◆ Williams, R., Park, H. W., Oh, L., & Breazeal, C. (2019). *PopBots: Designing an Artificial Intelligence Curriculum for Early Childhood Education*. The Ninth AAAI Symposium on Educational Advances in Artificial Intelligence.

서 출발했지만, AI로 유아의 언어와 놀이에 접근하려고 노력한다는 점에서 닮아 있습니다. 알파미니는 동요와 대화, 감정 표현을 통해 아이와 친밀한 관계를 형성하고, 팝봇은 로봇 제작과 작동 원리 학습을 통해 아이 스스로 AI 개념을 구성하고 표현해보는 경험을 제공합니다. 이러한 경험들은 기술을 주입하는 것이 아니라 아이 스스로 AI와 관계를 맺고, 감정과 생각을 표현하는 구조를 만들어줍니다. 아이들은 가정과 교육 현장에서 AI를 감정과 놀이, 표현의 일부로 받아들이는 경험을 쌓으며 새로운 세대로 성장합니다.

| 인사이트 | AI 키즈 교육

지금까지 살펴본 바와 같이 생성형 AI는 이제 유아기 아이들의 일상에도 자연스럽게 스며들고 있습니다. 하지만 정작 이 연령대를 위한 체계적인 AI 교육은 아직 초기 단계에 머물러 있는 실정입니다. 유아기 아이들이 AI의 원리나 윤리적 개념을 깊이 이해하긴 어렵기 때문에 당연한 현실일지도 모릅니다. 유아기 아이들은 AI를 복잡한 기술이 아니라 함께 놀고 반응해주는 친구 같은 존재로 받아들이기 때문입니다.

그럼에도 불구하고 아이들이 AI를 단순 놀이로 인식하는 데 그치지 않도록 아이들의 눈높이에 맞춘 언어와 방식으로 AI를 풀어내는 교육적 접근은 중요합니다. '왜 이렇게 움직일까?', '내 말에 왜 이렇게 반응하지?' 같은 작은 호기심에서 출발해 AI의 작동 원리와 한계에 대한 이해, 책임감 있는 사용 태도까지 자연스럽게 이어져야 합니다. 현재 많은 교육기관에서는 AI 교육을 초등 고학년 이상에서 다뤄야 할 주제로 보고 있으며, 유아를 대상으로 한 프로그램은 대부분 체험이나 조작 중심의 활동에 머물러 있습니다. 이로 인해 사고 확장이나 AI 윤리에 대한 경험은 여전히 부족합니다.

AI 교육이 제대로 이루어지기 위해서는 무엇보다 교사의 이해도와 해석 능력이 중요합니다. AI를 단순한 수업 도구로 활용하는 수준을 넘어, 아이들의 발달 특성과 연결해 교육적 의미를 발견하고 실천하려는 노력이 필요합니다. 특히 아이들이 AI와 상호작용할 때 기계의 반응과 사람의 감정을 구분하는 감각, 그리고 AI를 사용할 때 주의 사항을 이해하고 책임감을 갖는 태도는 유아기부터 차근차근 길러야 할 중요한 소양입니다. 이런 기초를 토대로 아이들은 건강하고 균형 있게 AI를 받아들이며 성장할 수 있습니다.

AI 리터러시를 유아기의 국가 교육과정에 포함한 핀란드

핀란드는 일찍이 디지털 리터러시 교육의 중요성을 강조해온 국가입니다. 그 연장선에서 유아기부터 AI에 대한 이해를 확장하고자 교육 정책 차원의 가이드라인을 제시하고 있습니다. 2023년, 핀란드 교육청(Finnish National Agency for Education, EDUFI)은 「유아 및 기초교육 단계에서의 AI 관련 법제 및 권고안」을 발표하여 AI를 단순한 기술 습득의 대상이 아니라 비판적 사고, 상호작용, 윤리 인식 등을 아우르는 통합 교육의 일부로 접근할 것을 강조했습니다.

그렇다면 핀란드가 유아 AI 교육에 이렇게 진지하게 접근하는 이유는 무엇일까요? 핀란드는 AI 기술이 사회 전반에 빠르게 확산되는 상황에서, 교육 현장 역시 그 변화에 선제적으로 대응해야 한다고 보고 있습니다. 특히 유아교육 단계부터 AI를 책임감 있고 안전하게 활용하도록 돕기 위해 이러한 교육 가이드를 발표한 것이죠. 유아 대상 커리큘럼이라기보다는, 교사와 교육기관이 AI 도입과 활용 시 반드시 고려해야 할 원칙과 가이드라인을 담은 실무 지침에 가깝습니다. 해당 문서에서 강조한 주요 내용은 다음과 같습니다.

핀란드 「유아교육훈련에서의 인공지능 – 법률 및 권고」 핵심 요점[◆]

1. **책임감 있는 AI 활용 역량 개발**
   교육기관은 AI를 안전하고 윤리적으로 활용할 수 있도록 내부 지침을 세우고 구성원에게 연수를 제공해야 합니다.

2. **법적 의무 준수 및 시스템 적법성 확보**
   AI 시스템 도입 시 EU AI 규정, 개인정보보호법, 저작권법 등 관련 법령을 검토하고 적법성을 확보해야 합니다.

3. **AI 결과에 대한 비판적 사고력 강조**
   AI는 단순 도구가 아니라 학습 대상이며, 결과물에 대해 아이들이 의문을 갖고 비판적으로 바라보는 경험이 중요합니다.

4. **연령 적합성과 콘텐츠 보호 고려**
   유아 대상 콘텐츠는 연령에 맞아야 하며, 마케팅 또는 부적절한 메시지로부터 아이를 보호해야 합니다.

5. **개인정보 및 보안 관리**
   이름, 얼굴, 목소리 등 민감한 데이터가 AI 시스템에 입력되지 않도록 보호하고, 보안 요건 충족 여부를 사전에 확인해야 합니다.

[◆] EDUFI. (2023). *Tekoäly varhaiskasvatuksessa ja koulutuksessa – lainsäädäntö ja suositukset*(유아 및 기초교육 단계에서의 AI 관련 법제 및 권고안). EDUFI.

6. **저작권법 준수 및 AI 학습 데이터 관리**

   무단 저작물 사용을 피하고, 자유 이용 가능한 콘텐츠(CC0 등)를 활용해야 하며, AI가 만든 결과물은 일반적으로 저작권 보호 대상이 아님을 인지해야 합니다.

7. **투명하고 윤리적인 AI 활용 문화 조성**

   AI 사용 여부와 방식에 대해 교사와 아이가 함께 논의하며, 공개적이고 윤리적인 방식으로 도입되어야 합니다.

8. **AI 시스템 공급자에 대한 책임 있는 검토 요구**

   알고리즘의 편향성이나 오작동 가능성을 사전에 검토하고, 지속적인 시스템 점검 체계를 갖춰야 합니다.

9. **AI 시스템 도입의 교육적 정당성 확보**

   단순한 기술 체험이 아니라 커리큘럼의 목표와 학습 효과에 부합하는 방식으로 AI를 도입해야 합니다.

10. **교사의 전문성과 해석력 중심의 실행**

    AI 교육의 실천은 결국 교사의 해석력에 달려 있으며, 아이의 눈높이에 맞춰 AI를 설명하고 지도할 수 있는 교사 역량이 핵심입니다.

핀란드는 정부 차원에서 위와 같은 가이드를 공지하고, 실제 교육기관에서는 'AI는 어떻게 생각할까?', '사람과 AI는 뭐가 다를까?', 'AI가 실수할 수도 있을까?' 같은 질문을 아이들이 직접 던지고 탐구해볼 수 있는 활동을 중심으로 커리큘럼을 재구성합니다. 또한 교사를 위한 지원 자료와 워크숍도 함께 제공하여, 교사가 AI를 도구로 사용하는 방법뿐 아니라 AI에 대해 아이들과 어떻게 '이야기할 것인지'에 초점을 맞춥니다.

핀란드의 유아 AI 교육은 아이들의 사고력과 감정, 윤리 감각을 함께 키우도록 통합적으로 접근합니다. 놀이와 이야기, 상호작용을 통해 아이가 스스로 질문하고 성찰하도록 설계된 교육 구조는 앞으로 우리가 나아가야 할 AI 키즈 교육의 중요한 이정표가 됩니다. 다만 현재 핀란드의 지침은 교육의 방향성을 제시하는 권고안 및 가이드라인의 성격이 강하며, 유아 대상 AI 교육이 전면 도입 된 형태라기보다는 유아기부터 시작되는 포괄적 체계 속에서 점진적으로 다뤄지고 있다는 점을 함께 이해할 필요가 있습니다. 그 깊이와 효과에 대한 실증적 검토는 여전히 진행 중이죠.

중요한 것은 이런 해외 사례를 참고하여 우리 아이들의 성장 환경과 문화, 교육 현실에 맞는 가이드라인과 커리큘럼을 고민하는 일입니다. 유아기 AI 교육은 더 이상 '언젠가 필요해질 교육'이 아닙니다. 아이들의 일상과 성장 속에서 이미 시작된 현실이며, 그만큼 교사와 보호자, 교육 시스템 모두가 준비해야 할 영역입니다. 핵심은 기술을 먼저 가르치는 것이 아니라 아이의 언어와 감각으로 AI를 함께 이야기하고, 삶에서 자연스럽고 의미 있게 받아들이도록 이끄는 일입니다. 그리고 그 출발점에 가장 가까이 있는 사람은 바로 아이들의 양육자와 현장의 교사들입니다. 아이의 표현을 이해하고, 창의적 탐색을 돕고, 책임감 있는 사용 습관까지 함께 길러줄 수 있는 교사의 전문성과 해석력에서 AI 키즈 교육의 실천이 시작됩니다.

| 수업에 적용하기 |

유아기 AI 교육에서는 'AI를 잘 쓰는 아이'보다 'AI와 함께 생각할 줄 아는 아이'로 길러야 합니다. 이를 위해 교사와 부모는 AI가 제공하는 서비스나 기술에 집중하기보다, 아이와 함께 AI를 탐색하는 보호자의 역할을 먼저 떠올려야 합니다. 아이에게 AI 기반 교육 프로그램을 제공하기에 앞서, AI를 어떻게 바라보고 활용할지 스스로 정리해야 하는 이유도 여기에 있습니다.

특히 아이가 '왜 AI가 이렇게 반응했지?', '다르게 말하면 어떤 결과가 나올까?' 같은 질문을 던지며 자연스럽게 AI의 원리와 작동 방식에 호기심을 갖게 만드는 것이 중요합니다. 이뿐 아니라 아이들이 AI에게 단순히 명령만 내리는 사용자에 머무르지 않고, 스스로 상상하고 표현하며 AI와 협력하는 경험을 할 수 있도록 유도하는 것이 중요합니다.

이런 경험은 단순한 놀이에서 나아가 AI가 항상 정답을 주는 건 아니라는 인식, AI가 실수할 수 있다는 이해, 그리고 AI를 사용할 때 어떤 점을 조심해야 하는지에 대한 윤리 감각으로까지 연결됩니다. '왜?'라고 질문하는 힘을 키워주는 활동들을 통해 아이들은 AI와의 건강한 관계 맺기를 시작합니다.

AI 그림 그리기 활동 설계안

- **수업 주제**: '상상 속 공간' 엽서 만들기
  - 우주에 있는 내 집, 구름 위 놀이터 등 아이가 상상한 장소를 그림으로 표현하기
- **준비 단계**: AI를 사용하기 전 먼저 아이가 종이에 펜, 색연필, 크레용으로 자신이 상상한 장면을 직접 그려봅니다. 이 단계는 아이의 생각을 시각적으로 표현하고, 상상을 스스로 정리하는 중요한 과정입니다. 'AI가 대신 그려주는 그림'이 아니라, 내가 그린 그림을 AI와 함께 발전시키는 경험으로 연결됩니다.
- **활용 도구**: 뤼튼, 캔바 AI 등 무료 서비스 또는 기관별 유료 구매 코스웨어 프로그램

- **활동 방법**

  ① 교사나 보호자가 아이와 함께 활동을 진행하며, AI가 5~7세 유아의 눈높이에 맞는 그림을 생성할 수 있도록 사전에 적절한 프롬프트로 생성 결과물의 특성을 설정해둡니다.

  > **예** 5~7세 아이들의 눈높이에서 공감할 수 있는 그림 스타일로 그려줘.

  ② 아이가 상상한 장소를 말로 묘사하면 AI가 이미지로 구현합니다.

  ③ 이를 엽서로 꾸미고 설명 문장을 덧붙입니다.

- **지도 포인트:** 아이가 상상하고 직접 표현한 그림과 AI가 생성한 이미지 결과물을 함께 살펴보며 생각과 다른 부분, 이상한 점, 흥미로운 부분에 대해 대화를 나눕니다.

  – AI가 그림에서 어떤 부분을 강조했을까?

  – 내가 상상한 장면과 AI가 그려준 그림이 어떻게 다르니?

  – AI가 실수한 부분은 없을까?

  – 사람이 그렸다면 어떤 표현이 더 자연스러웠을까?

AI 이야기 만들기 활동 설계안

- **수업 주제:** '이상한 이야기 찾기' 미션북 만들기
- **활용 도구:** 제미나이, 뤼튼, 캔바 AI 등 무료 서비스 또는 기관별 유료 구매 코스웨어 프로그램
- **활동 방법**

  ① 교사나 보호자가 아이와 함께 활동을 진행하며, AI가 실제와 다른 이야기를 지어내도록 사전에 의도적으로 프롬프트를 설정해둡니다.

  > **예** 거북이에게 날개가 달렸다고 해줘. 자동차가 깃털로 만들어졌다고 해줘. 이야기에 등장하는 동물의 다리가 6개라고 해줘.

② 아이와 함께 AI로 이야기를 만듭니다. 완성된 이야기를 살펴보며 어색하거나 이상한 부분을 찾아봅니다.

③ 아이가 발견한 내용을 바탕으로 어떤 점이 이상한지, 어떻게 수정하면 좋을지 논의하고 실천합니다.

- **지도 포인트**: 이야기에서 이상한 점과 특이한 점을 발견하고 이야기를 나눕니다.

  – 이야기 속 주인공의 행동에 이상하거나 어색한 부분은 없었니?

  – 이 장면이 너무 갑자기 바뀐 것 같지 않아?

  – 네가 생각했던 이야기와 AI가 만든 이야기는 어떻게 다르니?

  – 등장인물이나 동물이 실제와 다른 부분은 없을까?

  – 친구가 이 이야기를 들었을 때 어떤 반응을 보일까?

이러한 활동의 핵심은 'AI와 함께 상상하고 스스로 성찰하는 힘'을 기르는 데 있습니다. 아이들은 AI가 만든 결과물을 단순히 감상하는 데 그치지 않고, 창작물을 함께 만들어가는 동료로서 AI를 경험해야 합니다. 그 과정에서 '왜'라고 묻는 힘, '다르게 해볼까'라고 시도하는 태도, '이건 이상해'라고 느끼는 감각이 자랍니다.

AI는 아이들의 생각을 확장시키는 도구일 뿐, 정답을 주는 존재가 아닙니다. 교사와 부모가 이 점을 잊지 않고 교육할 때, 아이는 기술을 넘어 상상력과 비판적 사고, 그리고 윤리적 감수성을 함께 키워갈 수 있습니다.

"엄마, 아빠! 오늘 수업 진짜 신기했어요!" 초등학생 서윤이가 들뜬 목소리로 말했다. "어? 또 새로운 걸 배웠어?" 지혜 씨가 물었다. "응! 오늘은 크롬북으로 수업을 했는데요. 화면에서 소리도 나오고, 제가 문제를 틀리면 왜 틀렸는지도 알려줘요. 수업인데 게임처럼 재밌었어요."

"그거 혹시 AI 코스웨어야?" 고등학생인 오빠 민준이가 끼어들었다. 학교에서 자율학습을 많이 하는 민준이는 요즘 AI 학습 도구에 관심이 많다. "맞아! 선생님이 이젠 AI랑 같이 공부한다고 하셨어. 근데 신기한 게, 같은 내용을 배우는데도 친구랑 나랑 푸는 문제가 조금씩 달라." "크롬북으로 공부를 해? 그게 뭐야?" 지훈 씨가 놀라며 물었다. "아이참, 지난번에 타자연습 해봤다고 말했던 거 있잖아요! 그때도 크롬북으로 했어요. 크롬북으로 정말 재밌게 공부하고 있어요." 서윤이는 신이 나서 크롬북과 AI 코스웨어를 사용한 경험을 이야기했다.

서윤이의 말을 들으며 가족들은 서로 눈을 마주쳤다. AI가 본격적으로 교실에 들어왔다는 것이 실감 나는 순간이었다. 지혜 씨는 고개를 끄덕이며 중얼거렸다. "우리가 공부할 때와는 완전히 다른 세상이구나."

개인별 맞춤 교실 'AI 코스웨어'

AI가 들어온 초등학교 교실,
수업과 교사의 역할은 어떻게 확장되고 있을까요?

| 현장의 목소리 |

"수업의 중심이 AI가 아닌 학생 개인으로 옮겨가고 있습니다."

AI 코스웨어◆가 교실에 들어오기 시작했을 때, 교사로서 가장 먼저 떠오른 감정은 '낯섦'이었습니다. 기술의 발전 속도는 매우 빨랐고, 학교 현장은 충분히 대비할 여유 없이 이를 맞이하게 되었습니다. 특히 학생 한 명 한 명이 각기 다른 화면을 보며 학습하는 모습은 기존의 수업 방식과는 전혀 다른 풍경이었습니다. 통일된 흐름으로 함께 배우던 교실에서, 이제는 다양한 경로와 속도로 학습이 진행되는 상황이 펼쳐졌고, 이는 수업의 감각을 새롭게 정비해야 한다는 신호처럼 느껴졌습니다.

4학년 영어과의 말하기 수업에서 처음으로 AI 기반 코스웨어를 활용하여 크롬북으로 수업을 진행했습니다. 아이들은 각자의 기기로 주어진 활동을 수행하며, 수업 초반부터 자연스럽게 학습에 빠져들었습니다.

◆ AI 코스웨어는 'course(수업)'와 'software(소프트웨어)'의 합성어로, AI 기술을 활용해 설계된 디지털 기반의 교육 콘텐츠 또는 학습 시스템을 의미합니다. 기존의 전통적인 교재나 수업 자료와 달리, 학습자의 반응과 데이터를 기반으로 학습 경로를 자동 조정 하고, 개인 맞춤형 피드백을 실시간으로 제공한다는 점에서 차별화됩니다.

AI 코스웨어는 단순히 정답 여부만 판단하는 것이 아니라 왜 틀렸는지, 어떤 부분을 복습하면 좋을지를 직관적이고 친절하게 안내해줍니다. 개인 맞춤형 수업으로 진행되기 때문에 같은 단원을 배우고 있지만, 아이들의 학습 경로도 저마다 다릅니다. 처음에는 수업의 흐름이 분산될까 걱정되었지만, 시간이 지날수록 그 흐름을 연결하고 조율하는 '수업 설계자'로서 교사의 역할이 중요하다는 것을 깨달았습니다.

기존에는 한 가지 설명을 모든 학생에게 반복했다면, 이제는 AI가 제공하는 맞춤형 피드백 이후에 교사가 개별적으로 질문을 던지거나, 유사한 반응을 보인 학생들을 모아 소그룹 피드백을 운영할 수 있게 되었습니다. 예를 들어 수학 시간에 "지금 네가 푼 문제에서 곱하기의 의미는 무엇일까?"라고 질문하면, 아이는 정답을 넘어 개념 그 자체를 다시 탐색하게 됩니다.

"틀려도 괜찮다는 분위기 속에서
아이들이 더 편하게 도전하고, 자신감을 갖기 시작했어요."

무엇보다 교실에 나타난 가장 뚜렷한 변화는 '틀려도 괜찮다'는 분위기입니다. AI는 학생의 오답을 교정의 기회로 삼아줍니다. 조용히 화면에 다시 설명을 띄우고, 유사 문제를 반복하거나 학습 단계를 조절해 자연스럽게 다음으로 넘어갈 수 있도록 안내합니다. 그 덕분에 아이들은 심리적 안정감 속에서 시도하고, 실수하고, 다시 도전하는 법을 배워나갑니다. 교사로서도 '실수로부터 배우는 수업'을 설계할 수 있게 되었습니다.

국어 시간에도 변화는 이어집니다. 예전에는 독후 활동으로 감상문 쓰기나 모둠 토의 활동을 했다면, 지금은 AI 기반 글쓰기 도구를 활용하여 아이들이 문장의 흐름이나 표현 방식을 실시간으로 피드백받으며 글을 완성합니다. 교사가 모든 학생의 글을 즉시 피드백하기 어려웠던 한계를 AI가 어느 정도 해소해주었고, 학생들도 글쓰기에 대한 심리적 장벽을 낮추고 자신감을 보이기 시작했습니다.

> "AI 시대의 교사는 아이와 AI를 이어주고
> 수업의 방향을 다시 설계하는 사람이 아닐까요?"

물론 AI가 모든 것을 대신해주지는 않습니다. 오히려 교사의 역할이 더욱 중요해졌습니다. AI가 개별화된 학습 경로를 제공할수록 교사에게는 그 흐름을 이어주는 연결자, 의미를 묻는 질문자, 협력 활동을 설계하는 디자이너로서의 역량이 요구됩니다. 아이들이 스스로 학습하고 피드백받는 과정을 교사가 외부에서 지켜보는 것이 아니라, 그 중심에서 깊이 개입하고 설계하는 방식으로 역할이 전환되어야 함을 절실히 느끼고 있습니다.

저는 요즘 학생들에게 이렇게 묻습니다. "AI가 너를 어디로 데려갔니? 너는 그 길을 어떻게 생각하니?" 이 질문을 통해 AI와 학생 간 새로운 대화를 만들어가며, 그 사이에서 교사는 여전히 중요한 역할을 수행합니다.

초등학교 교실에서 학생들이 AI 코스웨어와 함께 수업을 듣는 풍경은 더 이상 일부 실험적인 시도가 아닙니다. 이는 단순히 수업 도구의 변화가 아니라, 공교육 시스템 자체가 디지털 기반으로 전환되고 있다는 징후로 읽을 수 있습니다.

개인화된 학습을 지원하는 AI · 디지털 교육 자료

영역별 분석과 보완 학습 방향을 안내하는 AI 코스웨어

가장 대표적인 변화는 2025년부터 도입된 AI·디지털 교육 자료입니다. 교육부는 AI·디지털 교육 자료를 통해 학생 개개인에게 맞춤 학습을 지원하고 수업 중 실시간 피드백, 자기 주도적 학습 기회 확대, 학습 격차 해소라는 정책 목표를 제시합니다. 초등학교급에서는 2022 개정 교육과정이 적용되는 3~4학년을 대상으로 학교의 선택에 따라 활용되고 있습니다.

초등 맞춤형 수학 학습, 똑똑! 수학탐험대

'똑똑! 수학탐험대'는 교육부와 EBS가 공동 개발 하여 전국 초등학교에 보급 중인 AI 기반 수학 학습 플랫폼입니다. 2015, 2022 개정 교육과정을 반영하여 1~6학년 전체 수학 내용을 다루며 학기 초 진단부터 단원별 학습, 성취도 평가까지 수학 학습 전 과정을 AI로 지원합니다.

초등 맞춤형 AI 수학 코스웨어 '똑똑! 수학탐험대'

핵심 원리는 AI 맞춤형 추천 알고리즘입니다. 학생이 문제를 풀면 AI가 즉시 정오답과 풀이 과정을 분석하여 취약 개념을 도출하고, 그 결과를 바탕으로 '추천 활동'을 제공합니다. 예를 들어 분수 덧셈에서 오류가 발견되면 분모가 같은 분수의 덧셈에 대한 '개념 영상 → 단계별 연습 문제 → 누적 복습' 순으로 학습 경로를 자동 설계 합니다. 이 과정은 학습자의 반응, 속도, 정답률 데이터를 실시간으로 반영하여 학생마다 다른 순서와 난이도로 진행됩니다.

또한, 교사 대시보드를 통해 학급·개인별 학습 진도, 정답률, 영역별 성취도를 시각화하여 제공합니다. 교사는 이를 참고하여 개별 보충 지도나 소그룹 재학습을 즉시 설계할 수 있습니다. 예를 들어 같은 유형에서 어려움을 겪는 학생들을 묶어 소그룹 활동을 진행하거나, 고난도 문제에 도전할 수 있는 학생에게 심화 학습을 배정합니다.

학습 환경은 학생의 몰입도를 높이도록 설계되었습니다. '탐험대' 콘셉트의 UI를 통해 학습 진도를 지도 형태로 표현하고, 성취에 따라 배지를 지급합니다. 이러한 게임화 요소는 학생들이 '틀려도 괜찮다'는 심리적 안정감 속에서 도전과 반복 학습을 지속하게 도와줍니다.

공교육 연계성도 높습니다. 교육디지털원패스(EDP) 로그인으로 안전하게 접속하며, 학교 수업과 가정 학습이 하나의 계정으로 연동됩니다. 교사 주도 수업, 학생 주도 개별 학습, 가정 복습까지 하나의 플랫폼에서 이어지는 학습 생태계를 제공하는 것이 특징입니다.

이 사례는 AI 코스웨어가 단순히 문제 풀이 도구를 넘어 교사의 수업 설계, 진단, 피드백 기능을 강화하고 학생 개별화 학습을 실현하는 공교육 기반 플랫폼으로 기능할 수 있음을 보여줍니다. 동시에 AI가 제공하는 데이터 기반 분석과 교사의 전문성이 결합될 때, 공교육 수업의 질이 한층 높아질 수 있다는 가능성을 시사합니다.

초등 AI 영어 말하기 코스웨어, AI 펭톡

AI 펭톡 역시 교육부와 EBS가 공동으로 기획한 초등학교 전용 AI 기반의 영어 말하기 학습 앱입니다. 2023년부터 공교육 영어 말하기 교육 강화를 위해 시범 도입 되었으며 5,000시간 이상의 초등학생 음성 데이터를 학습한 어린이 발음 특화 AI 엔진이 탑재되어 있습니다.

교육부와 EBS가 개발한 초등 영어
말하기 AI 학습 앱 'AI 펭톡'

　핵심 원리는 AI 음성인식 및 발음·유창성 분석입니다. 학생이 영어 문장이나 대화를 소리 내어 읽으면, AI가 실시간으로 발음 오류, 억양, 속도 등을 분석하고 교정 피드백을 제공합니다. 발음 인식 정확도는 90% 이상이며 발음뿐 아니라 문장 구성, 표현 적합성, 유창성까지 평가하여 학습자에게 개선이 필요한 구체적인 지점을 제시합니다.◆

　학습 콘텐츠는 교과서 기반 표현과 실생활 대화를 모두 포함하며 파닉스, 단어 학습, 문장 말하기, 대화 연습 등 말하기 전 영역을 다룹니다. 예를 들어 교과서에 등장하는 '제안하기' 표현을 연습하면, AI가 학습자의 발음을 분석해 단어 및 문장 단위별 점수를 부여하고 즉시 올바른 발음을 들려줍니다. 이 과정에서 AI는 학습자의 누적 데이터를 반영하여

◆　영어과 AI 코스웨어 수업에서는 헤드셋 혹은 이어폰 사용이 필수입니다. 마이크로 녹음한 음성 데이터를 AI가 분석해주고 학생은 출력된 음성을 들으며 스스로 피드백할 수 있습니다.

다음 학습에 필요한 맞춤형 표현, 단어, 발음 훈련 코스를 자동으로 추천합니다.

이 사례는 AI 기술이 초등 영어 말하기 교육의 질을 높이는 동시에, 교사의 개별 피드백 부담을 줄이고 학생의 자기 주도 학습을 촉진할 수 있음을 보여줍니다. 특히 발음 교정과 말하기 훈련에서 즉각적·정량적 피드백을 제공하는 기능은 기존 공교육의 한계를 보완하여, AI와 교사가 함께 학생의 언어 역량을 성장시킬 수 있는 새로운 가능성을 제시합니다.

| 인사이트 | 민간 AI 코스웨어

공교육 기반 AI 코스웨어가 안정적으로 정착하는 한편, 최근 몇 년간 초등교육 현장에는 민간 AI 기반의 다양한 코스웨어가 본격적으로 도입되었습니다. 대표 사례를 몇 가지 살펴볼까요?

'지니아튜터'는 교과서 성취 기준에 맞춘 AI 기반 평가 및 분석 시스템입니다. 각 차시별 진단 및 형성 평가와 오답 유형을 기반으로 유사 문제

교과서 기반 지니아튜터 학습 과정 안내

를 추천하며, AI 분석 결과에 따라 맞춤형 학습과 보충 학습을 자동으로 제공합니다. 교사는 학습 보고서와 시각화된 리포트를 통해 학생의 이해도와 약점을 실시간으로 파악할 수 있습니다.

'클래스팅 AI'는 교사 중심의 글쓰기 수업을 돕는 AI 피드백 도구입니다. 학생이 쓴 글에 대해 문맥 구조, 논리, 표현력 등을 기반으로 실시간 피드백을 제공하며, 학생들은 바로 해당 피드백을 반영하여 글을 수정할 수 있습니다. 25~30명 학급에서도 글쓰기 과제의 '즉시성'과 '반복 수정'이 가능해져 학생들의 학습 동기와 자기 주도성을 높였습니다.

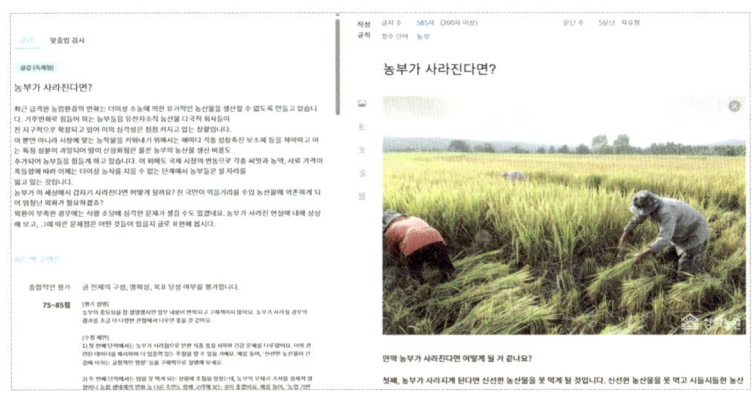

'자작자작'을 활용한 6학년 글쓰기 활동 예시

'자작자작'은 생각 중심 글쓰기를 위한 디지털 플랫폼으로, 학생이 직접 활동지 또는 글감을 선택하여 글을 쓰면 AI가 주제, 문법, 어휘, 맥락, 태도 5가지 영역에서 자동 피드백을 제공합니다. 모든 코멘트는 교사가 수정하거나 보완할 수 있으며, 작성된 글은 디지털북으로 편집 및 출판이 가능하여 수업 흐름이 체계적으로 연결됩니다.

이러한 코스웨어는 공통적으로 '학생의 데이터를 바탕으로 실시간 반응 하는 학습 환경'을 제공합니다. 모두 같은 프로그램을 사용하지만 각자에게 다른 문제와 설명이 제시됩니다. 교사는 그 흐름을 따라가며 때로는 보완하고 때로는 확장하는 방식으로 수업을 설계하게 됩니다. 이는 곧 '평균 학생'이 아닌 '개별 학생'이 중심이 되는 수업 구조로의 전환을 의미합니다.

| 인사이트 | 해외의 AI 기반 코스웨어

해외에서도 AI 기반 코스웨어를 중심으로 교실 수업의 변화가 활발히 나타나고 있습니다. EPS Learning의 AI 리딩 튜터 'Amira'는 학생이 소리 내어 읽으면 AI가 실시간으로 분석하여 발음 오류나 읽기 유창성을 피드백하며, 필요한 경우 보정 자료를 제공합니다. 특히 난독증 가능성이 있는 학생을 조기에 식별하는 기능도 포함되어, 학습 취약계층에 대한 기초학력 보완 도구로 주목받았습니다.

뉴욕시 교육청에서 도입을 고려한 AI 리딩 튜터 'Amira'

미국 전역에서 수만 명의 학생이 이 리딩 튜터를 경험했으며, 아이오와 교육부는 여름 방학 동안 학생들에게 무료로 제공하는 방식으로 활용 중입니다. 계약 과정에서 개인정보보호 및 예산 운영에 대한 우려가 제기되면서 최종 철회 되긴 했지만 뉴욕시 교육청도 한때 Amira 도입을 추진하기도 했습니다. 이 사례는 AI 튜터링 기술이 공교육 영역으로 진입할 수 있는 가능성과 함께, 제도적 장치의 중요성을 시사합니다.

싱가포르 교육부는 국가 단위의 온라인 학습 플랫폼 SLS(Student Learning Space)를 운영합니다. SLS는 초중등 전체 학생에게 제공되며 학습자는 진단 결과에 따라 적절한 콘텐츠를 추천받고, 교사는 학습 분석 데이터를 기반으로 맞춤형 수업을 설계합니다.

싱가포르는 AI 기술을 교육에 적용할 때 윤리적 기준과 형평성을 매우 중요하게 다루며, SLS 설계 단계부터 AI 윤리 프레임워크를 통합하여 운영합니다. 최근에는 AI 기반 자동 채점, 개별 피드백 기능 등도 순차적으로 도입되어 교사의 업무 부담을 덜고 학생 맞춤형 수업의 기반을 마련했습니다.

AI 코스웨어는 해외에서도 단순한 수업 보조 도구를 넘어, 수업 구조 자체를 재설계하고 학생 중심 수업을 구현하는 핵심 기반으로 자리매김하는 중입니다. 각국의 사례는 AI의 기술적 기능뿐 아니라 교육 현장에 도입하기 위한 제도적 안전장치와 교사 중심 설계의 중요성을 함께 강조합니다. 이는 한국의 초등교육 현장에서 AI 코스웨어를 도입할 때도 중요한 시사점을 제공해줍니다.

이러한 변화에는 분명한 한계도 존재합니다. AI 기술의 발전 속도는 매우 빠르며, 공교육은 그 속도를 따라가기 어렵습니다. 더 큰 문제는 제도와 지원 체계가 기술에 비해 느리게 움직이는 현실입니다. 예산, 연수, 기기 지원, 수업 자료 등 교실에서 AI 코스웨어를 안정적으로 운영하기 위한 하드웨어와 소프트웨어 인프라가 충분하지 않은 경우도 많습니다. 특히 교사의 'AI 및 디지털 기획 역량'은 단순한 기능 연수만으로는 확보되기 어려우므로 향후 정책과 지원이 보완해야 할 영역입니다.

그럼에도 불구하고 지금 교실은 분명히 변화하고 있습니다. 아이들은 더 이상 AI를 '신기한 기술'로 여기지 않습니다. AI와 함께 배우는 것을 당연한 환경으로 받아들이고 있으며, 교사 또한 새로운 수업 문법을 익히는 과도기에 있습니다. AI 코스웨어가 만들어낸 이 변화는 단순한 기술 혁신이 아니라 학생 중심 수업으로 나아가는 교육혁신의 가속화라는 점에서 유의미합니다.

| 수업에 적용하기 |

AI · 디지털 교육 자료와 AI 코스웨어 리딩앤을 활용한 영어과 수업 사례

- 학년: 4학년
- 과목: 영어
- 단원명: 2. I'm happy
- 활용한 AI 기반 코스웨어: AI · 디지털 교육 자료, 리딩앤(readingn.com)
- 수업 설계 방안
  ① AI · 디지털 교육 자료 기반 reading and writing 차시를 마무리하고 새로운 reading source 기반 활동을 전개합니다.
  ② 해당 단원과 연계하여 리딩앤에 포함된 『Woody's Week』이라는 책을 선정합니다.

③ AI · 디지털 교육 자료를 보완하여 리딩앤의 영어사전 기능, 단어 학습 기능을 활용합니다.

④ 리딩앤의 AI 영어 대화 서비스인 '로라'를 활용한 맞춤 학습을 진행합니다.

⑤ AI · 디지털 교육 자료와 리딩앤을 종합하여 감정을 표현하는 단어 및 문장을 학습합니다.

- **학생 반응**: AI · 디지털 교육 자료에서는 정해진 문장을 정확하게 읽으려고 반복적으로 낭독했다면, 리딩앤의 로라와는 자연스럽게 대화할 수 있어서 좋았어요!

- **교사의 소감**: 각 AI 코스웨어의 다양한 기능 중 학습에 적절한 요소만 활용하여 학생의 영어 의사소통 역량을 길러주고자 했습니다. AI · 디지털 교육 자료에는 학생 발음의 높낮이를 데이터 기반으로 분석하여 결과를 보여주는 기능이 있지만, 정해진 문장과 표현만 가능하고 자유로운 대화는 어렵습니다. 해당 부분을 보완하기 위하여 리딩앤의 AI 친구인 로라를 활용하여 학생들이 해당 주제에 대해 자유롭게 이야기 나누는 환경을 조성했습니다.

교사가 AI 코스웨어별 특징을 충분히 이해하고, 수업의 목표와 활동에 필요한 기능을 골라 적절히 활용할 수 있어야 합니다. AI 코스웨어 자체에 훌륭한 교수학습이 짜여져 있겠지만 그보다 우리 반, 우리 학교 맞춤형으로 활동과 기능 활용을 설계하는 것이 중요합니다.

"여보, 이 기사 봤어? 미국 교사 노조가 AI 챗봇을 수업에 도입한대." 된장찌개를 한 숟가락 뜨던 지훈 씨가 휴대폰을 식탁 위에 내려놓으며 말했다. 요즘 회사에서 AI 전환 프로젝트를 맡고 있는 그는, 어쩐지 교육 뉴스에도 부쩍 관심이 많아졌다. "교사들이 직접 AI 교육 아카데미도 만들고, 마이크로소프트랑 오픈AI가 막대한 비용을 지원한대."

지혜 씨가 젓가락질을 멈추고 답했다. "우리 서윤이 학교도 AI 코스웨어 한다고 했잖아. 그럼 우리나라 교사들도 이런 AI 수업을 스스로 연구하고 만드는 걸까?" 지혜 씨는 자녀 교육을 위해 AI 연수도 억지로 듣고 있지만, 사실 여전히 기술이 낯설다. 그래서 더 궁금했다. 이런 변화의 중심에 있는 교사들은 어떤 사람들일까?

서윤이가 다니는 학교처럼, 지금 한국의 교실에서도 AI를 활용한 수업이 빠르게 확산되고 있다. 그 이면에는 분명 단순한 기술이 아닌 교사의 실천과 시도, 네트워크와 연대가 만들어낸 변화의 움직임이 있을 것이다.

AI 교육을 선도하는 교사들

기술이 아닌 '사람'이 바꾸는 교실,
AI 선도교사는 수업을 어떻게 설계하고 실천할까요?

"AI가 바꾼 건 수업의 도구가 아니라, 교사의 질문이었습니다."

처음 AI를 수업에 도입했을 때, 교사들 사이에서는 두 가지 감정이 엇갈렸습니다. 하나는 기대였고, 다른 하나는 두려움이었습니다. 하지만 그 감정을 행동으로 바꾼 교사들이 있습니다. 기술이 낯설어도 아이들을 위한 더 나은 수업을 고민한 이들은, 전국 곳곳에서 AI 기반 수업 실천 공동체를 만들어가기 시작했습니다.

"예전에는 질문이 '이 문제 풀었니?'였다면,
지금은 'AI가 네게 어떤 피드백을 줬니?
거기에 어떻게 대답할 거니?'로 바뀌었어요.
질문의 방향이 달라진 거죠."

이 변화는 단순히 AI를 '활용'하는 차원이 아니었습니다. AI의 추천과 피드백이 수업의 한 축을 맡게 되면서, 교사는 이제 학생과 AI를 연결하고 의미를 묻는 설계자로 움직이게 되었습니다. AI를 잘 다루는 '숙련된 기술자'가 아니라, AI를 수업 맥락에 녹여내는 '교육 디자이너'라는 정체성이 자리 잡기 시작한 것이죠. AI 선도교사들이 이끄는 수업 풍경은 다음과 같습니다.

- AI가 제공한 문제를 푼 학생에게 교사는 개념을 더 깊이 파고드는 질문을 던지거나 확장 과제를 제시한다.
- 유사한 피드백을 받은 학생들을 모아 소그룹 토론을 열고, 각자의 사고 과정을 비교하게 한다.
- AI가 제시하지 못하는 교실 맥락의 질문을 던져서 학습을 개인 경험과 연결한다.

전국적으로는 아이에답(AIEDAP)과 터치(T.O.U.C.H.) 교사단 같은 실천 조직이 활동 중입니다. 이들은 정기적으로 온·오프라인 연수를 열고, 서로의 수업 영상을 공유하며 피드백을 주고받습니다. 어떤 팀은 생성형 AI를 활용한 토론 수업 모형을 만들고, 또 다른 팀은 AI 기반 코스웨어를 학생 맞춤형 프로젝트 학습에 접목합니다.

AI 교육을 선도하는 교사들의 공통점은 결국 '기술'이 아니라 '사람'에 있습니다. 새로운 시스템이 들어올 때마다 그들이 던진 질문은 하나입니다. '이 도구로 아이들에게 어떤 새로운 배움의 경험을 줄 수 있을까?' 그 질문이 쌓여, 교실은 조금씩 다른 모습으로 변해갔습니다. AI가 바꾼 건 수업의 주도권이 아니라 교사의 시선과 질문 방식, 그리고 수업을 다시 설계하는 용기였습니다.

아이에답(AIEDAP, AI EDucation Alliance and Policy lab)은 전국의 교사들이 자발적으로 모여 AI 코스웨어, 생성형 AI, 디지털 도구를 수업에 통합하는 방법을 함께 설계하고 실험하는 실천형 프로젝트입니다. 단순히 연수에 참여하는 수준을 넘어 교사 스스로 AI 활용 및 융합 수업을 기획하고, 권역별 네트워크를 통해 지역 단위로 공유·피드백하며 개선해나가는 구조로 운영됩니다.

전국 17개 시도교육청이 5개 권역(수도권·충청·경북·경남·호남)으로 묶여, 권역별 대학과 교육청이 협력해 연수와 확산을 지원합니다. 각 권역에는 마스터교원과 리더교원이 배치되어 현장 적용을 이끌며, 2022년부터 2024년까지 마스터교원 2,788명, 리더교원 647명이 참여해 '수업 설계 → 실행 → 공유'의 순환 구조를 만들었습니다. 현재까지도 연수와 확

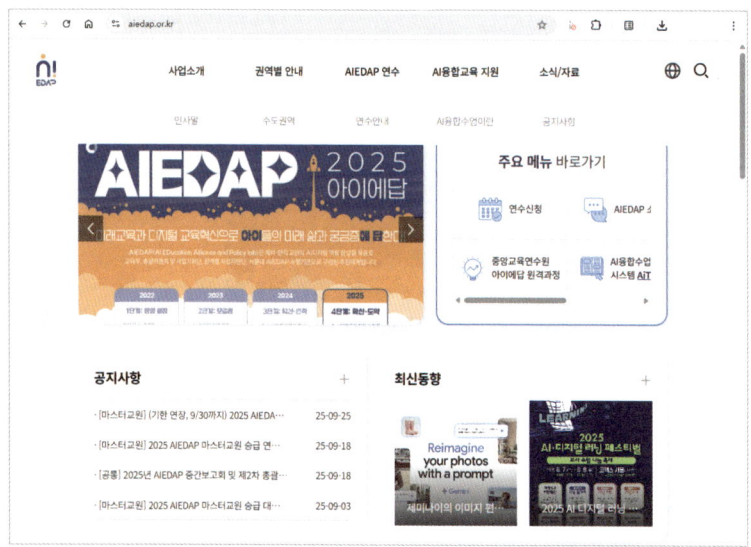

아이에답 공식 홈페이지(aiedap.or.kr)

산은 계속 진행 중입니다.

연수 과정은 '사전 학습 → 집합 연수 → 현장 적용 → 사례 공유'의 흐름으로 설계되어, 교사들이 실제 수업에서 AI를 적용한 후 그 경험을 지역 교사들과 나누고 수정·보완할 수 있도록 합니다. 이를 통해 교사는 AI를 단순히 도입하는 역할을 넘어, 교과 목표와 학생 특성에 맞춘 수업 설계자로서의 역량을 강화하게 됩니다.

권역별로 발간되는 수업 사례집과 워크북, 지역 포럼과 전시회는 이러한 활동이 일회성에 그치지 않고 현장에 지속적으로 뿌리내리도록 하는 장치입니다. 아이에답은 결국 '기술이 아니라 교사가 이끄는 AI 수업'을 현실로 만드는, 교사 주도 디지털 교육혁신의 플랫폼이라 할 수 있습니다.

아이에답 권역별 AI 융합 교육 우수 실천 사례집

아이에답 권역별 사업단의 활동 관련 홍보물

| 인사이트 | 터치 교사단

터치(T.O.U.C.H., Teachers who Upgrade Class with High-tech) 교사단은 디지털 대전환 시대에 첨단 테크를 활용해 수업을 업그레이드하는 교사들을 의미합니다. 교육부는 2023년 2학기부터 디지털 기반 교육혁신과 AI·디지털 교육 자료 도입을 이끌 선도교사 402명을 선발했으며, 이들이 바로 터치 교사단입니다.

터치 교사단은 디지털 선도학교 대표 교사 349명과 시도교육청 추천 교사 53명으로 구성되며, 초등 222명, 중등 177명, 특수교원 3명이 포함되었습니다. 특히 수학 및 정보 교과를 담당하는 중등 교원이 다수 참여해 교육과정 내 실질적 변화를 주도했습니다.

터치 교사단은 선발 직후 민·관 협력 집중 연수를 통해 AI 코스웨어 활용 수업 설계와 실연을 함께 했습니다. 이 연수는 모둠 기반 과제, 토론, 수업 시연 등 실천 중심의 커리큘럼으로 구성되었고, AI 코스웨어를 어떤 맥락에서 활용할 것인지 직접 체험해보는 기회였습니다. 이후 터치 교사단은 디지털 선도학교 운영 주도, 교원 연수 강사, AI 및 디지털 정책 참여자 등의 역할을 수행하며 현장 변화를 확산시키고 있습니다.

실제 사례를 살펴볼까요? 한 선도교사는 생성형 AI를 활용한 글쓰기 수업을 기획했습니다. 아이들은 AI로부터 '도입 → 전개 → 마무리' 구조를 제안받고, 초안을 쓰며 실시간 피드백을 받았습니다. 그 후 교사는 아이들의 글을 분석해 공통 오류 유형을 모아 함께 탐색했고, 문장을 고쳐보는 집단 리터러시 피드백 활동으로 확장시켰습니다.

- 우리는 기술을 가르치는 사람이 아니라, 기술을 통해 '어떻게 배울 것인가'를 함께 고민하는 사람입니다. 그래서 수업을 시작하기 전에 먼저 스스로에게 질문을 던집니다. 'AI가 도입된 교실에서 나는 어떤 교사여야 할까?'
- 예전에는 채점이 끝나야 피드백이 가능했지만, 지금은 답안을 쓰는 과정에서 아이들과 함께 생각을 나눌 수 있어요. 기술은 교사의 피드백을 더 넓고 깊게 만들었습니다.
- AI는 교사를 대체하지 않습니다. 오히려 교사의 질문·피드백·설계 능력을 더 정교하게 만드는 기회가 됩니다.

이처럼 선도교사들은 AI가 아니라 학생의 배움과 교사의 역할을 중심에 둔 채 AI를 교육적으로 해석하기 위해 다양한 시도를 이어갑니다. 우리 교사들이 기술을 도입하는 이유는 기술을 쓰기 위해서가 아니라, 아이들의 배움을 더 풍부하게 만들기 위함입니다. 그리고 그 일은 여전히 교사의 손으로, 교사의 상상력으로 이루어지고 있습니다.

2023 터치 교사단 우수 사례집

| 인사이트 | 아이에답 및 터치 교사단이 되는 법

2025년 현재 아이에답과 터치 교사단의 활동에 참여하고 싶다면 먼저 'AI·디지털 기반 교육혁신 선도교사 양성 연수'를 거쳐야 합니다.• 이

연수는 단순한 직무 연수가 아니라, 앞으로 AI 및 디지털 도구와 다양한 에듀테크를 교실에 적절히 접목하는 교사들을 길러내기 위한 첫 단계입니다. 전국 초·중등 교사를 대상으로 하며, '온라인 사전 학습 → 집합 연수 → 현장 적용 → 사례 공유'의 체계적 과정으로 구성됩니다. 연수에 참여한 교사들은 이후 단계에서 아이에답과 터치 교사단 같은 세부 활동으로 진입할 수 있습니다.

- 아이에답은 교사들이 자발적으로 참여하여 권역별 네트워크를 구성하고 실제 수업 설계, 실행, 공유를 이어가는 실천형 프로젝트입니다.
- 터치 교사단은 교육부가 선발한 AI · 디지털 기반 수업 선도교사 그룹으로, 교원 연수 강사나 정책 참여자로서 역할을 수행하게 됩니다.

즉, 교육혁신 선도교사 연수는 교사들이 디지털 전환 시대의 변화를 선도하기 위한 첫 관문이자 실천 공동체로 가는 연결 통로입니다. 여기서 배운 경험과 역량을 바탕으로 교사들은 자신이 희망하는 활동 방향에 따라 아이에답이나 터치 교사단으로 활동을 확장해나갑니다.

2025년에 진행된 아이에답 마스터교원 신규 연수는 데이터과학의 핵심 개념 이해와 문제 해결 절차 실습, AI 융합 교육의 개념·필요성·우수 사례 탐색, AI 융합 교육 설계 방식 학습 및 실습, AiT 시스템(인공지능 융합수업 종합 지원 시스템)을 활용한 수업 설계·도구 탐색·사례 공유, 동료

◆ 2024년에는 '교실혁명 선도교사 연수'라는 이름으로 운영되던 과정이 2025년부터 '교육혁신 선도교사 연수'로 확대 · 개편되었습니다.

교사와의 성찰 활동과 수업 나눔 등으로 구성되어 있습니다.

AiT(인공지능 융합수업 종합 지원 시스템) 공식 홈페이지(ait.re.kr)

연수 참가자들은 교과 지식과 AI 지식을 이해하고 적용하며 창출하는 목표를 세우고, 실제 수업에서 활용 가능한 디지털 도구를 비교·체험하며, 현장 맞춤형 수업안을 완성해나갑니다.

AI 시대의 교사에게 중요한 것은 '누가 용기 내어 수업을 다시 설계하는가'입니다. 교육혁신 선도교사 연수는 바로 그 용기를 제도적으로 뒷받침하는 과정이라 할 수 있습니다.

교육혁신 선도교사 연수 모집 홍보문

│ 수업에 적용하기 │

AI를 교실에 도입할 때 단순히 새로운 도구를 사용하는 것만으로는 충분하지 않습니다. 먼저 AI 이해 교육, AI 활용 교육, AI 융합 교육의 개념과 차이를 명확히 파악하고, 이를 바탕으로 융합적 사고를 촉진하는 수업을 설계해야 합니다. 각 항목을 하나씩 살펴볼까요?

AI 이해 교육(AI Literacy Education)

AI 이해 교육은 인공지능의 기초 개념과 원리를 배우고 설명할 수 있는 수준의 학습을 말합니다. 머신러닝, 딥러닝, 데이터과학의 관계를 이해하고, 생활 속 사례(스마트폰 음성인식, 추천 알고리즘 등)를 탐구하여 AI가 어떻게 작동하는지 개념적으로 파악하는 데 초점을 둡니다. 이 단계에서는 데이터 기반 문제 해결 절차(문제 정의 → 데이터 준비 → 분석 → 결과 도출 → 적용)를 간단히 실습하며, AI 기술이 왜 필요한지를 인식하도록 돕습니다.

AI 활용 교육(AI Application Education)

AI 활용 교육은 AI를 도구로 사용해 학습 과제를 해결하거나 교과 활동을 보조하는 단계입니다. 엔트리를 이용해 데이터 시각화를 수행하거나, 챗봇 제작 도구를 활용해 사회과 민주주의 개념을 탐구하는 등 특정 기술을 과제 해결에 적용합니다. 이 단계에서 중요한 것은 단순한 도구 사용법이 아니라, AI를 통해 어떤 학습 문제를 해결할 수 있는지 탐색하는 사고방식을 기르는 것입니다.

AI 융합 교육(AI-Integrated Education)

AI 융합 교육은 교과 지식과 AI 지식을 통합, 창출하여 새로운 학습 경험을 만드는 고차원적 단계입니다. 포가티(Fogarty)의 통합교육 모형을 활용해 주제 연결형, 공유형, 실로꿴형, 통합형 등 다양한 방식으로 설계 가능합니다. 예를 들어 자율주행 자동차를 주제로 한 기술·과학·윤리 융합 프로젝트를 설계하거나, 사회과 데이터 분석을 AI 도구와 결합해 정책적 문제 해결안을 도출하는 활동이 이에 해당합니다. 이 단계에서는 '교과 및 AI 지식 이해 → 적용 → 창출'의 흐름을 따라 학습 목표를 설정하고 핵심 역량, 교육과정, 학습자, 환경 등을 분석하여 구체적 설계안을 마련합니다.

AI 융합 수업 설계하기

AI 융합 수업을 설계할 때는 다음과 같은 절차를 거쳐보세요. AI와 에듀테크를 단순히 '편리한 도구'로 사용하는 수준을 넘어, 교과 학습의 본질과 연결된 깊이 있는 융합 설계로 이끕니다. AI 이해 교육으로 개념적 기초를 다지고, AI 활용 교육으로 실천적 적용을 경험한 뒤, AI 융합 교육을 통해 학생 스스로 지식을 창출하는 활동으로 나아가는 것이 AI 시대의 수업 설계 핵심입니다.

[1단계] 핵심 역량과 교육과정 분석하기

학생들에게 필요한 문제 해결력, 디지털 리터러시, 비판적 사고 등 역량을 파악하고 교육과정의 성취 기준과 연결합니다.

[2단계] 학습 목표 설정하기

'이해 → 활용 → 융합'의 단계를 고려하여 학생들이 개념을 이해하고, 도구를 사용하며, 교과와 AI 지식을 연결할 수 있는 목표를 설정합니다.

[3단계] 사례 탐색과 도구 선정하기

AiT 시스템을 활용해 우수 사례와 도구를 검색하고 비교하여 수업에 적합한 방법을 찾습니다.

[4단계] 문제 해결 절차 적용하기

데이터 기반 문제 해결 흐름(문제 정의 → 데이터 준비 → 분석 → 결과 도출 → 적용)을 교과 활동과 연결해 설계합니다.

[5단계] 성찰 및 공유 하기

수업 후 동료 교사들과 결과를 나누고 학생 반응, 효과, 개선점을 분석하여 다음 수업에 반영합니다.

공교육 AIEP 동향 살펴보기

혹시 이런 경험 있으신가요?

수업 시간에 여러 AI 툴이나 디지털 도구를 쓰다 보면, '이건 어디서 로그인하더라?', '비밀번호가 또 뭐였지?' 하며 한참을 헤매게 될 때가 있죠. 어떤 날은 겨우 접속했는데 수업 설계 설정 버튼이 어디에 있는지 기억이 안 나기도 합니다. '이 많은 사이트를 한 번의 로그인으로 쓸 수 있으면 얼마나 편할까?' 하고 생각해 보신 적, 아마 다들 있으실 거예요. 그런 불편함을 해결하기 위한 것이 바로 AIEP입니다.

AIEP란 무엇인가요?

AIEP(인공지능 기반 교수학습 플랫폼, AI-based Instruction & Evaluation Platform)는 여러 시·도교육청이 공동으로 개발하는 차세대 공교육 플랫폼입니다. 수업 설계부터 학습 수행, 평가, 피드백, 학습 데이터 분석까지 모든 수업 과정을 하나의 흐름으로 연결하는 시스템을 지향합니다. 2025년 현재 11개 시·도교육청(강원, 서울, 인천, 경북, 대전, 전북, 전남, 광주, 울산, 세종, 제주)이 참여하고 있으며, 공동으로 개발한 플랫폼을 각 지역의 특화 서비스와 연계하는 방식으로 운영됩니다.

강원도교육청 보도와 지역 언론에 따르면, AIEP는 '교사의 수업 재구성·설계 기능'에 초점을 두고 있습니다. 다양한 에듀테크 도구를 한곳에서 연결할 수 있는 '마켓플레이스형 허브' 형태로 설계되며, 연구·선도학교 운영과 교원 역량 강화 프로그램을 통해 현장 안착을 추진하고 있습니다.

2025년 현재 AIEP는 공동 인프라 구축, 지역 특화, 평가 체제 연계라는 세 축을 중심으로 개발 중이며, 일부 기능은 올해부터 단계적으로 선보이고, 2026~2027년에 걸쳐 고도화 및 확대 도입을 목표로 하고 있습니다.

초등학교에는 어떻게 적용되나요?

AIEP를 사용하면 수업 자료와 활동 도구, 학습 기록이 한 번의 로그인으로 모두 연결됩니다. 여러 사이트를 오가던 번거로움과 수업 준비 및 정리 시간이 훨씬 줄어듭니다.

특히 서·논술형 평가에서는 AI가 채점을 도와주고 자동 리포트를 만들어 주기 때문에, 개별 피드백에 대한 교사의 부담이 크게 줄어듭니다. '활동-점검-개별 피드백'의 짧은 주기를 시스템이 뒷받침하면, 교사는 평가 결과를 곧바로 다음 차시에 반영할 수 있습니다.

또한, AIEP는 누적된 학습 데이터를 분석해 학생별로 어떤 부분을 잘하고, 어떤 부분이 어려운지를 그래프로 한 눈에 볼 수 있고 난이도 조절이나 학습 경로 추천 같은 적응형 지원을 제공합니다. 공교육 차원에서 데이터가 표준화된 형식으로 쌓이면, 학년이나 학급이 바뀌어도 학생의 누적 학습 이력을 기반으로 연속성 있는 개별화 지도가 가능할 것입니다.

마지막으로, 플랫폼 안에서는 발표나 협업, 포트폴리오 활동 등 다양한 도구로 한 학년 동안의 학습 과정을 기록할 수 있습니다. 학생이 과제를 제출하고 피드백을 받는 과정이 차곡차곡 쌓이면서, 성장 이야기를 한눈에 볼 수 있습니다. 이 과정에서 학생은 스스로 배움을 돌아보고, 친구의 생각을 함께 살피는 메타인지 능력을 기르게 됩니다.

2교시
중·고등

수업과 입시의 판이 바뀌다

AI로 인해 입시, 수업, 교사의 역할까지 달라지고 있지만, 무엇이 허용되고 무엇이 옳은지에 대한 기준은 여전히 비어 있습니다. AI가 학생의 수행평가를 대신 해주는 시대에 교사는 결과보다 과정을, 답보다 질문을 설계해야 합니다. 사고하지 않고 묻는 아이들 앞에서 우리는 어떤 수업으로 사고력을 지켜낼 수 있을까요? 또, AI 시대의 입시는 어떻게 변화하고 있으며, 학생들에게 사회적 책임과 윤리를 어떻게 가르칠 수 있을까요?

"요즘 수행평가 많지 않아?" 저녁 식사 자리에서 지훈 씨가 조심스럽게 물었다. "음… 많긴 한데 챗GPT한테 물어보면 정리를 잘해줘서 그렇게 어렵진 않아요. 친구들도 다들 쓰다 보니, 이제는 챗GPT 없이 과제하는 게 더 어색하기도 해요." 민준이는 태연하게 말했다.

잠시 생각에 잠겼던 지혜 씨가 조심스럽게 말을 이었다. "민준아, 수행평가는 단지 좋은 결과를 내는 게 목적은 아닐 거야. 요즘 고교학점제 때문에 수행평가가 더 중요해졌다고 하잖니. 과목 선택도 네가 스스로 하고 그 안에서 어떤 질문을 던지고 탐색했는지가 학생부에 그대로 드러나는데, 너무 AI에만 의존하면 네가 직접 고민한 흔적은 보이지 않을 수도 있어."

지훈 씨도 고개를 끄덕이며 거들었다. "회사에서도 요즘엔 'AI로 만든 보고서'보다 '사람이 직접 고민한 흔적'을 더 높이 평가해. 누가 대신 해주는 게 아니라, 네가 어떤 과정을 거쳤는지가 더 중요하단 얘기지."

의존하는 학생들, 위협받는 사고력

생각하기 전에 먼저 물어보는 아이들,

사고력은 누가 책임질까요?

| 현장의 목소리 |

"학생들이 챗GPT를 '정답'을 찾아주는 도구로만 쓰고 있습니다."

고등학교 2학년 국어 수업 시간, 수업 후반부에 자율과제로 제시한 토론문 작성 활동에서 담당 교사는 과제를 받아 들고 잠시 말을 잃었습니다. 형식적으로는 생성형 AI가 등장하기 전 학생들이 제출한 기존의 과제보다 완벽하며 구조도 논리도 그럴듯했지만, 정작 이 글을 쓴 학생에게 왜 이런 주장을 했는지 물었을 때 돌아온 대답은 '챗GPT에게 도움을 받았다'는 말뿐이었습니다.

요즘 고등학생들은 수행평가가 주어지면 고민도 하지 않고 바로 생성형 AI를 켜는 것에 익숙해져 있습니다. 챗GPT는 논리적으로 흠잡기 힘든 글을 만들어주고, 학생은 그것을 복사해 제출하면 되거든요. 하지만 수업 시간에 그 내용을 바탕으로 토론하거나 발표를 시키면, 스스로의 생각을 말하지 못하고 침묵하는 일이 반복됩니다.

입시 현장에서 체감하는 문제는 더욱 분명합니다. 영어 교과를 담당하는 한 선생님은 최근 '비판적 독해' 단원을 수업하며 학생들이 텍스트를 자기 방식으로 해석하기보다 챗GPT에게 해석을 맡기는 현실을 체감했다고 합니다. 처음엔 분석 도구로 쓴다더니, 이제는 '답을 찾아주는 도구'로만 쓰고 있는 것이죠.

수능이나 내신 문제를 풀 땐 챗GPT가 직접적인 도움을 주기 어렵지만, 수행평가나 프로젝트형 과제에서 챗GPT는 '무엇이든 대신 써주는 도구'가 되어 손쉬운 해결책으로 여겨집니다. 이로 인해 사고하는 과정은 사라지고 결과만 남게 되었습니다. 과제는 정답으로 채워지지만, 정작 학생의 생각은 보이지 않죠. AI 도구를 무조건 제한하기보다는 비판적으로 활용하게 만드는 수업 설계가 필요한 실정입니다.

이에 대한 대응으로 일부 교사는 수업 전략을 바꾸었습니다. 챗GPT가 작성한 답안과 학생 자신의 답안을 비교하고, 어떤 사고가 생략되었는지를 찾게 하는 것이죠. 이 과정을 통해 학생이 스스로 질문하게 만듭니다. 또 다른 교사는 '챗GPT의 답변을 반박하라'는 과제를 냅니다. AI가 모든 답을 알고 있다고 믿는 학생들에게, 그건 사람의 생각이 아니라 학습된 통계라는 걸 체감하게 하려는 것이죠.

아이들은 정보를 찾는 방식 자체가 바뀌는 시대를 살아가고 있습니다. 구글과 네이버 같은 검색 엔진에서는 AI 오버뷰◆ 기능을, 챗GPT와 퍼플렉시티(Perplexity)에서는 실시간 웹 기반 검색 모델을 제공하죠. '검색하는 법'보다 '묻는 법'이 먼저 익숙해진 세대 앞에서, 우리는 사고력을 어떻게 지켜낼 것인가를 고민해야 합니다. 지금, 정답을 묻는 교실에서 질문을 키우는 수업으로의 전환이 필요한 이유입니다.

◆　AI 오버뷰(AI Overview)는 구글이나 네이버 같은 검색 엔진에서 검색 결과 최상단에 보여주는 요약 답변입니다. 사용자가 검색창에 질문을 입력하면, 여러 웹페이지를 일일이 확인하지 않아도 AI가 주요 내용을 모아 간단한 설명이나 핵심 정보를 한눈에 보여줍니다.

교사들은 지금 학교에 퍼지고 있는 이런 모습을 보고 '생각을 스킵하는, 챗GPT 스포일러 세대'라고 말하곤 합니다. 챗GPT는 결과만을 제시할 뿐, 그 과정은 블랙박스입니다. 문제를 '어떻게 푸는지'는 보이지 않죠. 학생들은 점점 답만 얻고 사고하지 않는 방식에 익숙해지고 있습니다. 심지어는 학생들의 글에서 자기 언어가 점점 사라지고 있다는 생각도 듭니다. 'AI가 한 말'이 학생의 생각을 대신하며 'AI가 틀릴 수도 있다'는 감각마저 희미해집니다.

최근 서울의 한 고등학교에서 학생들을 대상으로 실시한 AI 활용 설문조사에 따르면, 전체 응답자의 75%가 주 2~3회 이상 AI 도구를 사용하고 있으며, 이 중 25%는 '매일' 사용한다고 답했습니다.

AI 도구를 주로 어떤 용도로 사용하나요?

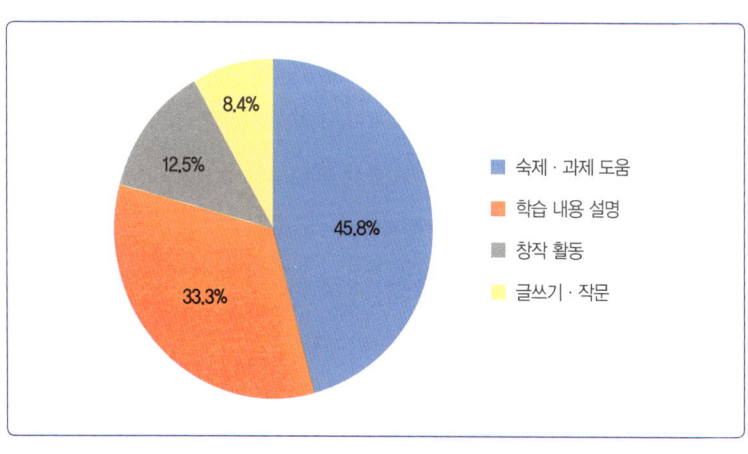

사용 목적을 살펴보면 '숙제·과제 도움'이 45.8%로 가장 높았고, 이어서 '학습 내용 설명'(33.3%), '창작 활동'(12.5%), '글쓰기·작문'(8.4%) 등이 뒤

를 이었습니다.

　이러한 현상은 해외에서도 마찬가지로 나타납니다. 2024년 프랑스와 이탈리아 고등학생 395명을 대상으로 진행된 연구[*] 결과에 따르면, 대부분의 학생들이 챗GPT를 '자료 조사'보다는 '답변 생성기'로 활용합니다. 수행평가나 과제물 작성에서 챗GPT의 사용이 일상화되었으며, 많은 학생이 챗GPT의 내용을 비판 없이 그대로 옮겨 제출합니다. 특히 이 연구에서는 AI가 제공한 내용을 검토하거나 비판적으로 판단하는 과정을 거치지 않을 경우, 학생들의 비판적 사고와 학습 역량에 부정적 영향을 미칠 수 있다는 우려를 제기합니다. 다시 말해 단순히 AI 사용을 금지하기보다는, AI를 윤리적이고 책임감 있게 활용할 수 있도록 교육과정에 비판적 사고 훈련과 AI 리터러시 교육을 포함해야 한다는 것이죠.

　미국의 상황도 살펴볼까요? 퓨 리서치 센터(Pew Research Center)에서 2025년 초 발표한 자료[**]에 따르면, 13~17세 청소년 중 26%가 챗GPT를 수업 과제에 사용한 적이 있다고 합니다. 그중 절반 이상은 '정답을 찾기 위해 사용한다'고 답했습니다. MIT는 이러한 경향이 학생의 뇌 활동에도 영향을 미친다는 사실을 밝혀냈습니다. MIT 연구진은 EEG 실험에서 챗GPT로 글을 작성한 학생은 스스로 글을 쓰거나 구글 검색을 통해 쓴 그룹보다 집중력, 실행기능, 판단 관련 뇌 영역의 활동이 현저히 낮게 나타났다고 보고했습니다. 즉 챗GPT가 스포일러처럼 정답을 제시

---

[*]　Sublime, J., & Renna, I. (2024, December 23). *Is ChatGPT Massively Used by Students Nowadays? A Survey on the Use of Large Language Models such as ChatGPT in Educational Settings*. arXiv.

[**]　Sidoti, O., Park, E., & Gottfried, J. (2025, January 15). *About a quarter of U.S. teens have used ChatGPT for schoolwork – double the share in 2023*. Pew Research Center.

할수록 학생의 사고 과정은 생략되며, 이는 곧 비판적 사고력 약화와 기억력 저하의 신호로 해석되는 것이죠.

| 인사이트 | AI를 바르게 활용하도록 이끄는 AI 디펜더 교사

앞서 살펴봤듯이, 챗GPT 같은 생성형 AI가 학생들 사이에서 빠르게 확산되며 AI를 단순히 숙제를 대신 해주는 도구로 보는 시각도 존재합니다. 하지만 유네스코(UNESCO)는 교육 현장에서 AI를 단순한 '부정행위 도구'로 제한할 것이 아니라 교육자들이 AI를 전략적으로 교육에 통합하여 학생들이 AI를 이해하고, 비판하고, 직접 설계할 수 있는 창의적 시민으로 성장하도록 도와야 한다고 강조합니다. 이를 위해 '교사·학생을 위한 AI 역량 프레임워크(AI Competency Framework for Teachers & Students)'를 개발하여 전 세계에 무료로 제공하고 있죠.

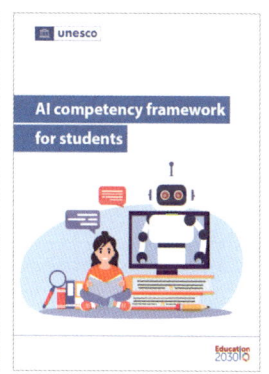

유네스코에서 개발한 '교사·학생을 위한 AI 역량 프레임워크'

'학생들이 이미 챗GPT를 쓰고 있는데, 수업에서 이를 금지하는 것이 옳은가?' 고등학교 교사들이 생성형 AI 활용을 둘러싸고 가장 많이 던지는 질문입니다. 이 질문은 단순히 도구 사용의 허용 여부를 넘어, 교육의 본질에 관한 문제로 확장됩니다. 2025년 현재, 한국을 포함한 세계 여러 나라의 교사들은 AI의 무분별한 사용이 학생들의 사고력을 약화시킬 수 있다는 점을 깊이 우려하고 있습니다. 하지만 동시에, AI를 무조건 배제하기보다는 사고력 중심으로 수업 구조를 바꾸려는 교사들의 실천이 점차 확산되고 있기도 합니다.

AI 사용을 '차단'하지 않고 '설계'하는 교사들

미국 남부교육위원회(SREB)는 교사들을 대상으로 한 가이드에서 AI는 복잡한 사고를 요하는 과제를 설계하는 도구가 될 수 있으며, 학생들이 AI에 휘둘리지 않도록 그 사용을 안내하는 것이 교사의 역할이라고 제안합니다. 이에 따라 SREB는 다음 네 가지를 AI 통합 수업의 원칙으로 제시합니다.

- 인지적으로 요구 수준이 높은 과제 설계
- AI 사용 이후의 성찰 활동 설계
- AI가 제시한 응답에 대한 반박 및 오류 탐색
- 학생 주도의 프롬프트 설계 활동 포함

하와이 미드 퍼시픽 인스티튜트(Mid-Pacific Institute)의 교사들은 수업에서 챗GPT가 쓴 글을 학생들에게 직접 읽히고, 다음과 같은 질문을 중심으로 토론을 진행합니다. AI 반박 수업과 질문 중심 수업이라고 할 수 있죠.

- 이 주장은 어떤 근거를 생략하고 있는가?
- 정보의 출처는 신뢰할 수 있는가?
- AI가 말하지 못한 관점은 무엇인가?

학생들은 이러한 활동을 통해 AI가 단순히 '정답 제공자'가 아니라, 비판적 분석의 대상이자 학습 파트너로 활용될 수 있음을 경험합니다.

국내에서도 확산되는 AI 사고 수업

국내에서도 많은 AI 연구회 소속 교사들이 챗GPT를 활용하여 학생의 질문력을 기르는 활동을 하거나 형성평가 피드백을 제공하고, 오류 탐색 기반 수업을 설계하고 있습니다. 이들은 공통적으로 'AI는 수업을 더 풍부하게 만들지만, 사고력을 대신할 수는 없다'는 점을 강조합니다. AI의 잘못된 설명을 학생이 직접 반박하게 하는 수업을 시도한 교사들도 있었고, 그 결과 학생들은 챗GPT에 의존하기보다 자신의 판단 기준을 더 뚜렷이 세우게 되었습니다.

생성형 AI 시대, 다시 교사의 역할을 묻게 됩니다. 'AI 디펜더 교사'는 기술을 통제하는 사람이 아닙니다. 학생이 사고의 주체로 남을 수 있도록 수업을 설계하는 사람입니다. 그들은 AI를 수업에 끌어들이되, AI에 종속되지 않는 방법을 끊임없이 고민하고 실천하고 있습니다. 이제 교사의 질문은 달라져야 합니다. 'AI를 쓸 것인가, 말 것인가?'가 아니라 'AI를 어떻게 써야 사고가 무너지지 않는가?'가 되어야 합니다.

질문이 사고력을 결정하는 시대입니다. 챗GPT에게 뭐라고 물어봐야 할지 모르겠다고 하는 학생이 많은데, 이는 단순한 사용 미숙의 문제가 아닙니다. 질문하지 않는 학생, 질문할 줄 모르는 교실이 늘어나고 있다는 신호입니다.

학생들이 생성형 AI를 사용할 때 가장 흔히 겪는 혼란은, '어떻게 질문해야 내가 원하는 답을 얻을 수 있는가'에 대한 감각 부족입니다. 단순한 지식 검색은 가능하지만, 깊이 있는 사고나 논리적인 글쓰기를 유도하는 질문 설계는 낯설게 느끼죠.

AI는 질문(프롬프트)에 충실합니다. 하지만 그 질문이 애매하거나 단편적이면, 돌아오는 대답도 생각 없는 요약이 됩니다. 학생들이 AI에게 던지는 질문 자체가 사고의 깊이를 드러냅니다. 단순히 '설명해줘'라고 물을 때와 '고등학생이 이해할 수 있도록, 3가지 사례 중심으로 설명해줘'라고 요청할 때 챗GPT의 응답은 구조도, 표현도, 정보의 정확성도 완전히 다릅니다.

그렇다면 좋은 질문은 어떻게 만들까요? 챗GPT의 개발사인 오픈AI가 제안하는 '프롬프트 질문 설계의 6가지 원칙'◆을 살펴보고, 학생들에게 사고하는 질문을 훈련시키는 데 활용해봅시다.

◆　help.openai.com/en/articles/6654000-best-practices-for-prompt-engineering-with-the-openai-api

1. 명확하고 구체적으로 요청하기

한국의 환경 정책을 알려줘.

→ 2020년 이후 한국의 탄소중립 정책 중 청소년 대상 제도를 3가지 설명해줘.

2. 출력 형식을 정해주기

비교해줘.

→ 표로 비교해줘, 찬반 입장으로 나눠 정리해줘.

3. 원하는 구조를 명시하기

논리적으로 써줘.

→ '서론 – 근거1 – 근거2 – 결론' 구조로 5문장 이내로 써줘.

4. 복잡한 작업은 나눠서 요청하기

에세이를 써줘.

→ 주장부터 먼저 말해줘. 그다음 근거를 3가지로 나눠서 설명해줘.

5. 맥락을 설명하고 혼란을 줄이기

설명해줘.

→ 고등학생 사회 수행평가 자료로 쓸 거야. 비판적 관점도 함께 넣어줘.

6. 여러 방식으로 실험하고 비교하기

같은 주제를 두세 가지 방식으로 질문해보고, 어떤 질문이 더 유의미한 답을 도출하는지 학생 스스로 분석하게 하기

프롬프트는 단순한 명령어가 아니라 '사고를 구조화하는 힘'입니다. 프롬프트를 구성하는 방식은 곧 학생이 문제를 어떻게 바라보고 있는지를 드러내죠. 목적이 분명한 질문인지, 비교·분석·비판을 요구하고 있는지, 특정 사례나 조건이 포함되었는지 등 질문의 구조 자체가 사고의 수준을 결정합니다. 따라서 프롬프트를 설계한다는 것은, 사고력을 설계하는 것과 같습니다.

프롬프트 생존력을 키워주는 수업 사례

- **수업명**: AI 윤리, 챗GPT에게 먼저 묻고 나에게 다시 묻다
- **수업 과목**: 고등학교 2학년 '인공지능 기초' 과목 내 윤리 단원
- **수업 개요 및 목표**: 이 수업은 인공지능 기술의 빠른 발전으로 발생하는 윤리적 문제를 학생들이 직접 탐색하고 사고해보도록 설계되었습니다. 챗GPT를 활용해 인공지능 10대 윤리 요건을 조사하고 실시간 웹 검색으로 탐색한 사례 중심 기사를 재구성합니다. 학생들은 단순히 '윤리란 무엇인가'를 배우는 것이 아니라 실제 사회에서 논의되는 최신 AI 이슈를 챗GPT를 통해 탐색하고, 그것을 자신의 언어로 해석하는 경험을 하게 됩니다.

[1단계] 인공지능 10대 윤리 조사하기

- **프롬프트 작성 예시**: AI 윤리 10대 원칙을 고등학생이 이해하기 쉽게 설명해줘.
- **사고 확장 지점**: 개념적 윤리 기준의 구조화, 기술이 아닌 '기준'에 초점 맞추기

[2단계] 최근에 일어난 AI 윤리 문제 사례 탐색하기

- **프롬프트 작성 예시**: 2023~2025년 실제 기사 중 인공지능이 프라이버시를 침해한 사례를 알려줘.
- **사고 확장 지점**: 정보 요구의 구체화 능력 발달, 챗GPT 활용을 통한 사고 도약 촉진

[3단계] 챗GPT가 제시한 기사 목록 직접 확인하기

- **프롬프트 작성 예시**: 웹사이트에서 검색해서 기사를 선별해주고, 뉴스 기사의 출처도 함께 알려줘.

- **사고 확장 지점**: AI 응답을 무비판적으로 수용하지 않고, 검증하고 해석하는 태도 형성

[4단계] 관심 있는 사건을 선택하여 기사 형식으로 재구성하기

- **프롬프트 작성 예시**: 이 사건을 고등학생이 이해할 수 있는 기사 스타일로 바꿔줘.
  - 이후 챗GPT가 작성한 초안을 수정하고 시각 자료를 추가하는 등 타인에게 전달할 수 있는 글로 재구성
- **사고 확장 지점**: AI 응답을 참고 자료로 재해석하고 자신의 언어로 의미화하는 과정에서 사고력 강화

[5단계] 해당 사건과 10대 윤리 원칙의 연결고리 찾기

- **프롬프트 작성 예시**: 이 사건은 어떤 윤리 원칙을 위반했을까?
  - 챗GPT의 의견을 참고하여 학생 주도 판단 유도
- **사고 확장 지점**: 챗GPT가 아닌 자신이 기준을 세우는 역할로 전환, 윤리 원칙에 대한 적용과 해석 역량 강화

[6단계] 향후 유사 사건의 발생을 막기 위한 방안 제안하기

- **프롬프트 작성 예시**: AI 윤리 문제를 예방하려면 어떤 제도가 필요할까? 학생 입장에서 어떤 교육이 효과적일까?
  - 챗GPT에게 아이디어 브레인스토밍 요청
- **사고 확장 지점**: 챗GPT를 활용한 창의적 문제 해결 프레임 적용, '비판 → 해석 → 대안 제시'까지 사고의 연쇄 확장

처음에는 챗GPT에게 단순히 '윤리 문제 알려줘'라고만 묻던 학생들이, 수업이 진행될수록 '최근에 실제로 일어난 프라이버시 침해 사건을 기사 중심으로 알려줘'와 같이 보다 정교한 프롬프트를 구성해내기 시작했습니다. 또한 챗GPT의 응답을 무조건 신뢰하기보다는 기사 원문 링크에 접속하여 정보의 사실성, 출처, 맥락을 직접 확인하는 과정을 통해 AI가 제공한 답변을 주체적으로 검토하는 능력이 강화되었고, 재구성 글쓰기를 통해 사건 요약, 구조적 정리, 윤리적 기준 적용 능력 등이 함께 성장했습니다.

이 수업은 챗GPT를 활용하되, 챗GPT가 수업의 중심이 되지 않도록 설계되었습니다. 중요한 것은 AI의 답이 아니라, 그 답을 해석하고 판단하며 의미를 되새길 수 있는가입니다. 또한, 학생들이 실제 사례를 기반으로 '윤리'라는 다소 추상적인 주제를 사고하게 함으로써 AI 기술과 사회문제를 연결하는 통합적 사고의 출발점이 될 것이라 생각합니다.

"민준아, 진로랑 입시에 대해서 생각해본 적 있어?" 지훈 씨의 질문에 민준이 곧장 답했다. "네. 1학년 정보 시간에 파이썬을 배우고 AI를 활용하다 보니 '인공지능은 어떻게 학습하지?' 같은 궁금증이 생겼어요. 그래서 요즘은 챗GPT와 대화하면서 앞으로 배울 과목들을 진로와 어떻게 연결할 수 있을지 고민하고 있어요."

"그런 걸 챗GPT가 해줄 수 있니?" 지혜 씨가 물었다. "챗GPT가 과목별로 활동 아이디어를 제안해줘요. 2학년 '인공지능 기초' 과목에서는 컴퓨터 비전으로 사회문제를 해결하는 프로젝트를, 3학년 '로봇과 공학세계' 과목에서는 센서와 AI 모델을 결합한 로봇 제작 프로젝트 같은 걸요."

"챗GPT가 진로 고민도 들어주다니 신기하네. 구체적인 프로젝트 안내도 해주니?" 지훈 씨가 물었다. "그럼요. 과학 시간엔 센서 데이터를 실험에 활용하거나 뇌의 정보처리 방식과 AI를 비교해보라고 했고, 쓰레기 인식이나 유기동물 감지 같은 실제 사례도 알려줬어요. 카메라로 정보를 인식하고 판단하는 게 AI 학습의 핵심이라는 것도요!"

"AI한테 도움받는 게 아니라, 같이 설계해나가는 거네?" 지혜 씨의 말에 민준이 웃으며 답했다. "맞아요. 챗GPT는 방향을 잡아주고, 저는 각 과목에서 진로와 연결될 수 있는 활동을 직접 정리하고 있어요."

AI와 함께 준비하는 입시

AI와 함께하는 시대,
학생의 성장을 어떻게 기록하고 평가할 수 있을까요?

| 현장의 목소리 |

"수시는 성적만으로 결정되지 않아.
대학에서 정말 궁금해하는 것은 너의 '과정'과 '성장'이야."

3학년 담임으로 수시 상담 시즌이 시작되면 저는 아이들에게 이 말을 해주며 상담을 시작합니다. 수시, 그중에서도 학생부종합전형은 단순히 수치를 비교하는 전형이 아닙니다. 고등학교 3년 동안 학생이 어떤 주제로 어떤 질문을 던졌고, 그것을 어떤 방식으로 탐색하고 정리해왔는지를 평가합니다. 숫자가 아닌 서사이고, 단편이 아닌 맥락인 것이죠.

제가 대학 진학을 도왔던 한 학생은 인공지능을 열심히 배우고 이를 활용해 캔과 플라스틱 쓰레기를 분류하는 프로토타입 분리수거기를 만들었습니다. 이 학생은 단순히 모델 제작에 그치지 않고 이 주제를 사회 교과의 환경 문제와 연결해 윤리적 논점을 정리하고, 발표로까지 이어갔습니다. 그 결과, 이 학생의 학생부는 활동이 단절되지 않고 하나의 흐름으로 이어졌고요.

이른바 '교과 간 연계'라고 불리는 이런 흐름은 최근 대학 입학사정관이 학생부를 평가할 때 가장 주목하는 요소입니다. 교과 세부능력 및 특기사항, 동아리 활동, 진로 활동, 그리고 개별 세부능력 및 특기사항이 하나의 주제를 중심으로 유기적으로 연결될 때, 학생의 진정성과 탐구력이 더욱 돋보이기 때문입니다.

특히 AI와 소프트웨어(SW) 관련 진로가 부각되는 요즘, 단순한 대회 수상 실적보다 더 중요한 것은 '교과 속에서 스스로 질문을 만들고 탐색한 경험'입니다. 챗GPT 같은 도구를 통해 쉽게 답을 찾을 수 있는 시대이기 때문에 단순히 챗GPT를 사용해 정답을 적어 내는 것이 아니라, 어떤 질문을 던졌고 그 답을 어떻게 해석하고 재구성했는지를 보여줘야 하죠. 그것이 바로 활동의 깊이이고, 사고의 주체성입니다.

예를 들어 컴퓨터 비전(Computer Vision) 기술을 활용해 쓰레기를 이미지로 인식하고 분류하는 프로젝트를 수행했다면, 단순히 분리수거기를 만들었다는 결과만 나열하는 것이 아니라 그 과정에서 어떤 이미지 처리 기법을 배웠고, 데이터 전처리나 학습 과정에서 어떤 문제 상황을 어떻게 해결했는지를 구체적으로 기술해야 합니다.

이러한 경험이 동아리 활동과 진로 탐색, 그리고 교과 세부능력 및 특기사항 안에 유기적으로 녹아 있다면, 평가자는 그 학생이 단순히 '무언가를 했다'가 아니라 '스스로 의미를 만들며 성장해왔다'는 인상을 받습니다.

이때 교사는 학생의 활동을 수동적으로 기록하는 역할을 넘어, 이 흐름을 이해하고 연결해주는 설계자의 역할을 맡아야 합니다. 좋은 학생부 기록은 절대 우연히 만들어지지 않습니다. 학생이 방향을 잡고, 교사가 흐름을 이해하고, 함께 조율해나가야 비로소 살아 있는 기록이 됩니다.

학생부가 단순한 성적표가 아닌 성장의 기록이라는 말은 단지 비유가 아닙니다. 지금 이 시대의 입시는 학생의 성장을 '읽는' 입시이며, 그 성장은 곧 진로의 방향성을 스스로 설계하고 실천한 시간으로 증명됩니다. 그 중심에는, 여전히 '학생의 질문'이 있습니다. 학생부종합전형을 준비하는 교사와 학생 모두가 기억해야 할 것은 활동의 수가 아니라 흐름이, 성취의 크기가 아니라 의미의 깊이가 중요하다는 점입니다.

| 인사이트 | AI로 사고를 확장하는 수행평가

고등학교 교실에 AI가 도입되며 평가에도 새롭고 다양한 방식이 시도되고 있습니다. 이제 수행평가는 학생의 결과물뿐 아니라 그 안에 담긴 사고의 흐름과 확장성, 그리고 AI를 도구로 활용하는 주체적 학습자의 태도까지 함께 평가하는 구조로 나아가고 있죠. AI 시대에 수행평가가 어떤 방향으로 나아갈 수 있는지를 보여주는 하나의 실험적인 사례를 소개합니다.

녹색 숨결

작성자: community builder

환경 논제를 두고 학생의 주장 하나씩 비판하고 평가하는 친근한 토론
피드백 GPT

기후 위기와 생물 다양성 보전에 대해 어떻게 생각해?

플라스틱 사용 규제 강화에 대해 너의 주장을 들려줘.

도시 개발과 자연 보호 중 어느 쪽을 우선시해야 할까?

야생동물 보호를 위해 우리가 할 수 있는 일은 뭐가 있을...

환경 관련 수행평가에 사용된 AI 챗봇 '녹색 숨결'

서울성남고등학교의 이승준 교사는 환경을 주제로 한 수행평가에 인공지능 챗봇을 접목하여 새로운 평가 방식을 시도했습니다. 수업의 핵심

은 학생들이 스스로 사회적 쟁점을 분석하고, 주장과 근거를 구성하며, AI와 상호작용을 통해 그 논리를 더욱 정교하게 다듬도록 유도하는 데 있었습니다. 이 수업에서 활용된 챗GPT 기반 챗봇은 '녹색 숨결'이라는 이름으로 설계되었으며, 각 모둠별로 구성한 환경 논제에 대한 입론 구성 과정에서 피드백을 제공하고, 입론의 완성도를 항목별 점수의 합산을 통해 점수화하는 역할을 담당했습니다.

결과보다 과정을 중시하는 수업 설계

기존 수행평가는 학생 개개인의 주도성을 확인할 수 있는 좋은 수단이지만, 챗GPT 등장 이후 결과물 중심의 단순한 평가가 무력해질 위험에 놓였습니다. 따라서 이 교사는 '학생의 생각 흐름'이 평가의 핵심이어야 한다고 보았고, 챗GPT와의 대화를 활용해 그 사고 과정을 드러내는 평가를 구상했습니다.

학생들은 모둠별로『문버드(필립 후즈)』와『숨 쉬는 소설(최진영 외)』을 읽고 철새 전문가의 강연을 들은 뒤 '환경'에 관한 토론 주제를 마련합니다. 그리고 PREP 기법에 따라 입장, 주장, 근거, 이유 등을 포함하는 입론 초안을 준비하여 이를 '녹색 숨결' 챗봇에 입력합니다. 챗봇은 학생의 주장에 대해 논리의 타당성, 구체적 근거, 반론 가능성 등을 지적하는 방식으로 피드백을 제공하고, 학생들은 이를 바탕으로 자신의 글을 수정하거나 챗봇의 피드백을 반박하는 과정에 들어갑니다.

활동을 진행하며 챗봇의 피드백에 대해 '이 지적은 타당하다'고 수용한 모둠도 있었고, '챗봇의 반박에 오류가 있다고 생각한다'며 자신만의 논리를 더욱 강화한 모둠도 있었습니다. 중요한 점은 학생들이 챗GPT의 의견을 그대로 받아들이지 않았다는 사실입니다. 학생들은 AI의 피드백을 통해 자신의 논리를 다시 해석하고 정돈하게 되며, 사고 구조의 확장을 경험합니다.

'녹색 숨결' 챗봇과 주고받은 논증 대화 예시

녹색 숨결 챗봇	안녕! 반가워. 오늘은 어떤 논제로 토론을 시작해볼까?
학생	PREP 기법으로 논증해볼 테니, 반대 입장에서 질문을 던져줘. P(Point) B95와 같은 멸종 위기 철새 종을 살려야 하고 그러기 위해 플라스틱 문제를 해결하는 노력이 필요하다. R(Reason) 1. 많은 식량을 먹고 빠르게 에너지를 얻어야 하는 철새가 플라스틱을 먹어 배를 채우면 더 이상 필요한 먹이를 먹을 수 없게 되어 굶어 죽거나, 다른 포즈 지점에 도달하기 전에 에너지 부족으로 바다에 빠져 죽을 것이다. 그러므로 최대한 플라스틱을 먹지 않게 처리해야 한다. 2. B95와 같은 멸종 위기 철새 종을 살리면 생태계를 보호할 수 있다. 한 종이 멸종하면 먹이사슬로 연결된 종의 개체 수 조절이 어려워져 생태계의 순환을 방해한다. E(Example) 1. 앨버트로스라는 새가 바다 위에 떠다니는 플라스틱을 먹고 소화하지 못해 결국 바다에 빠져 죽었다는 기사가 있다. 2. 동물의 소화액만으로도 충분히 분해 가능한 생분해 플라스틱을 만들거나 환경 보호를 위해 선정된 기준에 맞는 새로운 소재를 발명해서 활용한다. 3. 플라스틱 제품의 색상을 변화시킬 수 있다. 새들이 플라스틱을 먹이로 오인하는 경우가 많은데, 플라스틱은 소량으로도 새들에게 매우 큰 영향을 끼칠 수 있고 플라스틱으로 인해 충분한 영양을 섭취하지 못한 새들은 이른 시기에 죽을 가능성이 훨씬 높아진다. 현재 새들이 플라스틱을 먹이로 오인하고 먹어서 많이 죽는다는 통계 자료가 있고, 영국 엑서터대학교에서 실험한 결과로는 새들이 화려한 색의 플라스틱을 더 자주 섭취하고 순수한 색깔은 관심을 덜 보인다는 결과가 있다. 따라서 플라스틱 제품의 색상을 변화시키면 철새들이 플라스틱을 먹을 확률이 감소할 것이라고 예상한다. 화려한 색상을 이용해야 하는 제품은 몸통과 부속품을 일체화한 제품을 만들어서 최대한 쓰레기를 덜 만들거나 먹을 가능성을 차단하면 될 것이다. 4. 다큐멘터리를 통해 B95의 사연을 널리 알리고 자원봉사자를 모집하여 철새들이 머무는 지역을 정화한다. P(Point) 그러므로 B95와 같은 철새 종을 살리기 위해 플라스틱 문제를 개선해야 한다.

| 녹색 숨결 챗봇 | 좋은 논증이야. 그럼 이 논제에 대해 내가 반대 입장에서 질문을 던져볼게.
"철새들이 플라스틱을 섭취하지 않도록 플라스틱 문제를 해결해야 한다는 주장에는 타당성이 있지만, 현실적으로 수천 킬로미터에 이르는 이동 경로 전체를 정화하거나 플라스틱 생산 자체를 줄이는 건 거의 불가능하지 않을까? 그렇다면 오히려 개체별 추적이나 보조 급식 같은 방안이 더 효과적일 수도 있지 않을까?"
또 이런 반론도 가능해 보여.
"플라스틱 문제는 매우 포괄적인 환경 문제인데, B95와 같은 철새 종의 생존이라는 좁은 목적을 중심으로 접근하는 것이 과연 환경 운동 전략으로 설득력이 있을까? B95는 상징적인 존재일 뿐, 실질적 변화는 인간 사회 전반의 구조적 소비 패턴과 쓰레기 처리 시스템 개혁을 통해 접근해야 하지 않을까?"
추가로, 너의 2번 근거에 나온 '먹이사슬과 생태계'에 대해 구체적인 예시나 에너지 생태학적 연구 자료가 있으면 더 설득력 있을 것 같아. 필요하면 관련 자료도 찾아줄게. |

수업을 진행한 이승준 교사는 "수업 과정에서 학생들이 챗GPT의 논리에 끌려가지 않고, 오히려 해당 도구를 자신의 논리를 강화하는 수단으로 활용하고 있음을 확인할 수 있었습니다. 챗GPT의 응답 자체보다, 그것을 받아들이는 개인의 사고가 핵심으로 작용한 장면이었다고 생각합니다"라고 소회를 밝혔습니다. 챗GPT가 비판적 동료로 잘 작동한 사례입니다.

평가의 중심이 바뀌다

이 수업에서 수행평가는 단순히 글을 잘 쓰는가뿐 아니라, AI와의 상호작용 과정에서 사고를 어떻게 확장해나갔는가를 관찰하는 평가로 확장되었습니다. 챗GPT의 피드백을 비판적으로 검토하고 글을 재구성하는 학생의 능력을 집중적으로 살펴본 것이죠. 이승준 교사는 첨삭 과정을 마친 뒤, 챗봇의 기준에 따라 모둠별 입론을 점수화했습니다. 대다수의 모둠에서 기존에 준비했던 입론보다 훨씬 완성도 높은 결과물을 만들었습니다. 또한 활동 후 작성한 성찰 일지에서, 다수의 학생이 챗GPT와의 대화를 흥미롭게 여겼으며, AI와의 대화를 통해 사고의 폭을 넓히고 더 깊이 있는 관점에 도달했다는 응답 또한 확인할 수 있었습니다. 어떤 학생은 "AI와의 토론을 통해 생각을 확장하고 비판점을 극복하면서 더 나은 주장을 펼칠 능력이 생긴 것 같다"고 밝혔습니다.

이 사례는 앞으로의 수행평가가 어떻게 변해야 하는지에 대해 시사점을 제공합니다. '녹색 숨결' 수업은 수행평가의 전형을 다시 쓰는 첫걸음과 같은 사례입니다. 학생이 묻고, AI가 대답하며, 그 대답에 대해 학생이 다시 질문하는 수업. 그 반복 속에서 진짜 수행이 시작될 것입니다.

| 인사이트 | 과정으로 평가하는 시대의 AI 입시전형

한동안 AI와 SW 분야는 대학 입시에서 하나의 '전형'으로 자리 잡을 만큼 주목을 받았습니다. 경희대, 국민대, 한양대를 비롯한 여러 대학이 SW인재전형, IT융합인재전형이라는 이름으로 관련 역량을 갖춘 인재를 선발하고 있습니다. 표면적으로는 AI 및 SW 분야의 우수자를 뽑는 전형처럼 보이지만, 실제 평가의 초점은 단순한 기술 실력이 아닙니다. 무엇을 배우고, 어떻게 탐구했으며, 그 과정에서 어떤 의미를 만들었는지가 핵심입니다.

그런데 최근 몇 년 사이 이 분야의 전형 운영 방식에도 변화가 일고 있습니다. 숭실대는 과거 SW 특기자를 선발하던 전형을 현재 '소프트웨어 우수자 전형'이라는 이름의 학생부종합전형 형태로 전환했습니다. 이는 정부의 공정성 강화 정책 기조에 따라, 외부 수상 실적 중심의 평가에서 벗어나 교과 및 비교과 활동을 종합적으로 평가하는 방향으로 바뀐 사례입니다.

실제로 SW 특기자 전형은 여러 대학에서 점차 축소되는 추세이며, 선발 방식 역시 변화하고 있습니다. 과거에는 대회 수상이나 자격증 등 눈에 보이는 실적이 중심이었다면, 이제는 학생부 속 교과 성취와 활동 의 연계성, AI·SW 역량을 실제로 적용하고 발전시킨 과정이 더 중요한 평가 요소가 되고 있죠.

이러한 변화를 토대로 입시를 준비하는 학생들에게 필요한 전략 역 시 달라지고 있습니다. 특정 전형을 목표로 한 단편적인 준비는 더 이상 유효하지 않으며, 학교생활 전반에 걸쳐 AI·SW 역량이 드러나는 일관 된 활동 기록을 만드는 것이 효과적입니다. 즉, 한 과목의 프로젝트나 동 아리 활동이 다른 교과 또는 진로 탐색 활동과 연결되어 하나의 흐름을 형성하고, 이를 통해 학생의 주제 의식과 성장 과정을 대학에 설득력 있 게 보여주어야 합니다.

학생부 속에서 살아 움직이는 디지털 · AI 역량

AI 입시전형의 핵심은 기술 자체가 아닙니다. 기술을 배우고 활용하 며 확장해나가는 '과정'을 어떻게 설계하고, 그 흔적을 학생부에 어떻게 담아내는가가 관건입니다. 따라서 디지털·AI 역량은 교과와 비교과의 경계를 넘어 연속성과 확장성을 갖춘 형태로 기록되어야 합니다.◆

예를 들어 1학년 정보 과목에서 파이썬 프로그래밍과 데이터 분석을 배웠다면, 이를 기반으로 2학년 과학 과목에서 센서와 데이터를 활용한

◆　학생부를 작성하는 구체적인 방법은 96쪽 '수업에 적용하기'에서 다룹니다.

실험을 설계하고, 3학년 '로봇과 공학세계' 수업에서 AI 모델과 피지컬 컴퓨팅을 융합한 프로젝트로 발전시킵니다. 이렇게 연결된 하나의 흐름은 단순한 활동 나열이 아니라 성장과 심화의 기록이 됩니다.

동아리 활동도 마찬가지입니다. AI 동아리에서 진행한 프로젝트가 수학 교과의 통계 분석, 사회 교과의 데이터 시각화, 진로 활동 시간의 AI 윤리 토론으로 확장된다면 학생부 전체가 하나의 주제로 엮입니다. 대학 입학사정관이 보았을 때, 단순히 많은 활동을 한 학생이 아니라 주제를 깊이 탐구해온 학생으로 인식될 수 있죠.

앞으로의 대학 입시는 디지털·AI 역량을 단순한 '기술 보유'로 평가하지 않습니다. 기술을 통해 무엇을 탐구했고, 어떤 문제를 해결했으며, 이를 어떻게 사회적 가치와 연결했는지가 중요한 평가 기준이 될 것입니다. 따라서 학생부는 단순 활동 목록이 아니라 학생의 생각과 시도가 이어지는 이야기여야 합니다. 이제 AI와 디지털 역량은 선택이 아니라 필수입니다. 하지만 그 역량을 '어떻게 배웠는가'와 '어떻게 확장했는가'가 입시 결과를 좌우합니다. AI 입시전형 시대에는 기술을 배우는 것에서 나아가, 그 배움을 학생부에 어떻게 담을지까지 전략적으로 설계해야 합니다.

| 인사이트 | 융합적 사고로 활용하는 AI

앞서 살펴보았듯, AI 시대의 학습은 단순히 기술을 배우는 데서 끝나지 않습니다. 중요한 것은 배운 기술을 다른 교과 또는 실제 사회문제와 연결해 새로운 해법을 만들어내는 융합적 사고입니다.

저는 2019년, 인공지능이 아직 낯설게 느껴지던 시기부터 동아리 활동으로 컴퓨터 비전을 주제로 한 인공지능 수업을 시작했습니다. 단순히 알고리즘을 코딩하는 수준을 넘어, 학생들이 사회적 맥락에서 기술을 이해하고 적용하도록 이끌었죠. 2023년부터는 그 교육적 시도를 2학년 '인공지능 기초' 교과로 확장했습니다. 이제 수업은 단순한 기술 습득을 넘어, 학생들이 배운 지식을 기반으로 사회문제를 탐구하고 해결책을 제시하는 소셜 임팩트 프로젝트로 발전하고 있습니다.

배운 것을 사회문제 해결로 연결하다

제 수업은 학생들 스스로 사회 속 불편과 불평등을 발견하는 일에서부터 시작합니다. 장애인의 이동권, 시각·청각 장애인의 의사소통, 환경 오염 문제 등 실제 생활에서 마주하는 다양한 사안이 주제가 됩니다. 그다음, 학생들은 인공지능과 컴퓨터 비전 기술을 활용해 이를 해결할 수 있는 방안을 설계합니다.

KBS 〈다큐온〉, EBS 〈미래교육 플러스〉 방송을 통해 소개된 사례

프로젝트 수업 중 일부는 방송을 통해서도 소개되었습니다. 'AI 휠체어' 프로젝트에서는 학생들이 손 사용이 어려운 지체장애인의 이동 문제에 공감하며, 얼굴과 고갯짓만으로 조종할 수 있는 인공지능 휠체어를 제작했습니다. 카메라가 사용자의 움직임을 인식해 방향을 제어하도록 설계하여 복잡한 조작 없이도 자유로운 이동을 가능하게 했죠.

'AI 수어 번역기' 프로젝트에서 학생들은 청각장애인의 소통 문제 해결을 위해 카메라로 수어 동작을 인식해 음성으로 변환하는 수어 번역기를 만들었습니다. 부족한 데이터를 직접 수집하며 기술적 난관을 극복했고, 이를 통해 장애인과 비장애인의 소통을 돕는 다리 역할을 하고자 했습니다.

이 과정에서 학생들은 프로그래밍, 센서 제어, 데이터 학습 같은 기술적 역량뿐 아니라 디자인 씽킹(Design Thinking) 기반의 문제 정의, 아이디어 발산, 프로토타입 제작, 테스트까지 경험하며 종합적 사고를 기를 수 있었습니다.

학생부 속에서 살아나는 이야기

무엇보다 이 수업의 성과는 학생부 기록에 고스란히 반영됩니다. 정보 과목의 세부능력 및 특기사항에는 AI 기술 구현 과정과 탐구 주제가 기록되고, 과학·기술 교과의 세부능력 및 특기사항에는 프로젝트 설계와 실험, 검증 과정이 남습니다. 동아리 활동 기록에는 협업과 역할 분담, 시행착오와 개선 사례가 담기죠.

누적된 기록은 단순 활동 목록이 아니라, 학생이 어떤 문제의식을 갖고 어떻게 성장했는지를 보여주는 이야기가 됩니다. 이는 곧 진로 탐색과 대학 입시 준비로 이어집니다. AI·SW 전형뿐 아니라 학생부종합전형에서도 일관된 주제와 성장 서사는 강력한 경쟁력이 되어줍니다.

프로젝트 수업을 통해 학생들은 기술을 배우는 데서 멈추지 않고, 그 기술을 사람과 사회를 위한 해결책으로 발전시키는 과정을 경험합니다. '무엇을 만들 것인가'보다 '왜 만들 것인가'라는 질문에 답하는 법을 배우죠. 이 과정이 학생부 속에서 빛나는 AI·SW 역량의 근거가 됩니다.

결국, 이러한 교육은 학생들이 미래 사회에서 요구하는 융합형 인재로 성장하는 토대를 마련하며, 대학 입시뿐 아니라 평생의 진로 설계에까지 영향을 미칩니다.

| 수업에 적용하기 |

연속성과 확장성 갖춘 학생부 작성하기

디지털·AI 역량에 대한 연속성과 확장성을 갖춘 학생부를 작성하는 세 가지 전략을 소개합니다.

---

1. 교과 중심의 AI · 디지털 탐구 설계하기

- 각 과목의 세부능력 및 특기사항에 AI · SW 주제를 녹여내고, 해당 과목의 성취 기준과 연결해 기술 · 탐구 과정을 구체적으로 서술합니다.

  예 인공지능 모델의 원리를 탐구하며 지도학습과 비지도학습의 차이를 이해하고, 이를 이미지 분류 실습에 적용함. 단순한 프로그램 작성에 그치지 않고, 데이터의 편향성 문제를 인식하고 데이터 전처리 과정을 직접 수행함으로써 AI의 사회적 활용과 한계를 균형 있게 바라보는 관점을 배움. 수학 과목의 함수 단원을 학습할 때, 손 글씨 숫자 인식에 활용되는 시그모이드 함수의 수학적 특성을 조사하여 AI 알고리즘의 기초 원리와 연계 지식을 스스로 확장함.

2. 비교과 확장하기

- 동아리, 자율동아리, 외부 연계 프로그램에서 진행한 활동을 교과 성취와 연결해 하나의 이야기로 엮습니다.

  예 자율동아리 활동에서 'AI와 사회'라는 주제로 토론을 기획 · 진행하며, 교과 시간에 학습한 알고리즘 개념을 실제 사회문제(딥페이크, 자율주행

윤리)와 연결함. 교내 AI 캠프에 참가하여 팀원들과 함께 챗봇 제작 프로젝트를 진행하였고, 국어 교과에서 학습한 비판적 읽기 전략을 바탕으로 챗봇 답변의 신뢰성을 점검하며 기술적 결과물과 인문적 성찰을 통합하려는 노력을 보임. 또한 외부 기관과 연계한 SW 해커톤 대회에서 '에너지 절약 AI' 아이디어를 제안하여 환경 과학 수업에서 배운 기후변화 자료를 융합적으로 활용함.

3. 성찰과 재해석 기록하기

- 프로젝트 결과만 남기지 말고 과정에서의 문제 해결, 도전, 실패와 개선 경험을 학생 스스로 성찰한 글로 남깁니다.

  예 AI 프로젝트 수행 과정에서 데이터 오류로 인해 모델 정확도가 기대 이하로 나오자, 원인을 단순히 프로그램 문제로 보지 않고 데이터 수집·전처리 단계에서의 한계를 분석함. 처음에는 성능 지표를 올리는 데 집중했으나, 실패 경험을 통해 AI가 인간의 의사결정을 보조하는 도구임을 깨닫고 결과 해석의 중요성을 강조하게 됨. 이를 통해 기술적 완성도보다 탐구 과정 속 비판적 성찰이 더 큰 학습이라는 점을 인식하였으며, 이후 보고서 작성에서 'AI 활용 시 고려해야 할 한계와 책임'이라는 항목을 별도로 정리하여 학습을 자기화함.

"민준아, 오늘 교내 멘토링 날이었지? 어땠어?" 지혜 씨의 물음에 민준이 선배의 이야기를 떠올리며 대답했다. "정말 인상 깊었어요. 선배가 고등학생 때 학교에서 배운 인공지능 수업을 바탕으로 수어 번역 프로젝트를 했는데, 그게 대회 수상으로까지 이어졌대요. 그 경험 덕분에 컴퓨터공학과로 진학할 마음을 굳혔다고 하더라고요."

"인공지능을 활용해 수어 번역 프로그램을 만들었다고?" 지훈 씨가 놀라며 물었다. "네. 카메라로 수어 동작을 인식하고, 그걸 음성이나 글자로 변환해주는 시스템이었대요. 데이터가 부족해서 직접 수어 동작을 반복하면서 학습 데이터를 만들었다는데, 그 과정이 정말 쉽지 않았대요. 그래도 끝까지 포기하지 않고 완성해서, 장애인과 비장애인이 소통할 수 있는 다리를 만들었다는 자부심을 느꼈다고 했어요."

지혜 씨가 감탄하며 말했다. "단순히 기술을 배운 게 아니라, 누군가에게 꼭 필요한 해결책을 만든 거구나. 정말 가치 있는 경험이다."

민준은 고개를 끄덕였다. "맞아요. 선배가 그러더라고요. 'AI는 단순한 도구가 아니라, 사람과 사람을 이어주는 다리가 될 수 있다'고요. 저도 그런 프로젝트를 꼭 한번 해보고 싶어요. 아직 부족하지만, 저만의 문제를 찾고 끝까지 도전해보고 싶어요."

AI 프로젝트 수업,
소셜 임팩트를 만들다

AI 시대의 학생들은
사회적 책임과 윤리를 어떻게 배워야 할까요?

| 현장의 목소리 |

AI 시대가 빠르게 다가오면서, 학교 현장에서도 사회 전반에서도 AI 툴 활용이 새로운 표준처럼 자리 잡고 있습니다. 교사는 수업을 계획할 때 AI를 어떻게 적용할지 고민하고, 학생 또한 생성형 AI를 이용해 과제를 준비하는 것이 자연스러워졌죠. 지금의 분위기는 마치 몇 년 전 코딩 교육 열풍을 떠올리게 합니다.

과거 전 세계적으로 코딩 교육을 중시했던 이유는 분명합니다. 미래 사회의 경쟁력 확보, 논리적 사고 및 문제 해결 능력 향상, 디지털 리터러시의 필수 요소 확보를 위해서였죠. 이런 이유로 코딩은 단순한 기술이 아니라 미래 시민으로서 반드시 갖춰야 할 역량으로 강조되었습니다.

그러나 이 시기도 오래가지 않았습니다. AI 시대가 너무 빠르게 도래하면서, 교육 현장은 다시 한번 커다란 변화를 맞이했습니다. 이제는 코딩 교육보다 생성형 AI를 사용하는 능력에 더 주목하며, 학교 분위기도 자연스럽게 '어떤 AI 툴을 쓸 수 있는가'에 집중되는 경향을 보입니다.

하지만 여기서 절대로 빠져선 안 되는 중요한 질문이 있습니다. 'AI 시대에 학생들이 진짜로 계발해야 할 역량은 무엇일까?'입니다. AI로 인해 격변하는 교육 환경을 지켜보며, 제가 내린 답은 네 가지입니다.

첫째, 비판적 사고와 검증 능력입니다. 앞서 살펴보았듯 AI는 빠르게 답을 주지만, 그것이 옳은지 그른지 판단하는 힘은 결국 학생에게 달려 있습니다. AI가 제시한 정보를 무비판적으로 받아들이는 것이 아니라 출처를 확인하고, 맥락을 파악하며, 틀린 부분을 찾아내는 비판적 사고력이 절실합니다.

둘째, 질문하는 힘과 프롬프트 역량입니다. AI 시대에는 답을 아는 것보다 어떤 질문을 던질 수 있는가가 더 중요합니다. 좋은 질문은 사고의 깊이를 만들고, AI의 답변을 풍부하게 이끌어냅니다.

셋째, 융합적 사고와 창의적 활용 능력입니다. AI는 단일 교과 지식보다 여러 영역을 연결하는 사고 속에서 진가를 발휘합니다. 과학 데이터를 예술적으로 시각화하거나, 사회문제를 수학적 모델과 연결하는 등 융합적 사고와 창의적 적용은 AI 시대 학생들의 차별화된 성장을 이끌어낼 것입니다.

마지막으로, 가장 중요한 윤리적 성찰과 책임 의식입니다. AI가 사회에 미치는 영향이 커질수록, 학생들은 단순히 '무엇을 만들 것인가'보다 '왜, 누구를 위해 만들 것인가'를 고민해야 합니다. 개인정보보호, 공정성, 사회적 영향을 고려하는 윤리적 성찰은 AI 시대의 핵심 성장 지점이죠.

저는 AI를 활용하면서도 자기 사고를 지켜내는 비판적 사고, 질문을 던지는 힘, 교과를 넘나드는 융합적 사고, 그리고 사회적 책임을 고민하는 윤리적 성찰까지 고루 기를 수 있도록 '소셜 임팩트를 만드는 AI 프로젝트 수업', 즉 AI를 활용해 사회문제를 해결하는 프로젝트 수업을 아이들과 함께 실천하고 있습니다. 이번 장에서는 그 대표적인 사례를 살펴보겠습니다.

| 인사이트 | **청소년을 위한 AI 챌린지**

AI 시대를 살아가는 학생들은 교실을 넘어, 자신이 배운 지식을 바탕으로 사회적 문제를 해결하는 글로벌 무대에 설 기회를 얻습니다. 이러한 경험을 제공하는 대표적인 장이 바로 청소년을 위한 다양한 'AI 챌린지(AI Challenge)'입니다.

인텔의 AI 글로벌 임팩트 페스티벌

인텔 AI 글로벌 임팩트 페스티벌(AI Global Impact Festival)은 전 세계 130여 개국, 10만 명 이상의 학생이 참가한 글로벌 AI 페스티벌입니다. 마이크로러닝을 통해 최신 AI 지식을 배우고, 멘토링을 통해 프로젝트를 구체화하며, 세계 각국의 또래와 교류합니다. 학생들은 장애인을 위한 보조 시스템, 환경 문제를 해결하는 인공지능, 청소년 건강 관리 앱과 같은 주제를 다루며 'AI for Good'이라는 가치에 접근합니다. 기술 학습이 아닌, 사회적 책임과 창의적 문제 해결을 중심으로 성장하는 장이죠.

학생들이 개발한 AI 압사 사고 방지 시스템

학생들이 개발한 AI 압사 사고 방지 시스템

저와 학생들이 출품한 프로젝트 예시로는 'AI 압사 사고 방지 시스템'
이 있습니다. 학생들은 국내외 여러 압사 사고 사례를 참고하여 다중 밀
집 지역에서의 압사 사고를 방지하기 위한 AI 시스템을 개발했습니다.
모든 길에 있는 CCTV를 활용해 특정 영역의 군중 밀집도를 컴퓨터 비
전(CV)으로 인식하여 밀집 인원이 많을 시 일반통행 안내 방송과 신호등
으로 안내하고, 밀집도가 위험 수준을 넘어가면 근처에 있는 사람들에게
스마트폰으로 알림을 보내는 시스템이었습니다.

2022년에는 부산기계공고 학생들이 'AI Safety Bus'라는 주제로
YOLOv5, OpenCV 등의 인공지능 기술을 이용해 어린아이가 버스
에 혼자 남겨질 경우 보호자에게 알려주는 시스템을 출품했고, 2등상
(Country Winner 상)을 수상했습니다. 앞서 94쪽에서 살펴본 서울성남고
등학교 AI 동아리의 '헤드 포즈 AI 휠체어' 또한 2021년 대회에서 5위를
수상한 프로젝트입니다. 사회문제 해결을 위한 한국 학생들의 아이디어
가 세계 무대에서 인정받고 있습니다.

포스코DX 전국 청소년 AI 창의 경진대회
국내에서는 포스코DX 전국 청소년 AI 창의 경진대회(AI Youth

Challenge)가 대표적입니다. 이 대회는 예선을 거쳐 본선에 진출한 팀들이 포스코DX 엔지니어와 서울대학교 연구진의 멘토링을 받아 프로젝트를 발전시킵니다. 여름 방학 동안 시제품 제작까지 완료한 뒤, 최종 발표를 통해 사회문제 해결 아이디어를 공유하죠. 청각장애인을 위한 수어 번역 AI(Sign GPT), 산불 예방을 위한 드론 솔루션, 스마트 도로 관리 시스템 등은 이 대회에 참여한 학생들이 만들어낸 멋진 결과물입니다.

포스코DX 전국 청소년 AI 창의 경진대회 수상작 모음

LG CNS AI 지니어스 아카데미 챌린지데이

이 프로그램은 단순한 경연을 넘어 학생들의 진로 설계를 돕는 교육 과정입니다. 오픈클래스에서 AI의 개념과 기초를 배우고, 부트캠프와 프로젝트를 거쳐, 최종적으로 챌린지데이에서 성과를 발표합니다. 천안월봉고등학교 학생들이 개발한 AI 스마트 택배 시스템, 인천과학예술영재학교 학생들이 선보인 음파 기반 수박 숙도 판별기, 미래산업과학고등학교의 AI 스마트 주차장 시스템은 이 교육과정에서 기술과 사회문제 해결을 동시에 고민한 결과물입니다.

이들 대회는 모두 AI를 배우는 것을 넘어, 학생들 스스로 사회 속 문제를 발견하고 AI로 해결책을 설계하는 경험을 제공한다는 공통점이 있습니다. 문제 정의에서 출발해 데이터 수집, 모델 구현, 사회적 가치 창출로 이어지는 과정에서 학생들은 단순한 도구 활용자가 아니라 AI 시대의 창의적 문제 해결자로 성장합니다. 이는 미래를 살아갈 청소년들에게 필요한 값진 배움이 됩니다.

| 인사이트 | 사회를 이해하는 눈을 열어주는 AI 프로젝트

AI 프로젝트 경험은 학생들에게 사람과 사회를 이해하는 눈을 열어줍니다. 2021년 포스코DX 전국 청소년 AI 창의 경진대회에서 '수어를 포함한 다국어 번역기'로 대상을 수상한 허제현 학생과 이한상 학생의 개발 스토리와 소감을 살펴볼까요?

처음 프로젝트를 시작했을 때 두 학생에게 가장 중요한 것은 단순히 '시스템이 작동하는 것'이었습니다. 그러나 시간이 지날수록 두 학생은 점점 '왜 이 기술이 필요한가, 누구를 위한 것인가'라는 질문에 부딪히게 되었습니다. 장갑 색을 이용한 단순 인식 방식으로는 실제 청각장애인의 불편을 해결할 수 없다는 사실을 깨닫고, 결국 손가락 관절 좌표 기반 컴퓨터 비전으로 기술을 발전시켰죠. 이후에도 수어 자막 생성, 다중 화자 인식 등으로 프로젝트를 확장하며 사회적 문제 해결에 더 가까워지고자 했습니다.

이 과정에서 가장 큰 어려움은 데이터의 부족이었습니다. 양질의 데이터가 없으면 인공지능 모델은 금세 한계를 드러냅니다. 두 학생은 직접 데이터를 촬영하고, 증식 기법을 활용하는 등 다양한 방법을 찾아내며 문제를 극복했습니다. 그 과정에서 단순한 기술 구현을 넘어, 사회적 약자의 불편을 이해하고 공학이 사회적 책임과 연결되어야 한다는 사실을 깊이 깨달았습니다.

허제현 학생은 소감에서 이렇게 말했습니다. "이 경험은 단순히 기술만 보던 저에게 '왜 사람과 사회에 대한 이해가 중요한지'를, 공학의 중심에는 반드시 사람과 사회에 대한 이해가 존재해야 한다는 것을 깨닫게 해주었습니다. 또, 이 대회를 통해 기술보다 소셜 임팩트가 먼저라는 가치관이 생겼고, 진로 또한 바뀌었습니다. 전에는 단순히 컴퓨터공학을 꿈꾸었지만, 이제 뇌인지과학과 전산학을 함께 전공하며 인간과 지성을 탐구하고 시각장애인을 위한 AI 연구로 확장하고 싶다는 꿈이 생겼습니다." 허제현 학생은 AI를 활용해 뇌를 자극하여 시각장애인의 시각을 복구하는 연구를 하고 싶다며, 여전히 수어로 소통할 수 있는 사회를 만들고 싶다는 꿈을 키워가고 있습니다.

소셜 임팩트를 담은 AI 프로젝트를 통해 학생들은 실패와 성찰, 재도전, 가치관의 전환, 진로의 구체화로 이어지는 경험을 하게 됩니다. AI 프로젝트 경험은 기술의 훈련이 아니라 학생이 어떤 문제를 발견했고, 이를 어떻게 사회와 연결하며 성장했는지를 보여주는 과정입니다.

| 인사이트 | AI 국제 교류

한국의 여러 중·고등학교에서 AI를 주제로 한 국제 교류 활동을 활발히 진행하고 있습니다. 해외 학교와의 협력 수업, 온라인 공동 프로젝트, AI 윤리 토론회 등은 한국 인공지능 교육의 성과를 세계 무대에서 나누는 장이기도 합니다. 단순히 기술을 익히는 교류를 넘어 AI를 매개로 문화적 이해, 윤리적 성찰, 공동의 문제 해결 능력을 키워갑니다. 이는 한국 인공지능 교육의 위상을 높이는 동시에, 학생들이 글로벌 시민으로 성장하는 토대가 되어줍니다.

제가 근무하는 성남고등학교에는 매년 타이페이시립용춘고등학교

(臺北市立永春高級中學) 학생들이 방문하여 한국 학생들과 특별한 교류의 시간을 가집니다. 두 나라 학생들은 2명씩 한 팀을 이루어 서로의 문화를 소개하고, 함께 발표 자료를 만들어 토론과 공유 활동을 진행합니다. 단순한 문화 교류에 그치지 않고, 인공지능 수업에도 함께 참여한다는 점이 특징입니다.

성남고 학생들이 수행한 다양한 인공지능 활용 프로젝트가 공유되고, 양국 학생들은 이미지·영상 처리 기반의 컴퓨터 비전 수업을 함께 체험하며, 이는 데이터의 편향성과 부족 문제를 주제로 한 토론으로 이어집니다. 예를 들어 특정 환경의 데이터만 학습한 AI가 다른 상황에서는 데이터를 제대로 인식하지 못하는 문제, 혹은 사회적 약자를 위한 데이터가 턱없이 부족해 모델의 성능이 제한되는 문제 등이 주요 논의 주제가 됩니다. 토론을 통해 학생들은 이러한 문제들이 단순한 기술적 과제가 아니라 미래 세대가 함께 풀어야 할 윤리적·사회적 과제라는 공감대를 형성하죠.

어떤 해에는 더 구체적인 체험도 이어졌습니다. 학생들은 파이썬으로 작성된 인공지능 프로그램을 활용해 얼굴과 모션을 인식하는 로봇 얼굴을 직접 구현해보았습니다. 또 다른 활동에서는 스마트 팩토리에서 사용되는 로봇팔과 인공지능 학습을 연결한 분류 시스템을 체험했죠. 교실에서만 배우던 개념을 실제로 작동하는 시스템으로 구현함으로써, 양국 학생들이 AI가 산업 현장에서 어떻게 활용되는지를 실감하는 값진 체험이었습니다.

소셜 임팩트를 주는 AI 프로젝트를 설계하려면 기본적인 AI 기반 코딩 능력만으로는 부족합니다. 물론 기본적인 코딩 문법 지식이 필요하지만, 그 위에 인문학적 통찰과 과학적 이해가 더해져야 합니다.

사회문제를 해결하는 것이 목표이기 때문에 특히 문제를 바라보는 시각 먼저 달라져야 합니다. 예를 들어 수어 번역 AI를 개발하려면 단순히 영상 데이터를 학습시키는 것에 그치지 않고, 농문화(Deaf Culture)에 대한 이해와 언어학적 접근이 함께 요구됩니다. 과학적 모델링만으로는 실제 불편을 해결하기 어렵습니다. 예를 들면 다음과 같이 설계안을 작성해볼 수 있겠지요.

수어 번역 AI 프로젝트 설계안

- **프로젝트 목표**
  - 청각장애인의 소통 문제를 이해하고 AI 기술을 활용한 해결 방안을 탐색한다.
  - 농문화에 대한 이해를 바탕으로, 기술적 접근과 인문학적 성찰을 결합한다.
- **과목 연계**
  - 정보: 이미지 인식, 데이터 수집 및 학습
  - 사회: 장애인 인권, 사회적 소통권 보장
  - 과학: 신체 움직임 인식 기술의 원리

[1단계] 공감하기
농인이 겪는 소통 불편 사례를 조사하고, 데이터 편향 및 부족 문제 등 기존 수어 번역 기술의 한계를 분석한다.

[2단계] 문제 정의하기

단순 번역 정확도를 넘어 다중 화자 인식, 자막 자동 생성 등 사회적 맥락에서 필요한 기능을 정의한다.

[3단계] 아이디어 구상하기

수어 데이터를 효과적으로 수집, 증식할 방법을 구상한다. 컴퓨터 비전 기반의 손가락 관절 좌표 인식 모델을 제안한다.

[4단계] 프로토타입 제작하기

파이썬과 OpenCV를 활용해 영상 데이터를 처리한다. 기본 번역 모델 구현 및 간단한 자막 생성 기능을 추가한다.

[5단계] 테스트와 성찰

실제 사용자 사례(영상, 시뮬레이션)로 테스트하고, '기술이 사회적 불편을 얼마나 줄였는가?'를 학생 스스로 평가한다.

- **교사의 지도 포인트**
  - 학생들이 기술 구현에만 매몰되지 않고 문화적 맥락, 윤리적 성찰까지 함께 고민하도록 지도한다.
  - '왜 이 문제를 해결해야 하는가?', 'AI가 만든 해법이 사회에 어떤 영향을 미칠까?'를 꾸준히 자문하게 한다.
- **확장 가능성**
  - 데이터 부족 문제가 발생하면 직접 영상을 촬영하고 데이터셋 구축 경험을 쌓도록 한다.
  - 기술적 성과뿐 아니라 사회적 책임과 가치관 형성까지 학생 성장의 일부로 기록할 수 있다.

환경 문제를 다루는 프로젝트라면 기후변화에 대한 과학적 데이터 이해와 함께, 그 현상이 사회와 개인에게 미치는 영향을 분석하는 인문사회적 해석 능력이 필요합니다. 다시 말해 학생들이 AI를 도구로 활용하려면 기술적 사고(Computational Thinking)뿐 아니라 인문학적 공감 능력, 사회적 상상력, 과학적 분석력이 융합적으로 요구됩니다.

이러한 맥락에서 교실 속 AI 교육은 단순히 '어떻게 코드를 짜는가'에 그치지 않고 '왜 이 문제를 해결해야 하는가?', 'AI가 제시한 해법이 사회에 어떤 영향을 미칠까?'와 같은 질문을 하게 만들어야 합니다. 결국 AI 활용 경험은 코딩 문법을 넘어, 인간과 사회를 이해하는 힘과 데이터를 해석하는 과학적 사고력을 함께 기르는 장이 됩니다. 그리고 이런 융합적 성장은 학생들의 대학 입시뿐 아니라 미래 사회 시민으로서도 반드시 필요한 역량으로 이어집니다.

앞으로는 융합적 사고를 통해 문제 해결 과정을 설명하고 성찰하는 능력이 대학 면접에서도 중요한 평가 포인트가 될 것이라 생각합니다. 즉, AI 경험이 단순한 활동을 넘어 입시 경쟁력으로까지 확장될 수 있는 것이죠.

캔버스로 만드는 '보이는 수업'

수학, 과학 교과의 복잡하고 어려운 원리는 긴 설명 대신 눈으로 직접 확인 가능한 시각 자료로 보여줄 때 가장 쉽게 이해됩니다. 이전에는 이러한 시각 자료를 만들기 위해 복잡한 실험 장비나 프로그래밍, 영상 편집이 필요했습니다. 하지만 최근 챗GPT와 제미나이에 추가된 캔버스(Canvas) 기능을 활용하면 단 몇 줄의 프롬프트로 AI가 즉석에서 동적인 시뮬레이션을 생성합니다.

예를 들어 '지구의 자전, 낮과 밤의 변화를 보여주는 화면을 만들어줘'라고 입력하면, AI는 즉시 회전하는 지구 모형과 태양의 위치를 표시한 인터랙티브 장면을 만들어줍니다. 이를 통해 교사는 말로만 설명하던 개념을 눈앞의 움직임으로 보여줄 수 있습니다.

캔버스의 장점은 교사와 학생이 함께 참여하는 수업 환경을 쉽게 만들 수 있다는 점입니다. 교사는 교과서 속 개념을 시각 자료나 시뮬레이션으로 보여주며 설명하고, 학생은 캔버스 안에서 직접 수치를 조정하거나 요소를 움직이며 결과를 관찰합니다. 이 과정에서 수업은 단순한 설명을 넘어 탐구와 대화의 장으로 확장됩니다.

실제로 제 학생들은 캔버스를 활용해 게임 형식의 학습 자료를 직접 만듭니다. 어떤 학생은 자석의 극성을 바꿔 자기장으로 공을 미끄러뜨리는 '자석 컬링 게임'을, 또 다른 학생은 중력이 다른 행성들을 피해 목적지로 향하는 '우주선 비행 게임'을 만들었죠.

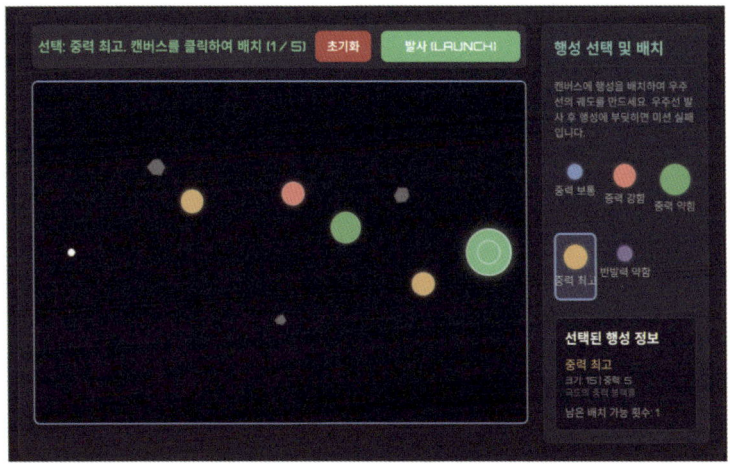

캔버스로 만든 '우주선 비행 게임'

아이디어를 실현하는 과정에서 물리 개념과 수학 공식이 자연스럽게 게임의 규칙이 되었습니다. 책 속의 공식이 화면에서 생생하게 살아 움직이는 경험을 통해 학습에 대한 흥미도 증진할 수 있었죠. 쉬는 시간에는 서로의 게임을 체험하며, 난이도나 규칙을 어떻게 조정하면 더 나은 결과가 나올지 의견을 나누기도 했습니다.

이러한 활동을 통해 교실은 단순한 수업 공간을 넘어 작은 실험실이자 개발 스튜디오로 변합니다. AI가 제공하는 캔버스는 교사의 상상력을 현실로 확장하는 도구이자, 학생이 배운 지식을 놀이로 탐구하는 도화지가 됩니다. 공식을 외우는 대신 직접 움직이고 실험하며 배우는 과정에서 교실은 설명이 아닌 경험으로 배우는 공간으로 바뀝니다.

3교시
대학

존재 이유를 다시 묻다

'AI 시대에 대학은 정말 필요할까?'라는 질문이 끊임없이 제기됩니다. 검색 한 번이면 강의 노트와 해설 영상이 쏟아지는 세상에서, 대학은 AI와 공존하며 창의적 탐구와 성장을 설계하는 무대로 재편되고 있습니다. 더 이상 일방향 강의에 머무르지 않는 이 새로운 대학에서, 교수와 학생은 함께 날카로운 질문을 던지고 AI를 동료 삼아 미래의 해답을 실험합니다.

고등학생 민준이는 최근 같은 아파트에 사는 대학생 형에게서 충격적인 이야기를 들었다. 그 말이 계속 머릿속을 맴돌아, 저녁 자리에서 지훈 씨에게 조심스럽게 말을 꺼냈다.

"아빠, 대학을 꼭 가야 할까요? 옆집 형이 그러는데, 요즘 미국에서는 대학 안 가고 바로 테크 기업에 취업하는 게 대세래요. 팔란티어라는 회사는 학벌과 관계없이 SAT 점수만 높으면 월 800만 원씩 준대요."

지훈 씨가 젓가락을 내려놓으며 차분히 대답했다. "민준아, 그건 미국의 일부 테크 기업 얘기야. 그것도 프로그래밍 같은 특정 분야에 한정된 거고. 대학은 단순히 기술만 배우는 곳이 아니야. 다양한 학문을 접하고, 사고력을 기르고, 인간관계도 배우지. 그리고…" 지훈 씨는 잠시 말을 멈췄다. "대학도 시대에 맞춰 변하고 있을 거야."

"아빠도 확신이 없으신 거죠?" 아들의 눈빛이 의문으로 가득 차 있었다.

지훈 씨는 말끝을 흐렸다. 정말 대학이 변화하고 있을까? 내가 알던 대학의 가치는 여전히 유효할까? 내가 아들에게 대학의 진짜 가치를 설명하지 못하는 걸까?

교수를 찾지 않는 강의실

'지식 전달자'가 필요 없는 시대,
교수자는 어디에 서야 할까요?

"한 학생이 질문하려다 멈칫하더니 노트북을 열었습니다."

수업 시간에 개념을 설명하던 중이었습니다. 한 학생이 손을 들려다가 잠시 망설이더니 노트북을 열어 챗GPT에 뭔가를 입력하기 시작했습니다. "궁금한 거 있나요?"라고 물었더니 "아, 제가 먼저 찾아보고 그래도 모르겠으면 여쭤볼게요"라고 답하더군요. 그 순간 쓸쓸했지만, 이게 요즘 강의실의 일상입니다.

예전엔 '이해가 안 돼요', '다시 설명해주세요'라는 요청이 자연스러웠는데 이제는 조용합니다. AI가 24시간 대기 중인데 굳이 수업 시간에 손들고 물을 이유가 없는 것이죠. 질문이 사라진 강의실, 이것이 AI 시대 대학 교육이 직면한 첫 번째 도전입니다.

저는 이런 변화가 낯설면서도 익숙합니다. 2000년대 초 캠퍼스에 인터넷이 보편화되었을 때도 비슷했습니다. 인터넷 정보만 믿고 검증되지 않은 지식을 습득할 것이라는 우려가 있었지만, 결국 우리는 디지털 시대에 맞는 비판적 정보 활용법을 배우게 되었습니다. 다만 AI 시대의 변화는 속도가 다릅니다. 인터넷은 정보를 찾는 방식을 바꿨다면, AI는 정보를 이해하고 활용하는 방식 자체를 바꾸고 있습니다.

하지만 이런 변화를 마주하며 오히려 명확해진 것이 있습니다. 그동안 미뤄온 교육혁신의 필요성을 AI가 더욱 분명히 드러냈다는 점입니다. 저 역시 지난 학기부터 행정 업무의 일부를 AI로 자동화하여 효율을 높이고, 학생 상담에 더 집중할 수 있게 되었습니다. 이제 행정 업무뿐 아니라 강의 자체에도 변화를 시도해보기로 했습니다. 2023년 1학기 영상 제작 수업에 과감하게 AI 활용 과제를 도입했습니다. 학생들에게 'AI를 활용하되, 출처를 명시하고 본인의 생각을 꼭 추가하라'고 요청했습니다. 하지만 몇몇 학생이 기본 개념과 원리도 이해하지 못한 채 AI가 생성한 답변을 그대로 제출했고, 심지어 AI의 오류까지 그대로 옮겨 왔습니다. AI 도입이 다소 성급했으며, 교육과정에 AI를 접목하려면 더욱 신중한 접근이 필요함을 깨달았습니다.

이 실패가 오히려 전환점이 되었습니다. 단순히 AI 사용을 허용하거나 제한하는 것이 아니라, 과제와 평가 방식 자체를 재설계해야 한다는 교훈을 얻었습니다. 이제 학생들이 아이디어를 확장하거나 여러 시나리오를 시뮬레이션하는 도구로 AI를 제한적으로 활용하도록 유도합니다. 단순 강의를 줄이고 실습과 토론 비중을 늘렸더니 학생들의 창의성과 비판적 사고력이 향상되었고, 수업 참여도도 눈에 띄게 개선되었습니다. 질문이 사라진 강의실에서 시작된 고민이, 결국 더 나은 수업 방식을 찾는 계기가 된 것입니다.

학생들에게 AI는 이미 일상적인 학습 도구가 되었으며, 이제 대학도 이런 변화를 적극적으로 수용하고 활용 방법을 모색해야 할 시점입니다. 실제로 교수들도 수업 준비와 연구 과정에서 AI의 도움을 받고 있습니다. 우리가 인터넷 보급 초창기에 우려했던 일들이 기우였듯이, AI 역시 교육을 더 풍부하게 만드는 도구가 될 것입니다.

AI 시대의 대학은 지식을 전달하는 곳이 아니라, 학생들이 스스로 배우고 성장하는 법을 터득하는 공간이 되어야 합니다. 어떤 질문을 던져야 하는지, 정보를 어떻게 비판적으로 해석할지, 타인과 어떻게 협업할지 같은 메타스킬이야말로 AI가 대신 해줄 수 없는 영역입니다.

결국 AI는 위기가 아니라 전환점입니다. 교수, 학생, 대학 모두가 함께 변화를 모색하며 새로운 교육 모델을 만들어가야 할 때입니다. AI를 도구로 활용하되, 학생 개개인의 성장을 진심으로 돕는 교육자가 되는 것. 그것이 질문 없는 강의실에서 우리가 수행해야 할 과제입니다.

| 인사이트 | 스스로 지식을 찾는 학생들

학습의 주도권 변화: AI가 가속화한 학생 중심 교육

2024년 전 세계 대학생의 86%가 AI를 학습 도구로 사용했습니다.[*] 영국에서는 이 비율이 1년 만에 66%에서 92%로 치솟았고, 88%가 과제나 시험 준비에 AI를 활용한다고 답했습니다.[**] 숫자만 봐도 압도적이지만, 더 중요한 것은 이들이 AI를 '어떻게' 사용하는가입니다. 스탠퍼드대학교 학생들 사이에서도 챗GPT와 같은 AI 도구를 활용해 수업 전에 개념을 미리 학습하고, 수업 시간에 더 깊이 있는 질문을 하는 사례가 늘어나고 있습니다. 학생들은 더 이상 수동적으로 지식을 받아들이지 않습니다.

◆　 Digital Education Council. (2024, August 7). *What students want: Key results from DEC Global AI Student Survey 2024*. Digital Education Council.

◆◆　Freeman, J. (2025, February 26). *Student Generative AI Survey 2025*. HEPI(Higher Education Policy Institute).

AI로 예습하고, 모르는 것을 미리 정리하며, 수업에서는 교수와 대등하게 토론할 수 있습니다.

이러한 변화는 단순한 도구 활용을 넘어 학습 구조 자체를 바꿉니다. 과거에는 교수가 정한 커리큘럼과 속도에 맞춰 학생들이 따라가는 구조였다면, 이제는 학생들이 AI를 활용해 자신만의 학습 경로를 설계합니다. 구체적인 변화 양상을 보면 학생들은 수업 전 AI로 기초 개념을 익히고, 수업 중에는 심화 질문을 던지며, 수업 후에는 AI와 대화하며 이해를 확장합니다.

AI가 불러온 새로운 형태의 디지털 격차

여기서 주목할 점은 이 변화가 균등하지 않다는 사실입니다. 디지털 격차의 뿌리는 생각보다 깊습니다. 2010년대, 대규모 온라인 공개강좌인 무크(MOOC)가 등장했을 때도 '이제 누구나 명문대 강의를 무료로 들을 수 있다'며 기대가 컸지만, 실제로는 완주율이 5~10%에 불과해 자기 주도 학습 능력이 강한 소수만 혜택을 봤습니다.[*] 그런데 AI는 무크와 근본적으로 다릅니다. 무크가 일방향 강의 전달에 그쳤다면, AI는 개인 맞춤형 상호작용을 제공합니다. 월 20달러로 24시간 개인 튜터를 둘 수 있다는 것은, 과거 상류층만 누렸던 교육 특권의 민주화를 의미합니다. 무크가 실현하지 못한 '개인화된 학습'을 AI가 마침내 가능하게 만든 것입니다.

물론 이것은 아직 '가능성'입니다. 모두가 이 기회를 똑같이 활용하는

---

[*] Lederman, D. (2019). *Why MOOCs Didn't Work, in 3 Data Points*. Inside Higher Ed.

것은 아니기 때문입니다. 오스트리아 대학생들을 대상으로 한 연구는 흥미로운 역설을 보여줍니다. 학업 성취도가 높은 학생들은 AI를 제한적으로 활용하면서도(7점 만점에 2.62점) 우수한 성과(5.92점)를 유지한 반면, 성적이 낮은 학생일수록 AI에 과도하게 의존하는 경향을 보였습니다.[*] 이는 '학습 도구'로 AI를 활용하는 것과 '숙제 해결사'로 AI에 의존하는 것의 차이를 극명하게 드러냅니다. 핵심은 AI 자체가 아니라, AI를 어떻게 인식하고 활용하는가의 문제입니다.

이러한 인식의 차이는 어디에서 비롯될까요? 부르디외가 말한 '아비투스'[**], 즉 가정에서 형성되는 문화적 성향과 깊은 관련이 있습니다. AI 시대의 새로운 아비투스는 '기술 친화성'이 아니라 'AI를 학습 파트너로 인식하는 문화'입니다. 부모가 AI를 '숙제를 대신 해주는 도구'로 보느냐, '자녀와 함께 탐구하는 학습 동반자'로 보느냐에 따라 자녀의 AI 활용 패턴이 결정됩니다. 흥미롭게도 이 새로운 아비투스는 기존의 경제적·문화적 자본과 완전히 일치하지 않습니다. 고학력 부모라도 AI를 부정적으로 보면 자녀의 AI 활용을 제한하고, 반대로 학력이 낮아도 AI의 교육적 가치를 이해하는 부모는 자녀에게 적극 권장합니다.

가정에서 형성된 이러한 인식 격차는 대학 현장에서 구체적인 수치로 드러납니다. 베스트 컬리지(BestColleges)의 조사에 따르면 남학생의

---

[*] Bećirović, S., Polz, E., & Tinkel, I. (2025). *Exploring students' AI literacy and its effects on their AI output quality, self-efficacy, and academic performance.* Smart Learning Environments, 12(29).

[**] 아비투스(Habitus)란 프랑스 사회학자 피에르 부르디외가 제시한 개념으로, 개인이 성장 과정에서 가족, 계급, 문화적 환경을 통해 무의식적으로 체득하는 성향, 습관, 사고방식의 체계입니다. 교육 맥락에서는 부모의 학력, 문화 자본, 경제력 등이 자녀의 학습 태도 및 능력에 영향을 미치는 현상을 설명하는 데 사용됩니다.

AI 사용률은 64%인 반면, 여학생은 48%에 머물렀습니다. 전공별로도 비즈니스(62%)와 인문학(52%) 간 10% 차이가 나타났습니다.[*] 이는 성장 과정에서 형성된 '기술은 남성적'이라는 암묵적 인식이 대학생이 되어서도 AI 활용 패턴에 영향을 미치고 있음을 시사합니다. 그러나 이는 '문제'가 아니라 '기회'입니다. 여학생의 AI 사용률이 낮다는 것은, 오히려 간단한 인식 개선만으로도 격차를 줄일 수 있다는 희망을 의미하기도 합니다. 기술적 장벽이 아니라 문화적 편견의 문제이기 때문입니다. '문과는 기술에 약하다'는 고정관념만 깨면, 오히려 인문학 전공자들이 AI를 더 창의적으로 활용할 수 있습니다.

물론 경제적 차원의 격차도 무시할 수 없습니다. 챗GPT 플러스나 클로드(Claude) 프로 등 프로 서비스가 학습 성과의 차이를 만들 수 있습니다. 하지만 무료 버전만으로도 기본적인 학습 지원은 가능하며, 이는 과거 아무 도움 없이 독학해야 했던 상황과는 분명히 다릅니다. 중요한 것은 도구의 등급이 아니라, 그것을 활용하는 방법을 아는가입니다.

그렇다면 대학들은 이러한 인식과 활용의 격차를 어떻게 해소하고 있을까요? 카이스트는 AI 교육 조교를 도입해 일상적 질문을 40% 줄였고, 그 결과 교수들이 심화 토론과 비판적 사고 촉진에 더 많은 시간을 할애할 수 있게 되었습니다.[**] AI가 기초 지식 전달을 담당하면서, 인간 교수는 더 높은 차원의 사고력 개발에 집중하는 새로운 교육 모델이 등장한 것입니다.

---

[*]   Nam, J. (2023). *56% of college students have used AI on assignments or exams*. BestColleges.

[**] Moon Joon-hyun. (2025, June 10). *AI teaching assistant shows real promise at S. Korea tech university KAIST*. The Korea Herald.

하지만 기술 도입만이 답은 아닙니다. 스탠퍼드대학교는 AI 시대 교육의 성공 조건을 탐구하며 중요한 문제를 발견했습니다. 대학 보고서는 "AI로 사전 학습 후 토론한다는 이상은 좋지만, 실제로는 많은 학생이 AI 답변을 그대로 읽어 오는 수준에 머물고 있다"고 지적했습니다.[*] 카이스트가 기술적 해결책을 제시했다면, 스탠퍼드는 그 한계를 직시한 것입니다. AI 도구는 있지만 제대로 활용하는 법을 모르는 것이 문제의 핵심입니다.

이는 스탠퍼드만의 고민이 아닙니다. 영국 고등교육정책연구소(HEPI) 조사에 따르면, 80%의 대학이 AI 정책을 수립했지만 AI 리터러시 교육을 제공하는 곳은 36%에 불과합니다.[**] 정책은 있으나 교육은 없는 이 간극에서, 학생들은 AI를 제대로 활용하는 법을 배우지 못하고 있습니다. 결국 격차 해소의 열쇠는 기술 보급이 아니라 활용 교육에 있다는 것이 분명해집니다.

교수자를 직접 검증하고 보완하는 학생들

이처럼 정책과 교육의 간극이 벌어지는 가운데, 교육 현장에서는 더 근본적인 변화가 일어나는 중입니다. 캘리포니아대학교 리버사이드의 한 교수는 "수업 중에 학생이 제 설명을 AI로 실시간 검증 하는 걸 보고 당황했습니다. 처음엔 무시하려 했지만, 결국 제가 바뀌어야 한다는 걸 인정했죠"라고 토로합니다.[***] 이 고백은 단순한 개인의 경험이 아니니

◆　Adami, C. (2025, January 9). *Report outlines Stanford principles for use of AI*. Stanford Report.

◆◆　Freeman, J. (2025, February 26). *Student Generative AI Survey 2025*. HEPI.

◆◆◆　Danelski, D. (2023, October 3). *Faculty members discuss AI's possible impacts at UCR*. University of California, Riverside.

다. 전통적인 교수-학생 관계의 근본적인 재편을 보여주는 신호입니다.

AI는 예상치 못한 방식으로 지식의 민주화를 가속화합니다. 학생들이 실시간으로 교수의 설명을 검증하고 보완할 수 있다는 것은, 지식이 더 이상 소수에게 독점되지 않는다는 의미입니다. 교수의 권위에 대한 도전처럼 보일 수도 있지만, 이는 위협이 아니라 기회입니다. 교수는 지식 전달자에서 비판적 사고의 촉진자로 역할을 확장할 수 있습니다.

결국 AI 시대의 진정한 도전은 기술 자체가 아니라 문화와 인식의 전환입니다. 앞서 살펴본 것처럼, AI는 과거 소수의 특권이었던 맞춤형 학습 지원을 대중에게 개방했습니다. 무료 버전만으로도 기본적인 도움을 받을 수 있고, 월 2~3만 원이면 더 깊이 있는 학습이 가능합니다. 하지만 오스트리아의 연구가 보여주듯, 격차는 AI가 만드는 것이 아니라 AI를 '학습 도구'로 볼지 '숙제 해결사'로 볼지의 인식 차이에서 비롯됩니다. 카이스트와 스탠퍼드의 사례가 증명하듯, 기술 도입만으로는 부족하고 제대로 된 활용 교육이 필수입니다.

변화를 두려워하지 말고 AI가 열어준 기회를 모두가 누릴 수 있도록 가정, 학교, 사회가 함께 새로운 교육 문화를 만들어가야 할 때입니다. 교수는 검증받는 것을 두려워하지 말고, 학생은 AI에 의존하지 않으며, 부모는 자녀가 AI를 올바르게 활용하도록 이끌어야 합니다. 이것이 AI 시대 교육 격차를 줄이는 첫걸음입니다.

| 인사이트 | 졸업장의 몰락, 학위보다 실력이 말하는 시대

AI 시대에는 대학 졸업장의 의미도 재정의됩니다. 2024년, 구글은 AI 초보자도 업무와 학습에서 AI를 생산적으로 활용할 수 있도록 AI 기초 개념과 프롬프트 작성법, 윤리적 사용 등을 다루는 온라인 과정인 'AI Essentials'를 선보였습니다. 이 과정에 90만 명 이상이 등록했고, 이들 중 상당수가 비전공자였다는 사실[*]은 전통적인 학위 체계에 균열이 생기고 있음을 보여줍니다.

한때 취업 보증수표로 여겨졌던 컴퓨터공학 학위조차 안전하지 않습니다. 2025년 미국 컴퓨터공학과 신규 졸업생 실업률이 6.1%로 전체 평균(5.8%)을 넘어섰고[**], 오리건주립대학교 컴퓨터공학과 졸업생 잭 테일러는 6,000개 기업에 지원했지만 단 13곳의 면접만 볼 수 있었습니다. 반면 AI 관련 실무 기술을 보유한 인재는 학위와 관계없이 43%의 임금 프리미엄을 받고 있어[***], 시장이 원하는 것은 '졸업장'이 아닌 '실제 역량'임이 명확해 보입니다.

기업들의 채용 방식이 근본적으로 변하고 있습니다. 미국의 AI 기반 데이터 분석 기업인 팔란티어는 대학을 우회해 고졸자를 직접 채용하는 'Meritocracy Fellowship'을 시작했고, 한국의 네이버와 카카오 등 주요 IT 기업들도 학력보다 코딩 테스트와 포트폴리오를 우선시하기 시작했

[*]   Bowden, P. (2025, February 11). *Boost Your AI Confidence with Google's Course*. Class Central.

[**]   Singer, N. (2025, August 10). *Goodbye, $165,000 tech jobs. Student coders seek work at Chipotle*. The New York Times.

[***] Paoli, N., & Lichtenberg, N. (2025, July 27). *AI is driving mass layoffs in tech, but it's boosting salaries by $18,000 a year everywhere else, study says*. Fortune.

습니다.

이러한 변화를 토대로 실무 중심 대안 교육[*]이 폭발적으로 성장하는 추세입니다. 코딩 부트캠프는 3~6개월의 집중 교육으로 졸업생의 70~80%를 취업시키며, 평균 초봉이 대졸자와 큰 차이가 없다는 점에서 효율성을 입증했습니다. 국내에서도 중소기업 개발자 1명을 뽑는 데 112명이 지원하는 현실에 대학 졸업을 미루고 부트캠프나 실무 프로젝트 경험을 쌓는 '5학년, 6학년'이 급증하고 있습니다. 패스트캠퍼스, 코드스테이츠 같은 부트캠프 출신들이 대기업에 취업하는 사례가 늘면서, '졸업유예'가 새로운 스펙이 되는 아이러니한 상황이 벌어지기도 합니다.

대학들도 이러한 변화에 대응하고 있습니다. 노스웨스턴대학교의 MBAi 프로그램은 학생들이 마이크로소프트, 뷰소닉 등 실제 기업의 AI 프로젝트를 8~12주간 수행하도록 하며, 프로젝트 참여 학생의 상당수가 해당 기업에 바로 취업합니다.[**] 국내 대학에서는 서울대학교 AI 연구원이 스타트업 협업 프로젝트를 필수화했고, 성균관대학교는 삼성전자 등 산업계와 협력해 실무 중심의 교육 생태계를 구축하고 있으며, 마이크로디그리와 융합트랙 등 다양한 프로그램을 운영합니다.

물론 모든 분야에서 학위가 무의미해진 것은 아닙니다. 의료, 법률, 공학 설계 등 전문 자격증이 요구되는 분야와 대기업 기획전략직에서

---

[*] 실무 중심 대안 교육이란, 단순히 지식을 많이 아는 것보다 실제로 무엇을 할 수 있는지를 중시하는 교육 방식입니다. 문제 해결 능력, 창의력, 의사소통 능력, 협업 능력처럼 실생활이나 직장에서 바로 적용 가능한 능력을 기르는 데 초점을 맞춥니다.

[**] Kellogg. (2024, April 18). *Exploring LLMs with Accenture Labs*. Kellogg School of Management at Northwestern University.

는 여전히 학위가 필수입니다. 단순한 관성이 아니라 체계적 지식과 전문 윤리, 법적 책임이 요구되는 직무의 특성 때문입니다. 또한 채용 담당자들은 '단기 수료증보다 깃허브 포트폴리오가 더 중요하다'고 지적하며, 실무 경험의 깊이를 여전히 중시합니다. ◆

증명서가 아닌 증명의 시대

AI 시대 대학 교육의 핵심은 '학위 무용론'이 아닌 '학위의 재정의'입니다. 중요한 것은 학위냐 실력이냐의 이분법이 아니라, 학위를 통해 실력을 어떻게 증명할 것인가입니다. 학생들에게는 지식을 실제 문제 해결에 적용한 포트폴리오가 필요하고, 대학에는 기업 연계 프로젝트와 실무 중심 교육과정이 요구됩니다. 교수자들은 지식 전달자에서 프로젝트 멘토로 역할을 전환해야 합니다. 대학이 제공해야 할 것은 단순한 '졸업장'이 아니라 '검증된 역량과 그것을 증명할 포트폴리오'입니다. 이것이 학위보다 실력이 말하는 AI 시대에 대학 교육이 나아가야 할 방향입니다.

│ 인사이트 │ 평가의 진화, AI 시대 새로운 평가와 윤리 기준

AI가 지식을 다루는 방식을 근본적으로 바꾸면서 대학의 평가 방식이 재검토되고 있습니다. 학생들은 이제 몇 초 만에 AI로부터 정교한 답변을 받을 수 있고, 복잡한 수식도 즉시 풀이할 수 있습니다. HEPI의 2025년 조사에 따르면 대학생의 92%가 AI를 활용하고 있으며, 67%는 'AI 없이는 시험이 불안하다'고 답했습니다. 이는 전통적인 암기 중심 평

◆　MotionCut. (2025. July 14). *Certificates Don't Get You Hired, Portfolios Do*. LinkedIn.

가가 더 이상 학생들의 실제 역량을 측정할 수 없음을 보여줍니다.

기존 평가 방식의 한계는 교육 현장에서도 명확하게 드러납니다. 펜실베이니아대학교 와튼 스쿨의 이선 몰릭(Ethan Molick) 교수는 자신의 뉴스레터에서 "화학 수업 중 크렙스 회로를 세 문장으로 설명하라는 시험 문제에 학생들이 제출한 답안이 놀라울 정도로 유사했는데, 모두 챗GPT의 답변을 참고한 것이었다"고 밝혔습니다.[*] 2025년 교육평가 연구 역시 AI가 대학 평가의 타당성을 위협하여 학생들의 진짜 능력과 AI 도움을 받은 능력을 구분하기 어렵게 만들었다고 지적합니다.[**] 이제 대학들은 AI 시대에 맞는 새로운 평가 철학을 정립해야 하는 시점에 이르렀습니다.

대학들의 초기 대응은 강경했습니다. 프랑스의 명문 파리정치대학(Sciences Po)은 AI 사용을 전면 금지하고 적발 시 퇴학까지 가능한 강경책을 도입했습니다. 그러나 이러한 접근은 곧 한계를 드러냈습니다. AI 탐지 도구의 정확도가 떨어지고, 특히 비영어권 학생들의 글을 오판하는 사례가 빈번해졌습니다. 무엇보다 AI 활용이 필수가 된 시대에 무조건적인 금지는 현실적이지 않다는 의견이 제기되었습니다.

이에 따라 보다 현실적인 대안들이 등장했습니다. 미국과 유럽의 주요 대학들을 중심으로 평가 방식의 전환이 시작되었습니다. 필기시험을 구두시험이나 대면 발표로 대체하고, AI 사용을 허용하되 출처를 명시하는 오픈 북 평가가 도입되고 있습니다. 특히 주목할 만한 접근은 AI 자체를 평가 대상으로 삼는 것입니다. 일부 대학에서는 'AI가 생성한 답변의

◆   Mollick, E. (2024, November 24). *Getting started with AI: Good enough prompting*. One Useful Thing.

◆◆ Wiese, L. J., Patil, I., Schiff, D. S., & Magana, A. J. (2025, April). *AI ethics education: A systematic literature review*. Computers and Education: Artificial Intelligence, 8.

강점과 한계를 분석하시오' 같은 문제를 출제하여 학생들의 비판적 사고력과 AI 리터러시를 동시에 평가하는 시도를 하고 있습니다.◆

학업 윤리 측면에서도 새로운 합의가 형성됩니다. AI가 생성한 텍스트를 자신의 것으로 제출하는 행위는 명백한 부정행위로 규정되었습니다. 미국 프린스턴대학교는 과제 제출 시 AI 사용 여부를 명시하도록 의무화했고, 국내에서는 고려대학교가 2023년 국내 최초로 챗GPT 활용 가이드라인을 제정했습니다.◆◆ 이는 AI 활용 자체를 금지하기보다 투명성을 통해 학문적 정직성을 유지하려는 접근입니다.

국제사회도 새로운 윤리 기준 마련에 적극 나서고 있습니다. 2025년 유네스코는 AI 윤리 글로벌 포럼(UNESCO Global Forum on the Ethics of AI)을 통해 학생들이 AI와의 상호작용을 이해하고 윤리적 판단력을 기르도록 교육해야 한다고 권고했습니다. 스탠퍼드대학교 교육대학원의 'AI Tinkery'는 교수와 학생이 함께 새로운 평가 방식을 개발하는 혁신적 공간으로, 평가를 단순한 측정 도구가 아닌 학습 촉진 과정으로 재구성합니다.

이러한 변화는 교수자들에게 새로운 도전과 기회를 동시에 제공합니다. 전통적인 평가 방식에 익숙한 교수자들은 AI 시대에 맞는 평가 설계에 어려움을 겪고 있지만, 동시에 학생들의 고차원적 사고력을 평가할 수 있는 창의적인 방법을 모색하는 계기가 되었습니다. 일부 교수자들은 AI와 협업하여 보다 정교한 평가 문항을 개발하거나, 학생들의 학습 과

◆ 서주영, 신승훈. (2024). 대학의 AI 리터러시 역량 함양을 위한 교양 교육 방법에 관한 사례 연구. 디지털콘텐츠학회논문지, 25(8).

◆◆ www.korea.ac.kr/bbs/ko/42/70858/artclView.do?layout=unknown

정을 추적하는 새로운 방식을 실험합니다.

실제 교육 현장에서는 이러한 변화가 점진적으로 일어나고 있습니다. 당장 모든 평가를 바꾸기보다는, 일부 과목이나 과제에서 시범적으로 새로운 방식을 도입하고 그 효과를 검증하는 접근이 주를 이룹니다. 학생들의 반응도 긍정적인데, AI를 활용한 개방형 과제에서 더 창의적이고 심층적인 학습이 일어난다는 보고가 늘어나고 있습니다. ◆

결국 AI 시대의 평가와 윤리는 금지와 처벌보다는 투명성과 책임감을 강조하는 방향으로 진화 중입니다. 완전한 금지도, 무제한 허용도 아닌 '책임감 있는 AI 활용'이라는 중도적 접근이 자리 잡아갑니다. 이를 위해 단순히 평가 방식의 변화를 넘어, 교육의 목적과 방법에 대한 근본적인 성찰이 필요합니다.

| 수업에 적용하기 |

AI를 활용한 강의계획서 재설계

강의계획서는 한 학기 학습 여정의 설계도로, AI 시대에는 단순한 일정표를 넘어 '살아 있는 문서'로 진화해야 합니다. 앞서 소개한 고려대학교의 가이드라인처럼 AI 활용 범위를 강의계획서에 명시하는 것이 새로운 규범이 되었고, 나아가 하버드비즈니스스쿨 와이스 교수는 챗GPT로 강의계획서를 재설계해 학생 만족도를 크게 향상했습니다.

여기에서는 AI를 도구로 활용하되 교수자의 교육 철학을 중심에 둔

◆ Kim, J., Klopfer, M., Grohs, J. R., Eldardiry, H., Weichert, J., Cox, L. A. II., & Pike, D. (2025, January 24). *Examining faculty and student perceptions of generative AI in university courses.* Innovative Higher Education, 50.

강의계획서 재설계의 3단계 프로세스(데이터 기반 현황 분석 → AI와의 전략적 협업 → 레이어링 접근법을 통한 맥락화)와 실시간 피드백 시스템 구축 방법을 제시합니다. 특히 레이어링 접근법은 변경 불가능한 기본층(30%), 교수자의 전문성을 담은 특성층(50%), 즉각 조정 가능한 적응층(20%)으로 구성해 유연하면서도 일관성 있는 강의계획서를 만들 수 있습니다. 자세한 내용은 아래 QR 코드를 스캔하여 AI를 활용한 강의계획서 재설계 실전 가이드에서 확인해보세요.

AI를 활용한 강의계획서 재설계 실전 가이드

"너 지훈이 맞지?" 저녁 늦게 아들 민준이를 기다리며 학원 근처 카페에서 업무를 보고 있던 지훈 씨에게 누군가 말을 걸었다. 대학 동기인 전숙현 교수였다. 반갑게 인사를 나눈 두 사람은 자연스럽게 근황을 나누었다. 지훈 씨는 최근 아들이 던진 질문이 떠올라 물었다. "우리 아들이 묻더라. AI가 다 알려주는 시대에 대학이 꼭 필요하냐고. 너희 대학은 어때?"

숙현이 잠시 생각하더니 답했다. "우리도 많이 바뀌고 있어. 수업 준비할 때 AI로 최신 사례를 찾고, 학생들도 AI를 활용해 프로젝트를 진행해. 처음엔 위기감을 느꼈는데, 막상 써보니 오히려 본질적인 교육에 집중할 수 있더라고. 예전엔 강의하는 데 시간을 많이 썼다면, 이제는 학생들이 AI로 찾은 정보를 비판적으로 분석하고 창의적으로 활용하는 법을 가르쳐. 질문하는 법, 검증하는 법, 협업하는 법 같은 거. AI가 답은 줄 수 있어도 올바른 질문을 만드는 건 여전히 사람의 몫이거든. 아무튼, AI 시대에 필요한 사고력과 판단력을 기르는 게 대학의 새로운 역할이 될 거야. 단순한 지식 전달보다 더 중요한 역할이지."

지훈 씨가 자리에서 일어나며 말했다. "덕분에 아들한테 뭐라고 답해야 할지 알 것 같아. AI가 도구가 되는 시대일수록 그걸 제대로 쓸 줄 아는 교육이 중요하다고 말해줘야겠어."

설계자가 된 교수

대학 교수는 지식을 전달하는 사람에서
학습 설계자로 바뀌고 있습니다.

| 현장의 목소리 |

"AI의 등장으로 교수자의 역할이 흔들린다는 우려가 많지만,
정작 제가 마주한 현실은 위기인 동시에 새로운 가능성이었습니다."

AI가 일을 뺏는 것이 아니라 일을 더 잘할 수 있게 도와주는 도구라는 깨달음을 얻기까지 적잖은 고민과 시도가 필요했습니다. 2023년 초, 생성형 AI가 처음 화제가 되었을 때는 대부분 유료 서비스였고, 생각보다 제약이 많았습니다. 영상 콘텐츠를 제작하는 수업에서 활용하기엔 아직 갈 길이 멀어 보였습니다. 그런데 2년 만에 상황이 달라졌습니다. 무료 AI 도구가 대거 등장했고, 무엇보다 결과물의 품질이 전문가 수준에 근접합니다. 미국 기업이 주도하던 시장에 중국 기업까지 가세하면서 학생들이 부담 없이 쓸 수 있는 도구가 많아진 것도 큰 변화였습니다.

가장 먼저 바뀐 건 학생들의 학습 방식입니다. 예전에는 제가 시연하고 설명하는 것을 따라 하며 배웠다면, 이제는 AI로 먼저 시도해보고 수업에 와서는 "이렇게 만들어봤는데 뭔가 부족한 것 같아요"라고 질문합니다. 단순히 '어떻게 만드는가'보다 '왜 이렇게 만들어야 하는가'에 대한 논의가 중심이 되었습니다. 이런 변화 속에서 저는 '학습경험의 설계자'

로서 새로운 역할을 찾아가는 중입니다.

대표적으로, 영상 편집 수업을 완전히 재설계했습니다. 학생들에게 AI를 활용해 같은 주제로 각자 짧은 영상을 만들도록 한 다음, 서로의 결과물을 보며 토론합니다. '왜 같은 주제인데 이렇게 다른 결과가 나왔을까?', '어떤 프롬프트를 썼기에 이런 스타일이 나왔을까?'에 대한 토론을 통해 학생들은 AI 도구의 특성과 한계를 자연스럽게 이해하게 됩니다. 그다음 단계에서는 AI가 만든 결과물을 분석하고 개선하는 작업을 합니다. 장면 전환의 리듬, 색감의 일관성, 내러티브의 흐름 등을 함께 검토하면서 '좋은 영상'의 기준이 무엇인지 토론합니다. 흥미로운 점은 AI 결과물을 비평하는 과정에서 오히려 영상 제작의 핵심 원리를 더 깊이 이해하게 된다는 것입니다.

평가 방식도 '과정 중심'으로 전환했습니다. 최종 결과물뿐 아니라 프로젝트 진행 과정을 문서화하도록 했죠. AI로 어떤 시도를 했는지, 어떤 문제에 부딪혔는지, 그것을 어떻게 해결했는지를 기록하며 학생들은 AI를 활용하면서도 자신만의 창작 과정을 성찰하는 습관을 기릅니다.

동료 교수들과 이야기를 나눌 때마다 다들 비슷한 고민과 시도를 하고 있음을 알게 됩니다. 누군가는 'AI 시대에도 우리가 가르칠 게 있을까?' 걱정하지만, 실제로는 오히려 더 본질적인 교육이 가능해졌다는 의견이 많습니다. 기술적 숙련도를 가르치는 대신, 비판적 사고와 창의적 문제 해결 능력을 가르치는 데 집중할 수 있게 되었으니까요. 결국 AI 시대의 교수자는 '정답을 아는 사람'이 아니라 '좋은 학습경험을 설계하는 사람'이 되어야 한다는 걸 깨달았습니다. 학생들이 AI라는 강력한 도구를 가지고 스스로 탐구하고 실험하고 성장할 수 있는 환경을 만드는 것.

그것이 지금 저와 동료들이 매 학기 도전하고 있는 새로운 교육의 모습입니다.

| 인사이트 | 지식 전달자에서 학습경험 디자이너로

AI 기술이 교육 현장에 본격 도입 되면서 학생들이 언제든 AI를 통해 방대한 정보를 얻을 수 있는 시대가 되었습니다. 그동안 교육계는 TPACK(기술·교수·내용·지식)이나 SAMR(기술통합단계) 모델을 통해 기술을 수업에 접목하려 노력했습니다. 하지만 '기술을 어떻게 활용할까'에만 집중했을 뿐, 교수자의 근본적 역할 변화는 다루지 못했습니다. 교수자가 단순히 지식을 전달하는 역할만으로는 존재 의미를 찾기 어려워진 AI 시대에는 본질적 역할 전환이 요구됩니다.

딜로이트의 2025 고등교육 보고서는 그 전환의 방향성을 제안합니다. "학생들이 졸업 후 즉시 활용할 실무 역량을 요구받는 시대에, 교수자는 개인 맞춤형 학습경험을 설계해야 한다"고 강조하죠.◆ 물론 모든 수업에서 당장 완전한 개인화를 실현하기는 어렵습니다. 하지만 AI 도구의 도움으로 학생들의 다양한 학습 속도와 스타일을 고려한 수업 설계가 점점 가능해지고 있습니다. 중요한 것은 교수자가 '일방적 전달자'에서 '학습경험을 고민하고 설계하는 역할'로 점진적으로 전환해나가는 것입니다. 그 역할을 수행하기 위해, 실제 교육 현장에서는 어떤 식의 새로운 수업 설계가 이루어지고 있는지 몇 가지 사례를 살펴봅시다.

◆ Clark C., Cluver M., Fishman T., & Kunkel D. (2025, April 7). *2025 higher education trends*. Deloitte.

가상의 AI 강사와 함께하는 수업

몇몇 교수자는 AI와의 협업을 통해 교육 효과를 극대화하는 새로운 패러다임을 만들어갑니다. MIT 미디어랩에서 134명을 대상으로 한 실험에 따르면, 일론 머스크를 모델로 한 AI 강사와 일반인 AI 강사를 비교한 결과 시험 점수에는 큰 차이가 없었지만 존경하는 인물 기반의 AI 강사와 함께 학습한 학생들은 학습 동기가 현저히 향상되었고, 긍정적 감정이 증가했으며, 강사에 대한 신뢰도가 높아졌습니다.[*] 이를테면 가상의 아인슈타인이 상대성 이론을 가르치거나, 피카소가 그림 기법을 설명하는 식의 맞춤형 학습이 학생들에게 긍정적인 학습경험을 제공하는 것이죠.

챗GPT가 피드백해주는 프로젝트 과제

한국기술교육대학교(KOREATECH) 디자인공학과에서는 AI를 제품 디자인 프로세스의 전 단계에 통합했습니다. 학생들이 챗GPT와의 대화로 제품 콘셉트를 구체화하고 미드저니로 다양한 디자인 옵션을 시각화하며 3D 모델링 AI로 프로토타입을 제작하는 과정에서, AI는 '이 디자인에서는 정수 필터 교체가 어려워 보인다'는 구체적인 피드백까지 제공해 보다 실용적인 제품 완성을 도왔습니다.[**] 이는 AI가 단순한 지식 전달을 넘어 창의적 작업에서도 실질적인 조언자 역할을 할 수 있음을 보여

---

[*]   MIT Media Lab. (2025). *AI-generated virtual instructors based on liked or admired people can improve motivation and foster positive emotions for learning.* MIT Media Lab.

[**] 이예은. (2025.06.20.). *"AI(인공지능)와 디자인의 신선한 만남"* 한국기술교육대 디자인공학과 과제전 '눈길'. KOREATECH NEWS.

주며, 교수자는 AI의 피드백을 교육적으로 재해석하고 확장하는 역할을 수행합니다.

멀티모달 도구를 활용한 입체적 학습경험 설계

멀티모달[*] 콘텐츠 생성을 통한 입체적 학습경험의 설계도 주목할 만한 변화입니다. 텍스트 중심의 전통적인 학습에서 벗어나 챗GPT로 고품질 텍스트 요약과 설명을, 미드저니로 복잡한 개념의 시각화를, 수노(SUNO AI)로 기억하기 쉬운 교육용 음악을 생성할 수 있게 되었습니다. 한 영어과 교수는 AI 음성 도구를 활용해 학생들이 다양한 억양과 발음을 연습할 수 있는 대화형 콘텐츠를 개발했는데, 단순히 '맞다, 틀리다'가 아니라 "당신의 'th' 발음이 'd'에 가깝게 들립니다. 혀를 좀 더 앞으로 내밀어보세요"와 같이 구체적인 조언을 제공합니다.[**] 이는 언어 학습에서 개별 피드백의 중요성을 보여주며, AI가 이를 대규모로 제공할 수 있음을 시사합니다.

하지만 이러한 혁신과 함께 그 이면에는 교수자가 주의 깊게 관리해야 할 영역들도 분명히 존재합니다. 첫째, AI 알고리즘의 편향 문제입니다. 최근 연구에 따르면 한 대학에서 AI가 여학생들에게 STEM(Science, Technology, Engineering, Mathematics) 분야의 기초 과정을 더 많이 추천하는 패턴을 보였는데, 이는 과거 데이터의 편향이 반영된 결과였습니

---

[*]　모달(Modal)은 텍스트, 이미지, 음성, 영상 등 정보가 표현·전달되는 양식을 말하며, 멀티모달(Multimodal)은 두 가지 이상의 모달을 동시에 활용하는 것을 뜻합니다.

[**]　Zhang, Y., & Tang, Q. (2025. July 16). *Integrating AI-generated content tools in higher education: A comparative analysis of interdisciplinary learning outcomes*. Scientific Reports.

다.[*] 교수자는 '왜 이 학생에게 이런 콘텐츠를 추천했는가?'를 끊임없이 질문하며 AI의 추천을 비판적으로 검토해야 합니다.

둘째, 개인화가 오히려 학습의 다양성을 제한할 수 있습니다. AI가 학생의 관심사에 맞춘 자료만 제공하다 보니, 학생들이 자신의 흥미와 직접적으로 연결되지는 않지만 학습에 필수적인 기초 텍스트나 고전 문헌을 접할 기회가 줄어듭니다. 때로는 자신에게 편안한 영역을 벗어나는 도전적인 학습이 더 큰 성장을 가져옵니다. 교수자는 AI를 '똑똑한 조교'로 생각하되 비판적 거리를 유지하고, AI의 제안을 그대로 사용하기보다 교육 목표에 맞게 재구성하며, 학생들에게도 AI 활용 과정을 투명하게 공개하여 함께 학습하는 분위기를 조성해야 합니다.

AI 시대에 교수자의 역할은 단순히 확장되는 것이 아니라 지식의 전달자에서 학습경험의 설계자로, 가르치는 사람에서 함께 배우는 사람으로 그 본질이 재정의되고 있습니다. 일각에서는 AI가 학습 자료를 학습자 필요에 맞게 조정함으로써 더욱 포용적이고 학습자 중심적인 접근을 가능케 한다고 평가했는데[**] 이를 위해서는 교수자가 콘텐츠 큐레이터, 학습 촉진자, 기술 활용 전문가, 그리고 무엇보다 학생 개개인의 성장을 돕는 멘토 역할을 통합적으로 수행해야 합니다.

AI는 이 모든 역할을 더 효과적으로 수행하도록 돕는 강력한 파트너이지만, 궁극적으로 교육의 핵심은 여전히 인간 대 인간의 연결과 성장에 있으며 AI는 이를 더 풍부하게 만드는 도구일 뿐입니다. 앞으로의 교

---

[*] Lim, C. (2025, April 23). *DeBiasMe: De-biasing human-AI interactions with metacognitive AIED (AI in education) interventions.* arXiv.

[**] Holmes, W., Bialik, M., & Fadel, C. (2019). *Artificial intelligence in education.* Independently Published.

육은 AI와 인간이 각자의 강점을 살려 협력하는 하이브리드 모델이 될 것이며, 교수자가 이러한 변화를 주도적으로 이끌어갈 때 더 많은 학생에게 더욱 깊이 있는 학습경험을 제공할 수 있을 것입니다.

| 인사이트 | 학습 과정을 재구성하는 AI 기반 맞춤형 수업 설계

앞서 살펴보았듯, AI가 교육 현장에 도입되면서 교수자의 '수업 설계' 방식이 다층적이고 유연한 방향으로 현실화되고 있습니다. AI 기반 맞춤형 수업 설계는 크게 두 가지 차원에서 혁신을 가져왔습니다. 첫째는 '개별화 학습의 확장'이고, 둘째는 '데이터 기반 적응형 수업 설계'입니다. 이 두 요소는 상호 보완적으로 작동하며 교수자의 수업 설계 패러다임을 근본적으로 변화시킵니다.

확장 가능한 개별화 학습 설계: PBL과 적응형 학습의 통합 운영

전통적으로 개별화 교육은 소규모 수업에서만 가능한 '이상'으로 여겨졌습니다. 문제중심학습(PBL)은 효과가 입증되었지만 교수자 한 명이 여러 팀을 동시에 지도하기 어려웠고, 개인 맞춤형 학습은 일대일 과외에서나 가능했습니다. AI는 이러한 '확장성(Scalability)' 문제를 해결했습니다.

우스터폴리테크닉대학교(WPI)에서는 RAG◆ 기반 AI 조교가 PBL에

◆　RAG(Retrieval-Augmented Generation)는 AI가 방대한 지식 데이터베이스에서 먼저 관련 정보를 검색한 후, 이를 바탕으로 답변을 생성하는 기술입니다. 일반 AI는 학습 시점의 정보만 알고 있어 최신 정보나 특정 기관의 자료를 반영하지 못합니다. RAG는 이 한계를 극복하여 학교별 교육과정, 최신 교재, 실시간으로 업데이트되는 자료를 AI가 활용할 수 있게 합니다. 챗GPT의 맞춤형 GPT 기능이나 구글 NotebookLM에 수업 자료를 업로드하면 자체 RAG 시스템을 손쉽게 만들 수 있습니다.

서 각 팀의 진행 상황을 실시간으로 모니터링하며 맞춤형 지원을 제공했습니다.[*] 50명 규모 수업에서 10개 팀이 서로 다른 프로젝트를 진행해도 AI가 각 팀에 개별 스캐폴딩(Scaffolding, 단계별 학습 지원)을 제공하므로 교수자는 전체 학습 설계와 중요 개입 지점에만 집중할 수 있습니다. WPI 교수진은 "이전에는 '관리 가능한가?'를 먼저 고민했지만, 이제는 '교육적으로 가치 있는가?'를 중심으로 설계한다"고 설명합니다. 교수자가 물리적 한계에서 벗어나 진정한 교육적 이상을 추구할 수 있게 되었음을 의미합니다.

또 적응형 학습 시스템은 개인별 지식 습득을 최적화합니다. 애리조나주립대학교(ASU)의 대학수학 과목에서는 AI가 각 학생의 선수 지식, 학습 속도, 오류 패턴을 분석해 개인별 학습 경로를 제시합니다.[**] 마치 개인 과외 선생님처럼 AI가 학습 데이터를 분석해 각 학생에게 가장 효과적인 학습 방법을 찾아가는 것입니다. 교수자는 필수적인 핵심 학습 목표를 달성한 후, 학생의 수준에 따라 선택적 심화 경로를 제공하는 식으로 다중 경로 네트워크를 설계할 수 있습니다.

인상적인 것은 두 사례 모두 AI를 활용하면서도 교수자가 전체 학습 설계의 주도권을 유지한다는 점입니다. 이처럼 PBL의 협업적 문제 해결과 적응형 학습의 개인 최적화가 AI를 통해 하나의 수업 설계 안에서 유기적으로 통합되며, 이는 단순한 기술 도입이 아닌 교육 패러다임의 근

---

[*] Worcester Polytechnic Institute. (2024, November 22). The Next Wave: Artificial Intelligence in Project-Based Learning at WPI. WPI.

[**] Faller, M. B. (2023, October 6). ASU creates unique math-support curriculum to boost proficiency. ASU News.

본적 전환을 의미합니다.

데이터 기반 실시간 조정: 정적인 수업 계획에서 동적 대응으로

전통적 수업 설계는 학기 초 '계획 수립'과 학기 말 '평가'의 선형적 과정이었습니다. AI는 이를 '지속적 모니터링과 즉각적 반영'의 순환적 과정으로 변화시켰습니다. AI는 수업 중 학생들의 이해도를 실시간으로 체크하고, 즉시 교사에게 활동 전환이나 추가 연습 문제를 제안합니다. 이는 자연스럽게 계획 중심에서 학생 중심으로의 전환을 이끌어냅니다.

칸아카데미의 칸미고(Khanmigo) 시스템은 학습 분석 대시보드를 통해 실시간 진단을 제공합니다.[*] 예를 들어, 화학 수업에서 학생의 30%가 '엔트로피' 개념에서 막혔다면, 칸미고는 교사에게 '엔트로피에서 가역·비가역 과정 구분 실패'라는 구체적 진단과 함께 '열역학 시뮬레이션 추가' 같은 해결책을 제안합니다.

한 연구에 따르면 AI와 협업하는 교사들은 교수 참여도(Teaching Engagement)가 향상되며, AI가 자동 채점과 피드백을 담당함으로써 교사들이 학생 데이터 분석과 실시간 조정에 더 많은 시간을 투자할 수 있습니다.[**] 이는 교사들의 자원 보존 이론(Conservation of Resources Theory)[***]에 기반하여 AI 도입이 교육 현장의 유연성을 높인다는 점을

---

[*] Microsoft Education Team. (2024. August 13). *Khanmigo for Teachers: Your free AI-powered teaching tool*. Microsoft.

[**] Ding L. J., Li J. M., & Hui B. H. (2025. June 26). *Will Teacher-AI Collaboration Enhance Teaching Engagement?*. Behavioral Sciences.

[***] 자원 보존 이론이란 교사의 시간과 에너지를 효율적으로 배분하면 핵심 교육 활동에 더욱 집중할 수 있다는 이론입니다.

보여줍니다.

AI 시대 학습 설계의 과제와 실천 전략

'AI가 너무 친절하게 답을 알려주면 학생들이 스스로 생각하지 않게 되는 것 아닐까? 화면만 보고 있는 학생들과 어떻게 관계를 맺지? AI 도구에 의존하다가 정작 중요한 것을 놓치지는 않을까?' AI를 수업에 도입하면서 많은 교수자가 비슷한 고민에 빠집니다. 이런 걱정들은 매우 타당하며, 실제로 교육 현장에서 반드시 해결해야 할 과제들입니다.

먼저, '과잉 친절의 역설' 문제부터 살펴보겠습니다. AI가 모든 답을 즉시 제공하면 학생들은 편안함에 안주하게 됩니다. MIT 연구팀도 최근 AI 튜터가 힌트를 너무 많이 주면 오히려 문제 해결 능력이 떨어진다는 사실을 확인했습니다. 해결책은 의외로 간단합니다. AI 설정을 조정해서 '적당히 불친절하게' 만들면 됩니다. 예를 들어, 학생이 질문하면 바로 답을 주는 대신 "먼저 3번 정도 스스로 시도해보고, 그래도 안 되면 힌트를 줄게"라고 말하도록 설정합니다. 한 물리학과 교수는 이를 "학생들이 충분히 헤매도록 놔두는 것"이라고 표현했는데, 이런 '생산적 실패'가 오히려 진짜 학습으로 이어집니다. 2025년 7월 출시된 챗GPT의 학습모드가 바로 이 원리를 적용한 사례입니다. 챗GPT의 개발사는 학생이 질문하면 즉시 답을 제공하는 대신 소크라테스식 질문과 단계적 힌트를 통해 스스로 답을 찾아가도록 설계했으며, 이를 통해 '학습에 필요한 마찰(Friction)'을 의도적으로 만들어낸다고 설명합니다.

다음으로 '정서적 유대감 약화'입니다. AI가 아무리 똑똑해도 학생을 격려하거나 동기를 부여하는 데는 한계가 있습니다. 연구에 따르면 AI

수업에서도 주 1회 이상 교수자와 직접 만나는 학생들의 학습 지속률이 40% 더 높았습니다.[◆] 스탠퍼드에서는 이를 '역할 분담'으로 해결했습니다. AI는 개인 연습을, 교수자는 토론과 프로젝트를 담당하는 방식입니다. 이처럼 AI는 교육을 '대체'하는 것이 아니라 '보완'하는 도구로 활용될 때 효과적이며, 기술이 처리하는 영역이 늘어날수록 인간 교수자의 정서적 역할은 오히려 더욱 중요해집니다.

마지막으로 '기술 중심 사고의 함정'입니다. 수학은 AI의 단계별 풀이가 효과적이지만, 문학 수업에서는 AI가 시를 해석한 결과물을 학생들이 비판하게 하는 것이 더 의미 있습니다. 이는 AI를 '만능 도구'가 아닌 '맥락적 도구'로 이해해야 함을 시사하며, 교과목의 본질과 학습 목표에 따라 AI 활용 전략을 달리해야 한다는 교훈을 줍니다.

그렇다면 실제로 어떻게 시작해야 할까요? 가장 중요한 변화는 '평가 방식의 전환'입니다. AI가 대신 써줄 수 있는 과제나 시험은 이제 의미가 없습니다. 대신 '과정'을 평가해야 합니다. 학생들이 문제를 푸는 과정을 AI가 기록하게 하고 어떻게 접근했는지, 어디서 막혔는지, 어떻게 극복했는지를 평가하거나 모든 과제에 'AI를 어떻게 활용했는지' 명시하도록 하는 것도 좋은 방법입니다. 이렇게 하면 학생들은 AI를 '몰래 쓰는 도구'가 아닌 '공개적으로 활용하는 학습 파트너'로 인식하게 됩니다.

요컨대 AI 시대의 수업 설계는 'AI로 무엇을 할까?'가 아니라 'AI가 못하는 것은 무엇이고, 교수자만이 할 수 있는 것은 무엇인가?'를 묻는 것에

◆   Crawford, J., Allen, K.-A., Pani, B., & Cowling, M. (2024, March 13). *When artificial intelligence substitutes humans in higher education: the cost of loneliness, student success, and retention.* Studies in Higher Education.

서 시작됩니다. AI는 정보를 제공하고 반복 연습을 도와주지만, 학생에게 영감을 주고 실패를 격려하며 성장을 독려하는 것은 여전히 인간 교수자의 몫입니다.

| 인사이트 | 교수자-학습자-AI가 만드는 새로운 학습 생태계

2024년 봄, 리투아니아 빌뉴스대학교 법학부 강의실에서 특별한 실험이 진행되었습니다. AI 조교 'Paul AI'와 'Goda AI'가 도입된 것이죠. 이들은 교수진의 모든 연구 논문, 강의 자료, 전문 지식을 학습한 '디지털 분신(Knowledge Twin)'으로, 24시간 학생들의 질문에 답하고 개별 피드백을 제공했습니다.◆

학생들의 반응은 놀라웠습니다. AI 조교들이 각자 고유한 사고 과정을 가지고 있어 실제 교수님과 대화하는 것 같았다는 평가가 나왔으며, 더욱 흥미로운 것은 평가 방식의 변화였습니다. 시험에서 AI 사용이 허용되었을 뿐 아니라 오히려 권장되었습니다. 대신 학생들은 'AI 한계 탐구' 과제를 통해 AI의 프라이버시 법률 오류나 지식 격차를 찾아내며 비판적 사고력을 평가받았습니다. 이는 전통적인 '교수자 - 학습자' 양자 관계가 'AI'라는 제3의 주체를 포함한 삼자 협력 구조로 전환되는 상징적 사건입니다.

◆ Jurčys, P. (2024. June 3). _Education in the Age of AI: Teaching a Law School Course with the Assistance of AI Knowledge Twins_. Medium.

역할의 재정의: 무엇을 가르치고 배울 것인가

AI의 등장은 교육에 대한 근본적인 질문을 던집니다. AI가 기본 지식 전달을 담당한다면, 대면 강의에서는 무엇을 가르쳐야 할까요? 이 질문에 대한 답은 세 주체의 역할 재정의에서 찾을 수 있습니다.

이번 장에서 계속 강조했듯이, 교수자는 지식 독점자에서 학습 설계자이자 비판적 멘토로 변화하고 있습니다. AI 시대의 교수는 학생들이 AI와 협업하며 비판적으로 사고하도록 안내하는 역할을 맡습니다. 강의는 지식 나열이 아닌, 학생들이 습득한 지식을 실제 상황에 적용하고 분석하는 능력을 기르는 장이 됩니다.

학습자는 수동적 수용자에서 비판적 협업자로 진화합니다. AI를 활용해 기초 지식을 습득하되, 그것을 비판적으로 검증하고 자신만의 관점을 더하는 능력이 핵심이 됩니다. AI와 협업하면서도 그 한계를 인식하는 메타인지 능력이 요구되는 것이죠.

AI는 단순 도구에서 맞춤형 학습 파트너로 자리매김합니다. 특정 교수의 디지털 분신으로서 지식과 사고방식을 학습한 AI는 개인화된 튜터링을 제공하지만, 여전히 인간의 비판적 검증이 필요한 '불완전한 파트너'입니다. 이는 AI를 맹신하지도, 배척하지도 않는 균형 잡힌 관계를 요구합니다.

미래를 향한 실천적 제언

AI와의 삼자 협력은 피할 수 없는 미래입니다. 중요한 것은 이를 어떻게 현명하게 구현할 것인가입니다. 빌뉴스대학교의 20명 학생을 대상으로 한 실험이 전 세계 수백만 학생에게 적용되려면, 단계적이고 신중한 접근이 필요합니다. 특히 AI와 협업한 결과물에서 학생 고유의 역량을 어떻게 구분하고 평가할 것인지, 교수의 지식과 사고 패턴을 AI화하는 디지털 분신은 누구의 소유이며, 어떻게 보호되어야 할지 등 여러 도전 과제에 대한 새로운 평가 철학과 가이드라인이 필요합니다. 이를 위해 소규모 파일럿 프로그램으로 시작해 검증하고, 교수자들에게 AI 리터러시와 새로운 교수법 연수를 제공하며, 명확한 윤리 가이드라인을 수립해야 할 것입니다.

무엇보다 잊지 말아야 할 것은, AI는 교육의 수단이지 목적이 아니라는 점입니다. 교육의 본질은 여전히 인간의 성장이며, AI는 그 성장을 돕는 파트너일 뿐입니다. 삼자 협력 시대의 성패는 기술의 발전이 아니라, 그 기술을 활용해 인간 고유의 창의성과 비판적 사고를 얼마나 잘 키워내느냐에 달려 있습니다. 이것이 2026년 교육이 나아갈 방향이며, 우리가 준비해야 할 미래입니다.

수업에 적용하기

교수자의 전문성을 살린 프롬프트 활용하기

AI를 수업에 도입할 때 가장 중요한 것은 범용 프롬프트를 찾는 것이 아니라 교수자의 도메인 지식과 경험, 전문성을 AI와 결합하는 것입니다. 경영학 재무 수업과 간호학 병리학 수업에 같은 프롬프트를 쓸 수 없듯이, 각 교수자에게 축적된 '학생들이 매년 막히는 그 부분'에 대한 통찰을 AI 활용에 녹여낼 때 깊이 있는 학습 자료가 만들어지고 진정한 교육 혁신이 일어나죠.

예를 들어, 한 통계학 교수는 10년간 학생들이 'P-value'를 암기만 하고 이해하지 못한다는 관찰을 바탕으로, AI에게 '의대생이 임상시험 논문을 읽을 때 P-value를 오해하는 실제 사례 3개와 환자에게 설명할 때 쓸 비유 2개'를 요청했습니다. 수강생의 전공, 임상시험 논문이라는 실제 활용 맥락, 졸업 후 환자에게 설명하는 상황을 모두 고려한 프롬프트입니다. 교수자만이 알 수 있는 경험적 지식이 담겨 있어, AI가 생성하는 답변도 실제 교육 현장에 즉시 활용 가능한 맞춤형 자료가 됩니다. AI 프롬프트에 교수자의 전문성을 녹여내는 구체적인 팁은 다음 QR 코드를 스캔하여 참고해보세요.

교수자의 도메인 지식을 반영하는 프롬프트 구조 팁

수업 운영 및 평가 방식

수업 운영 측면에서는 AI를 금지하기보다 명시적 가이드라인 아래 투명하게 활용하도록 유도하는 것이 효과적입니다. 아이디어 탐색과 초고 작성에 AI를 허용하되 최종 결과물에는 'AI 활용 보고서'를 첨부하게 하고, 랜덤 구술 검증으로 실제 이해도를 확인합니다.

평가 방식도 결과 중심에서 과정 중심으로 전환합니다. 초안 제출 (20%), 중간 발표(30%), 동료 평가(20%), 최종 결과물(30%)로 단계를 나누고, 각 단계에서 AI 활용의 투명성과 본인의 기여도를 평가합니다. '3페이지 2번째 단락을 본인 말로 설명해보세요' 같은 구술 검증을 통해 실제 학습이 일어났는지 확인합니다.

"엄마, 우리 반 지우가 AI로 영어 일기 숙제를 했다가 0점 받았대요. 다른 애들도 번역기나 AI를 썼는데 지우만 혼났어요." "왜 지우만?" 지혜 씨의 물음에 서윤이가 잠깐 고민하다가 답했다. "지우는 챗GPT의 답변을 그냥 복사해서 내서 그런가 봐요. 선생님이 AI 썼으면 '어떻게 썼는지' 꼭 쓰라고 하셨거든요. 그리고 AI가 만든 걸 그대로 내면 안 되고, 자기가 고친 부분을 표시하라고 규칙도 만들어주셨어요." 지혜 씨가 웃으며 고개를 끄덕였다. "좋은 방법이네. 투명하게 밝히는 게 중요하지."

"그리고 우리 반은 'AI 없는 날'을 만들었어요! 금요일엔 AI 안 쓰고 혼자 힘으로만 문제를 풀어요." 서윤이가 자랑스럽게 말하자, 지훈 씨가 덧붙였다. "AI는 자전거 보조 바퀴 같은 거야. 처음엔 도움을 받지만 결국 혼자 타는 법을 배워야지." 옆에서 대화를 듣고 있던 민준이도 진지하게 말을 꺼냈다. "나중에는 대학의 평가 방식 자체도 바뀔 것 같아요. 단순 암기 시험보다 프로젝트나 발표 중심으로요."

온 가족이 잠시 생각에 잠겼다. AI와 함께 살아가되 정직하게 학습하는 법, 그 균형점을 찾아가는 것이 모두의 숙제로 다가오고 있었다.

교육 실험실이 된 캠퍼스

교수와 학생, 나아가 전 세계의 교육 공동체가
유기적으로 연결된 거대한 학습 네트워크의
한 부분으로 변모하고 있습니다.

| 현장의 목소리 |

"교수인 나부터 배우지 않으면 뒤처지겠구나,

하는 위기감이 들었습니다."

저 역시 'AI 시대에 대학이 과연 필요한가?'라는 질문을 스스로에게 던진 적이 있습니다. 곰곰이 생각해보면 이러한 물음은 처음이 아닙니다. 대학의 역사를 돌이켜보면, 사회가 변할 때마다 대학의 역할도 끊임없이 변모해왔습니다. 실제로 중세 유럽의 대학은 한때 성직자 양성과 지식 전수가 주된 역할이었지만, 15세기 인쇄술의 발명으로 지식 독점이 무너지자 큰 위기를 맞았습니다. 하지만 대학은 사라지지 않았습니다. 그리고 19세기에는 프로이센의 훔볼트 이념 아래 연구와 교육을 결합한 근대 대학으로 새롭게 태어나 산업사회에 부응했죠.

이처럼 대학은 탄생 이래 사회 발전에 맞춰 스스로를 재정의하며 진화해왔습니다. 오늘날 AI의 등장은 대학에 전례 없는 도전을 던지고 있습니다. 과거 인터넷이 기존 지식을 검색하고 공유하는 도구였다면, AI는 새로운 지식을 즉각 생성하고 맞춤형으로 가공해주는 시대를 열었으니까요. 겉보기에는 대학의 존재 이유가 희미해지는 것처럼 보일 수도 있습니다. 그러나 역사를 통해 깨달은 사실은 분명합니다. 대학은 지금까지 시대의 도전에 적응하며 새로운 가치로 거듭났고, 이번 AI 시대에도 그럴 것입니다.

실제로 전 세계 대학들이 이미 움직이고 있습니다. 텍사스대학교는 2024년을 'AI의 원년'으로 선포하며 5억 달러에 가까운 연구 투자를 유치했고[♦], 노스이스턴대학교는 클로드의 개발사인 앤트로픽(Anthropic)과 파트너십을 맺어 캠퍼스 전체에 AI를 도입했습니다.[♦♦] 스탠퍼드대학교의 'AI Tinkery'는 교육자들이 AI를 실험할 수 있는 물리적·디지털 공간을 제공하며, "AI 홍보 구역이 아니라 교육자들이 함께 모여 어려운 질문을 던지는 공간"이라고 정의합니다.[♦♦♦] 이처럼 이제 대학은 지식 전달에 머무르지 않고 창의적 학습과 탐구의 실험실로 진화해야 한다는 요구가 곳곳에서 나오고 있습니다.

변화의 필요성을 절감한 저는 우선 제 자신부터 달라지기 위해 노력했습니다. 몇 년 전까지만 해도 익숙한 방식의 강의와 연구에 안주하던 제게, AI의 등장은 일종의 깨우침이었습니다. 그래서 작년부터는 새로운 기술이나 도구가 나오면 꾸준히 습득하려 애쓰고 있습니다. 모르는 개념이 나오면 AI에게 먼저 물어보고, 수업 준비에도 챗GPT와 같은 AI를 조교처럼 활용해보기도 합니다. 예전에는 막연하게 두려웠던 AI가 이제는

♦ UT Austin. (2024. December 18). *UT saw huge research gains, launched education initiatives during its 'Year of AI'*. UT NEWS.

♦♦ Nordman, D. (2025. April 2). *Northeastern and Anthropic to lead in responsible AI innovation in higher education*. Northeastern Global News.

♦♦♦ Sacks, I. (2024. October 25). *Teaching and tinkering: New Stanford project helps educators understand and use AI in their classrooms*. Stanford University.

제 업무를 도와주는 든든한 파트너로 느껴질 때도 있습니다. 물론 처음부터 순탄했던 것은 아닙니다. 한동안 시행착오도 겪었지만, 그 과정에서 '결국 문제는 도구가 아니라 그것을 쓰는 사람'이라는 평범하지만 중요한 교훈을 얻었습니다.

또한 혼자만의 힘으로는 부족하다고 느껴, 외부의 교육자 커뮤니티에 적극 참여하기 시작했습니다. 캠퍼스 바깥으로 나와보니 비슷한 고민을 하는 동료 교원이 정말 많았습니다. 링크드인(LinkedIn) 같은 글로벌 네트워크에서 해외 교육자들의 사례와 조언을 구하기도 했고, 카카오톡 오픈채팅방의 AI 교육 모임에도 들어가 실시간으로 의견을 나눴습니다. '지피터스'나 'AI융합교육연구회'처럼 AI 교육에 관심 있는 사람들이 모여 AI 활용 경험을 공유하는 활발한 온라인 공동체가 있다는 것도 알게 되었습니다.

처음엔 낯설었던 SNS 속 대화가 이제는 큰 힘이 되어줍니다. 수업에 새로운 아이디어를 적용해보고 실패하면, 그 경험을 커뮤니티에 솔직히 털어놓습니다. 그러면 어디선가 저와 똑같은 시행착오를 겪은 선생님이 나타나 '저는 이렇게 해결했어요' 하고 조언을 주십니다. 저도 제가 터득한 것을 기꺼이 공유하려 노력합니다. 이렇게 서로 배우고 가르치는 연결망 속에서 저 자신의 전문성도 함께 자라고 있음을 느낍니다.

이러한 경험은 교육자에게 진정 필요한 힘이 연결에서 나온다는 사실을 깨닫게 해주었습니다. AI 시대의 대학은 더 이상 담장 안에 고립된 섬이 아닙니다. 오픈AI가 출범시킨 'NextGenAI' 컨소시엄에 참여한 옥스퍼드대학교 부총장은 "함께 협력함으로써 AI의 경계를 확장하고 교육에 미치는 영향을 이해하며 AI의 광대한 잠재력을 활용할 수 있다"고 강조했습니다.^{*} 저마다 뛰어난 개인이 모여 각자 노력하는 것만으로는 급격한 변화를 따라가기 어렵습니다. 하지만 함께 배우고 협력하는 공동체가 있다면 변화의 방향을 같이 고민하고 대응책을 찾아낼 수 있습니다. 국제기구에서도 미래 교육을 위해 교원 간 협업 역량을 강조하는 요즘입니다. 동료들과의 대화를 통해 혼자서는 놓칠 뻔한 통찰을 얻고, 지역과 국가 경계를 넘어 지식을 공유하는 집단지성의 힘이야말로 AI 시대에 교육자가 갖춰야 할 새로운 능력이 아닐까요?

대학의 미래는 결국 사람에게 달려 있다는 생각이 듭니다. AI가 아무리 똑똑해져도, 대학의 존재 이유는 인간의 성장과 질문하는 힘을 키우는 것이라는 본질은 변하지 않습니다. 세계경제포럼도 "AI는 결코 고품질의 인간 주도 교수법을 대체하지 않을 것"이라고 명확히 강조했습니다.^{**} 저는 오늘도 동료들과 함께 새로운 수업을 구상하고, AI 도구 활용법을 실험하고, 그 결과를 서로 나누며 배웁니다. 이런 노력 하나하나가 모여 대학을 '살아 있는 교육 실험실'로 바꾸는 원동력이 되리라 믿습니다. 시대가 바뀌면 대학도 변화해야 합니다. 그리고 그 변화는 저 같은 평범한 교수자들이 함께 모색하고 실천할 때 비로소 현실이 될 것이라 생각합니다.

◆   OpenAI. (2025. March 4). *Introducing NextGenAI: A consortium to advance research and education with AI*. OpenAI.

◆◆   Milberg, T. (2024. April 28). *The future of learning: How AI is revolutionizing education 4.0*. World Economic Forum.

| 인사이트 | AI 시대 대학의 공정성과 학업 윤리 확립

평가 방식의 변화

AI 시대, 대학 평가의 공정성을 지키는 방법은 역설적이게도 AI를 금지하는 것이 아니라 평가 체계 자체를 근본적으로 재설계하는 것입니다. 현실은 이미 임계점을 넘었습니다. 영국 대학의 AI 부정행위는 대학생 1,000명당 5.1건으로 1년 만에 3배 급증했고[*], 국내에서도 챗GPT 표절로 0점 처리 되는 사례가 속출하고 있습니다. 최근 교육부 조사에 따르면 국내 대학생의 78%가 과제에 AI를 활용한 경험이 있으며, 이 중 절반이 넘는 학생들이 '사용 기준이 모호해 불안하다'고 응답했습니다.[**] 이제 전통적인 암기·서술형 평가는 더 이상 유효하지 않습니다.

단속 중심의 기술적 통제는 완벽히 실패했습니다. AI 탐지기라는 '만능 해결책'이 등장했지만, 현실은 참담했죠. 교수자의 52%가 AI 사용을 금지하며 탐지 도구에 의존했지만 GPTZero 같은 탐지기는 오탐률이 높아 무고한 학생을 부정행위자로 몰았고, 심지어 오픈AI조차 자사 AI 판별기를 정확도 문제로 중단했습니다. 뉴욕대학교는 'AI 탐지기를 맹신하지 말라'는 공식 지침을 내렸고, 실제로 한 유학생이 유창한 영어 에세이 때문에 AI 사용 혐의를 받는 일까지 벌어졌습니다. 무조건적 금지가 규범의 혼란만 가중시켰고, 단속과 적발에 의존하는 방식이 학생과 교수 간 불신만 키운 것이죠.

이런 상황 속에서 AI 활용의 경계는 여전히 모호합니다. 문법 검사는

◆　임화섭. (2025.06.16.). 영국 대학생 AI 부정행위, 공식 확인 사례만 연간 7천 건. 연합뉴스.

◆◆　윤혜준, 정은진, 김혜정. (2025.09.25.). AI 시대의 학습에 대한 대학생의 인식과 불안. 한국직업능력연구원.

도구일까요, 부정행위일까요? AI로 초안을 작성하고 수정하면 표절일까요? 이런 회색지대의 혼란 속에서 많은 대학이 초기에 택한 방법은 '과거로의 회귀'였습니다. 온라인 시험을 폐지하고 손 글씨 시험을 부활시켰으며, 일부는 모든 평가를 구술시험으로 전환했습니다. 하지만 이런 대응은 근본적 한계가 명백했죠. 수백 명을 일대일로 평가하는 것은 현실적으로 불가능하고, 언어 장벽이나 시험 불안을 가진 학생들에게는 오히려 불공평하게 작동했습니다.

무엇보다 AI를 완전히 차단하는 것 자체가 불가능했습니다. 교실 밖에서는 얼마든지 접근 가능한 AI를 수업에서만 금지한다고 해서 문제가 해결되지 않았던 것이죠.

이 딜레마 속에서 선도 대학들은 발상을 전환했습니다. AI를 배제하는 것이 아니라, 평가 체계를 AI 시대에 맞게 재설계했죠. 고려대학교는 국내 최초로 AI 활용 가이드라인을 제정했고[*], MIT와 펜실베이니아대학교는 AI를 평가에 적극 통합하는 실험을 시작했습니다. 핵심은 'AI 금지'가 아닌 'AI와 공존하는 평가'로의 패러다임 전환이었습니다. 핵심 전략은 세 가지로 압축됩니다.

첫째, 투명한 AI 활용입니다. 펜실베이니아대학교 와튼 스쿨의 한 교수는 챗GPT 사용을 의무화하되, '어떻게 활용했는지' 명시하도록 했습니다.[**] "학생들에게 'AI와의 대화 기록'을 과제와 함께 제출하게 했더니, 오히려 학습 과정이 투명해졌다"고 그는 평가했습니다. MIT는 더 나아

---

[*] 커뮤니케이션팀. (2023.03.16.). 국내 대학 최초 ChatGPT 활용 가이드라인 제정. 고려대학교 보도자료.

[**] Moniz, C. (2023, February 2). ChatGPT is here — what's NYU doing about it?. Washington Square News.

가 학생들이 AI 답변을 비판적으로 분석하거나, AI를 가상의 학습자로 설정해 대화하는 과제를 도입했습니다.[*]

둘째, 과정 중심 평가입니다. 연세대학교는 '서술형 과제물 외에 발표 평가, 대면 지필시험, 수업 중 불시 퀴즈 등을 병행하라'고 권고했습니다.[**] 미국의 한 교수는 모든 시험을 일대일 구술로 전환했고, 호주 간호대학은 실시간 시나리오 평가를 도입했죠.

셋째, 고차원적인 사고력 측정입니다. 'AI 답변의 한계를 분석하라'는 문제를 시험에 포함하여 학생의 메타인지와 AI 리터러시를 평가하는 것이죠. 대표적인 예로 성균관대학교에서는 'AI가 생성한 답안의 오류 찾기' 문제를 시험에 포함시켜, 학생들의 비판적 사고력을 평가합니다.

전 세계의 여러 대학에서 이러한 전략을 통해 AI를 무조건 금지하기보다 책임감 있는 활용을 유도하며, 동시에 새로운 시대의 학업 윤리관을 형성하기 위해 노력하고 있습니다.

학업 윤리 개념의 변화

학업 윤리의 개념도 AI 시대에 맞게 진화하고 있습니다. 핵심은 '금지'에서 '투명성'으로의 전환입니다. 예전에는 다른 사람의 글을 베끼면 명백한 표절이었지만, 이제는 AI가 생성한 텍스트를 어디까지 자기 작업물로 볼 것인지 판단하는 새로운 기준이 필요합니다. 국제 학계는 'AI가 기여한 부분은 반드시 명시하라', 'AI 사용 범위와 방법을 밝히라' 등의 원

---

[*] Ouellette K. (2024, April 29). *MIT faculty, instructors, students experiment with generative AI in teaching and learning*. MIT News.

[**] 에듀테크랩. (2023.03.29.). *연고대 챗GPT 인공지능 학습 활용 방안 총정리*. 에듀테크랩.

칙을 제시합니다. 유네스코 또한 2023년 「고등교육 생성형 AI 활용 가이드」에서 'AI 시대에도 학습자 주체성이 핵심'이라고 명시했습니다.[◆]

국내에서도 정책적 대응이 본격화되고 있습니다. 교육부는 2025년 3월 '2025~2027년 대학·전문대학 혁신지원사업 및 국립대학육성사업 기본계획'을 발표했습니다. 이를 통해 생성형 AI 시대에 대학의 자율적 교육혁신과 미래 인재 양성을 지원하고, 각 대학은 자체적인 AI 윤리 규정을 마련하고 있습니다.[◆◆] 산업계와의 연계도 주목할 만합니다. 네이버, 카카오 등 국내 IT 기업들은 대학과 협력하여 'AI 윤리 교육 프로그램'을 개발하고 있습니다.[◆◆◆] 여러 대학에서도 AI 책임 사용 문화를 구축하기 위한 구체적 지침을 마련하고 있습니다. AI 활용 자체를 막을 수 없다면, 누가 얼마나 기여했는지 두렷하게 드러내는 것이 새로운 윤리의 핵심입니다. 한 교육혁신 전문가의 "AI 자체가 문제가 아니다. 평가 방식을 바꾸지 않는 우리의 태만이 진짜 문제다."[◆◆◆◆]라는 말은 본질을 꿰뚫는 지적입니다. AI는 이미 계산기나 검색 엔진처럼 보편적 도구가 되었습니다. 이를 '감출 대상'이 아닌 '활용할 도구'로 인식하면서, 학생에게 기대되는 학습 성과를 재설정하는 것이 대학의 과제입니다.

AI 시대 평가 혁신의 방향은 명확합니다. '통제에서 활용으로, 암기에서 사고로.' 대학들은 AI를 적이 아닌 도구로 받아들이되, 학업 윤리라는

◆　Miao, F., & Holmes, W. (2023). *Guidance for generative AI in education and research*. UNESCO.

◆◆　교육부. (2025.03.20.). *2025~2027년 대학·전문대학 혁신지원사업 및 국립대학육성사업 기본계획 발표*. 교육부 보도자료.

◆◆◆　한국교육학술정보원. (2024). *국내·외 인공지능 윤리교육 사례 분석과 시사점*. 한국교육학술정보원.

◆◆◆◆　Mollick, E. (2023, July 1). *The Homework Apocalypse*. One Useful Thing.

핵심 가치는 오히려 강화하는 균형점을 찾아가고 있습니다. 이것이 AI와 공존하며 공정성을 지키는 유일한 길일 것입니다.

| 인사이트 | AI로 진화하는 액티브 러닝과 PBL 실험실

한편 AI는 대학 강의실 또한 근본적으로 재설계하고 있습니다. 수백 명이 앉아 일방적으로 교수의 강의를 듣던 대형 강의실이 이제는 AI 조교와 함께하는 개인 맞춤형 학습 공간으로 변모하고 있습니다.

대형 강의의 고질적 문제는 개별 지도의 불가능성입니다. 누가 어디에서 막혔는지, 누구에게 추가 설명이 필요한지 파악할 방법이 없으니까요. 카이스트가 2024년 가을학기 수강생 477명의 프로그래밍 수업에 도입한 AI 조교 시스템은 특히 '부끄러움 없는 학습(Shame-free Learning)'을 실현했습니다. 프로그래밍 기초가 부족한 학생들이 밤낮없이 질문할 수 있게 되면서, 중도 포기율이 전년 대비 23% 감소했습니다. AI 조교는 14주 동안 3,869건의 질문을 처리하며 인간 조교 부담을 40% 줄였지만, 진짜 성과는 따로 있습니다. 기초 지식이 부족해 손 들기를 망설이던 학생들이 AI에게는 거리낌 없이 질문하기 시작한 것입니다. ◆ 새벽 3시에도, 같은 질문을 열 번 해도, AI는 지치지 않고 답해줍니다. 인간 조교로는 불가능한 규모의 개인화 교육이 현실이 되고, 교육의 문턱이 사라진 것입니다. 하버드대학교는 이를 과학적으로 검증했습니다. 대규모 물리학 강좌의 무작위 대조 시험(RCT)에서 AI 튜터 그룹이 전통적 액티브 러

◆ KAIST PR Office. (2025. June 5). *KAIST Introduces 'Virtual Teaching Assistant' That can Answer Even in the Middle of the Night – Successful First Deployment in Classroom*. KAIST News Center.

닝[*] 그룹보다 짧은 시간에 더 많은 지식을 습득했고, 참여도와 동기 부여 정도도 높았습니다.[**]

그런데 모든 학생이 AI로부터 같은 혜택을 받는 것은 아닙니다. 마이애미대학교의 2024년 연구는 충격적인 격차를 발견했습니다. 한 MBA 과목에서 AI를 단순한 '답안 생성기'로 사용한 학생들은 오히려 학습 효과가 떨어졌지만, AI를 '사고의 파트너'로 활용한 학생들은 놀라운 성장을 보였습니다.[***] 이는 AI 시대의 새로운 교육 불평등을 시사하는 동시에, AI 활용 능력 자체가 핵심 역량이 되었음을 보여줍니다.

펜실베이니아대학교 와튼 스쿨의 이선 몰릭 교수는 이 격차를 해소하기 위한 실험을 시작했습니다. 수업 과제에 AI 사용을 의무화하되, 단순 사용이 아닌 '협업'을 가르치기로 한 것입니다. 몰릭 교수는 AI 과제에서 학생들이 프롬프트를 반복적으로 테스트하고 성찰하도록 장려했습니다. 학생들은 AI와의 상호작용을 통해 어떤 프롬프트가 더 나은 결과를 가져오는지 분석하며, 이를 통해 AI 활용 능력이 체계적으로 향상되었습니다. 예를 들어, 단순한 명령어 대신 반복 대화를 통한 세밀한 조정을 강조하며, 학생들이 결과를 성찰하는 에세이를 제출하도록 했습니다.[****] 15주가 끝날 무렵, 같은 학생들의 에세이 수준은 A- 이상으로 올라갔습

---

[*] 액티브 러닝이란 학생이 수업 중 의미 있는 활동(토론, 문제 해결, 글쓰기, 실험 등)에 직접 참여하고 '무엇을 하고 있는지 스스로 사고'하도록 요구하는 모든 교수-학습 방법을 말합니다.

[**] Kestin, G. et al. (2025, June 3). AI tutoring outperforms in-class active learning: an RCT introducing a novel research-based design in an authentic educational setting. Scientific Reports.

[***] Gregory R. W., & Narang S. (2024, July 24). AI for learning unleashed: Pioneering generative AI in education at the University of Miami. Journal of Information Technology Teaching Cases.

[****] Mollick, E. (2023, November 1). Working with AI: Two paths to prompting. One Useful Thing.

니다.[*] AI와의 대화가 단순한 질문과 답변을 넘어 사고를 정교화하는 도구가 된 것입니다.

이러한 AI 협업 교육은 곧 다른 전공으로 확산되었습니다. 애리조나 주립대학교(ASU) 의료 대학원은 AI 가상 환자 '샘(Sam)'을 도입했습니다. 학생들은 샘과의 문진을 통해 진단 과정을 연습했는데 실제 환자와 달리 샘은 지치지 않았고, 같은 실수를 해도 참아주었으며, 새벽에도 응대했습니다. 수강생의 89%가 '실제 환자를 만나기 전 충분한 연습이 되었다'고 응답했죠.[**]

AI의 한계와 오류를 교육 자원으로 전환하는 실험도 성과를 거두고 있습니다. 국내 H대학교의 '말하기와 글쓰기' 수업은 챗GPT의 '환각(Hallucination)' 현상을 역이용하여 학생들에게 AI가 생성한 그럴듯하지만 틀린 정보를 찾아내고 비판하게 했습니다. 이 과정에서 학생들의 비판적 사고력과 독립적 글쓰기 능력이 오히려 향상되었습니다.[***]

MIT는 기술의 최전선에서 더 급진적인 실험을 진행했습니다. MIT 미디어랩의 뉴로챗(NeuroChat) 프로젝트는 착용형 EEG로 학생의 뇌파를 측정하여 집중도가 떨어지면 AI 튜터가 자동으로 설명 방식을 바꾸도록 했습니다.[****] SF 영화 같은 이야기지만, 실제로 초기 실험에서 학습 효과 향상이 관찰되었습니다. 학습자의 상태를 실시간으로 파악하는 진정한 맞춤형 교육의 가능성이 엿보이는 대목입니다.

---

[*] Mollick, E. (2023, February 17). *My class required AI. Here's what I've learned so far*. One Useful Thing.

[**] King, S. (2024, August 27). *AI-powered educational experiences underway at ASU*. ASU News.

[***] 이은선, 진은진. (2024). *대학 글쓰기 수업에서의 ChatGPT '환각(Hallucination)' 교육 사례 연구*. 돈암어문학.

[****] Tiernan, C. (2025, February 26). *Applications for AI in education*. MIT Open Learning.

이 모든 실험이 가리키는 방향은 명확합니다. AI는 교육을 대체하는 것이 아니라 증강합니다. 대규모 수업을 개인화하고, 불가능했던 학습경험을 가능하게 하며, 창의적 과정을 가속화합니다. 그러나 동시에 새로운 격차와 의존의 위험도 만들어냅니다. 성공적인 AI 활용 교육의 공통점은 AI를 목적이 아닌 수단으로 활용한다는 것입니다. 카이스트의 AI 조교는 학생 참여를 늘리는 수단이었고, 몰릭 교수의 실험에서는 사고력을 기르는 수단이었으며, H대학교의 환각 찾기에서는 비판적 사고를 기르는 수단이었습니다.

대학은 이제 거대한 실험실이 되었습니다. 이 실험실에서 교수와 학생은 AI라는 새로운 도구를 가지고 교육의 본질적 목표인 깊은 이해, 비판적 사고, 창의적 문제 해결을 더 잘 달성하는 방법을 함께 찾아가는 중입니다. 물론 AI 의존의 함정, 새로운 불평등, 윤리적 문제 등 해결해야할 과제도 산적해 있습니다. 그러나 이미 시작된 변화의 물결은 되돌릴수 없죠. 중요한 것은 이 물결을 타고 더 나은 교육의 미래로 나아가는 것입니다.

| 인사이트 | 협력과 네트워크, AI 시대에 부상하는 교육혁신동향

AI 시대가 도래하면서 역설적으로 인간 간 연결과 협력이 더욱 중요해지고 있습니다. 대학들은 캠퍼스의 벽을 허물고 지역사회와 손잡고, 전 세계 교육자들은 디지털 공간에서 실시간으로 만나 아이디어를 나눕니다. AI는 이러한 협력을 방해하는 것이 아니라 오히려 가속화하는 촉매제 역할을 합니다.

'개인의 성공보다 공동의 지속가능성을.' 유럽대학협회(EUA)가 제시한 미래 대학의 새로운 비전입니다.[*] 과거 대학들이 순위 경쟁과 개별 성과에 매몰되었다면, 이제는 '인간 중심의 혁신(Human-centered Innovation)'을 통해 함께 문제를 해결하는 방향으로 전환하고 있습니다. 이러한 변화는 구호에 그치지 않고 실제 행동으로 나타납니다. 아일랜드 리머릭대학교는 UL@Work 프로그램을 통해 지역 기업들과 협력하여 19개 이상의 온라인 중심 재교육 과정을 공동 설계 했습니다. 아일랜드 정부의 인적자본계획(HCI) 지원으로 수강생들은 등록금의 50~80%를 보조받으며, 직장인들이 업무를 병행하면서도 최신 지식을 습득할 수 있도록 유연한 모듈식 교육과정을 제공합니다. 더블린대학교의 CONSUS 프로그램은 오리진 엔터프라이즈와 손잡고 농업 지속가능성을 위한 디지털 도구를 개발했습니다.

대학이 상아탑에서 내려와 지역사회의 실질적 문제 해결에 나선 것입니다. 한국 또한 마찬가지입니다. 교육부가 2023년 도입한 '지역혁신 중심 대학지원체계(RISE)'는 지자체가 지역 발전전략과 연계해 대학 지원을 주도하도록 했습니다. 대학을 지역 혁신의 핵심 허브로 삼아 상생 발전을 도모하려는 전국적 정책입니다. 대학이 더 이상 고립된 섬이 아니라 지역 생태계의 일부가 되고 있는 것이죠.

교육자들의 글로벌 네트워크는 이미 일상이 되었습니다. "소셜미디어를 통해 전 세계 동료들과 연결되어 있다. 새벽에 뉴욕의 교사가 올린

---

[*]   Kozirog K., Lucaci S. M., & Berghmans S. (2022. March 24). *Universities as key drivers of sustainable innovation ecosystems.* European University Association.

수업 아이디어를 보고, 점심시간에 도쿄의 선생님과 의견을 나눈다. 혼자가 아니라는 느낌이 든다"는 한 교사의 말처럼[*], 지리적 경계는 사라졌습니다. 2020년 코로나19 팬데믹 사태는 이러한 연결을 폭발적으로 가속화했고, 같은 문제에 직면한 전 세계 교사들은 SNS를 통해 전례 없는 연대를 보여주었습니다. 위기가 오히려 전 지구적 협력의 계기가 된 것입니다.

팬데믹이 촉발한 자발적 네트워크는 공식적 연합체로 발전하기도 합니다. 스탠퍼드대학교가 주도한 글로벌 교육자 네트워크(Global Educators Network)는 세계 각국의 교육자들을 연결하는 플랫폼을 구축했습니다.[**] 월간 온라인 미팅에서는 AI가 실시간 번역과 아이디어 요약을 지원하여 언어 장벽을 넘어선 소통이 가능해졌고 유튜브 웨비나, 줌 모임, 인스타그램 라이브 등 비공식 채널을 통한 일상적 교류도 활발합니다. 과거 1년에 한 번 열리던 국제 학술대회가 이제는 온라인에서 매일 열리는 셈입니다. 교육자들이 서로를 지탱하며 함께 성장하는 새로운 전문성 개발 모델이 만들어졌다고 볼 수 있죠.

세계경제포럼은 AI가 교육 4.0을 가능하게 하며, 교육자 네트워크에서 학습 개인화와 교사 협력을 동시에 지원한다고 분석했습니다.[***] AI 추천 시스템은 비슷한 관심사를 가진 교육자들을 연결하고, 챗봇은 다양

◆ Nelson N. (2024, February 23). *Leveraging Social Media for Educators: Building a Dynamic Professional Learning Community*. Keep Indiana Learning.

◆◆ Stanford Global Studies. (n.d.). *Global Educators Network*. Stanford Global Studies.

◆◆◆ World Economic Forum. (2024, April). *Shaping the Future of Learning: The Role of AI in Education 4.0*. World Economic Forum.

한 언어로 된 교육 자료를 즉시 번역합니다. 기술이 인간의 연결을 대체하는 것이 아니라 증폭하고 있습니다.

AI 시대 교육의 미래는 명확한 역할 분담으로 향합니다. 경제협력개발기구(OECD)의 웬디 콥(Wendy Kopp)은 "AI가 학생 참여를 심화시키고, 학습을 개인화하며, 교사의 시간을 절약할 수 있다"고 분석했으며, "기술을 수용함으로써 학생의 전인적 발달을 지원할 수 있다"고 강조했습니다.[*] 실제로 현장에서는 이미 분업이 시작됐습니다. AI는 채점, 출석 체크, 기본 질의응답 같은 반복 업무를 맡고, 인간 교사는 학생과의 정서적 교감, 창의적 문제 해결, 윤리적 판단에 집중합니다. AI가 교사를 대체하는 것이 아니라 교사가 더 교사다운 일을 할 수 있게 돕는 것입니다. 이러한 AI-인간 협력 모델은 학생들의 학습에도 적용됩니다. 샌디에이고대학교 연구에 따르면, AI 도구를 활용한 협력 학습이 전통적 그룹 학습보다 훨씬 효과적이었습니다.[**] AI가 각 학생의 기여도를 추적하고, 실시간 피드백을 제공하며, 그룹 내 역할을 최적화했기 때문입니다.

AI-인간 협력 모델은 교육 불평등 해소의 가능성도 열어줍니다. 세계경제포럼은 "AI와 인간 교사의 협력이 지속가능한 학습 생태계를 만들 것"이라고 전망했습니다.[***] 교육 자원이 부족한 지역에서도 AI를 통해 양질의 콘텐츠에 접근하고, 글로벌 교육자 네트워크를 통해 세계적 수준

[*] Kopp, W. (2025, January 13). *Nurturing a thriving teaching profession in an AI-enhanced world*. OECD Education and Skills Today.

[**] University of San Diego. (2025). *39 Examples of Artificial Intelligence in Education*. University of San Diego.

[***] Li D. H., & Towne J. (2025, January 9). *How AI and human teachers can collaborate to transform education*. World Economic Forum.

의 멘토링을 받을 수 있게 된 것입니다.

AI 시대 교육의 본질은 역설적입니다. 기술이 발전할수록 인간 간 연결과 협력이 더욱 중요해집니다. 대학들은 캠퍼스를 넘어 지역사회와 연결되고, 교육자들은 국경을 넘어 서로를 지원하며, AI는 이 모든 협력을 증폭합니다. 경쟁에서 협력으로, 개인에서 공동체로, 단기 성과에서 지속가능성으로. 이것이 AI가 촉발한 교육의 새로운 문법입니다.

| 수업에 적용하기 |

AI 시대 교수자를 위한 실천 전략: 작은 실험실

AI 시대, 수업 혁신은 거창한 전환보다 작은 실험의 누적에서 시작됩니다. '작은 실험실'은 교수자가 현장 수업에서 부담 없이 시도해볼 수 있는 실천 전략을 담은 가이드입니다.

QR 코드를 스캔하여 실험 방법, 자료, 적용 후기 등을 확인해보세요. 각 실험은 소규모 실행과 즉각적 피드백이 가능하도록 설계되었습니다. 실험 결과는 지속적으로 업데이트되며, 교육 효과가 낮거나 개선이 필요한 경우 정리 대상으로 전환할 예정입니다.

이 가이드는 단순한 제안이 아니라, 실제 수업에 적용하고 검증할 수 있는 실험 목록입니다. '완벽한 수업'보다 '시도하고 개선하는 수업'을 위한 발판이 되기를 바랍니다.

AI 시대 교수자를 위한 작은 실험실

AI를 쓰는 교수, AI에 배움을 묻는 학생

저는 새로운 기술이 등장할 때마다 누구보다 먼저 뛰어들어 활용합니다. 트위터가 세상을 떠들썩하게 할 때도, 인스타그램이 유행하던 때도 저는 학생들에게 "먼저 써봐야 이해할 수 있다"고 말했습니다. 그런데 2023년, 챗GPT를 처음 열어본 순간엔 손이 멈췄습니다. 이것은 단순한 도구가 아니었습니다. 인터넷이 지식을 '배포'했다면, AI는 지식을 '창조'하기 시작한 것입니다.

대학 강의실의 첫 균열

2023년 3월, 미국의 한 철학과 강의실. 교수가 칸트의 '존재의 본질'을 해석하던 순간, 한 학생이 노트북을 들어 보였습니다. "교수님, 챗GPT는 다르게 설명해요." 순간 강의실이 멈췄습니다. 20년 경력의 교수가 AI에게 실시간으로 팩트체크당한 최초의 순간이자, 지식의 권위가 깨지는 상징적 순간이었습니다.

2025년 5월, 미국 노스이스턴대학교. 학생 엘라 스테이플턴은 교수의 강의 자료 속에서 '챗GPT' 흔적을 찾아냈습니다. "교수님은 우리에게 쓰지 말라 하셨죠. 그런데 교수님은 쓰셨네요." 이 폭로는 'AI 사용 금지'라는 구호를 무력화했습니다.

그날 이후, 많은 교수들이 스스로에게 물었습니다. 나 역시 AI를 쓰고 있는가, 아니면 숨기고 있는가? 이 말은 곧 세대의 균열을 상징합니다. 학생들은 이미 AI와 함께 사고하고, AI로 학습하며 자란 세대입니다. 그들에게 'AI

사용 금지'는 현실 부정에 가깝죠. 오히려 학생들은 이렇게 되묻습니다. "교수님은 왜 AI를 감추세요?"

'지식'을 가르치는 AI, '사람'을 가르치는 교수

2025년 초, 한 대학의 교수회의. 의제는 단 하나였습니다. 'AI, 금지할 것인가, 허용할 것인가.' 누구도 먼저 말하지 않았습니다. "그럼 사용법이라도 가르칠까요?" 또 침묵. AI의 등장 앞에서 교수들은 '정책의 주체'가 아니라 '대응의 객체'가 되어버렸습니다. 교수들의 속마음은 복잡했습니다. MOOC 때도 대학이 무너진다 했고, 코로나 때도 캠퍼스가 끝났다 했지만, 이번엔 진짜 달랐습니다. 기술의 문제가 아니라 패러다임의 문제였기 때문이죠.

심란한 상황 속에서 한 학생이 말했습니다. "AI는 빨리 답해주지만, 제가 틀렸을 때 기다려주진 않아요. 교수님은 기다려주시잖아요." 그 한마디가 모든 것을 바꿨습니다. AI는 답을 주지만, "다시 생각해봐"라고 말하지 않죠. 그 한마디의 여백, 바로 거기에 인간 교수자의 자리가 있었습니다.

AI는 교수자의 존재 이유를 위협하는 것이 아니라, 되묻게 합니다. AI가 지식을 대신 전달한다면, 대학은 무엇을 가르쳐야 하는가? 정답은 명료합니다. AI가 '정답'을 주는 시대에 대학은 '질문'을 가르치는 곳으로 돌아와야 합니다. 바로 그 인내심, 그 기다림이 인간 교육자의 마지막이자 가장 중요한 자산입니다. 그리고 그 자산이야말로 AI 시대에도 대학이 여전히 존재해야 하는 이유입니다.

2부

방과 후 AI

AI가 교실을 넘어 가정으로 들어오면서 부모들은 새로운 기로에 서게 되었습니다. 자녀가 미래의 일자리를 빼앗기지 않을까, 사람보다 AI와 대화하는 것을 더 좋아하지 않을까 하는 두려움은 곧 교육의 방향에 대한 고민으로 이어집니다. 그러나 두려움의 뿌리에는 정보 부족이 있습니다. 부모의 AI 리터러시 수준이 곧 자녀의 학습경험과 태도로 직결되기 때문입니다. 이제는 가정이야말로 AI 시대 교육의 출발점이자 중요한 실험실입니다. 한편에서는 생성형 AI의 대중화로 인해 누구나 창작자가 되는 시대가 열렸습니다. 일부 학생과 교사, 학부모들은 스스로 에듀 크리에이터가 되어 새로운 방식의 교육을 개척해나가고 있습니다. 가정 속 배움의 장면, 국경과 한계를 초월한 새로운 교육 시도 사례를 살펴보며 AI 시대에 필요한 교육의 본질을 다시 한번 생각해봅시다.

4교시
가정

혼란의 기로에 서다

아이들은 이미 인공지능과 대화하고, AI가 만들어준 그림과 문장을 자연스레 받아들이며 살아가고 있습니다. 이 변화의 시작점에서 가정은 아이가 AI를 단순히 '도구'로 사용하지 않고 스스로 사고하고 질문하며 올바른 방향으로 성장하도록 돕는 가장 중요한 교육 공간입니다. 4교시에는 부모가 느끼는 두려움의 원인을 파악하고, AI에 대한 기본적인 개념을 설명합니다. 더 나아가 가정에서 실천할 수 있는 AI 활용 교육, 그리고 기술을 넘어 '가치'와 '질문'을 가르치는 방법을 다룹니다.

"아빠, 오늘 회사 이야기 들려주세요!" 서윤이의 질문에 지훈 씨는 잠깐 생각하고 무심히 대답했다. "오늘? 음… 챗GPT한테 보고서 작성시키고, 발표 자료도 만들어달라고 했지"

"와, 챗GPT가 다 해주는 거예요?" 놀란 서윤의 눈이 동그래졌다. "응. 예전엔 영어 보고서 하나 쓰려면 이틀은 걸렸는데, 지금은 키워드만 넣으면 초안이 뚝딱 나와. 그걸 조금만 다듬으면 되니까 일이 훨씬 수월해졌어"

"근데 아빠, 그럼 아빠가 하는 일은 뭐예요?" 민준이가 물었다. 지훈 씨는 잠시 생각에 잠겼다. "음… 요즘은 내가 뭔가를 새로 '만드는' 일보단, AI가 만든 걸 점검하고 수정하는 일이 더 많아진 것 같아. 처음엔 너무 편해서 좋았는데, 가끔은 스스로 생각하는 시간을 잃어버린 것 같기도 해"

"나중에는 AI가 전부 다 해주겠네요? 그럼 우리는 나중에 회사에서 뭘 하게 돼요?" 서윤이의 질문에 지훈 씨는 대답할 말이 없었다. 세상이 너무 빠르게 변하는 지금, 아이들이 AI를 어떻게 받아들이게 하고 어떤 준비를 해야 할지 고민은 더욱 깊어지고 있다.

앞서가는 세상과 교실, 두려운 부모

빠르게 발전하는 세상에 혼란스러운 부모들.
AI 시대에 우리 아이들을 어떻게 준비시켜야 할까요?

| 현장의 목소리 |

"AI요? 글쎄요. 가능한 한 늦게 사용했으면 좋겠어요."

"AI가 우리 아이의 일자리를 빼앗을까 두려워요."

"사람보다 AI를 더 좋아하면 어떡하죠?"

"AI에 의존하게 될 텐데, 아이의 문해력을 어떻게 지킬까요?"

AI의 빠른 변화에 부모들의 반응은 다양하게 나타납니다. AI의 중요성이 커지고 있다는 사실은 모두 인지하고 있지만, 이에 대한 반응은 각양각색이죠. 학부모들이 모이는 인터넷 카페에 올라온 'AI 조기 교육' 관련 글에는 아래와 같은 다양한 댓글이 달렸습니다.

학부모 A	너무 이른 나이에는 오감 교육에 집중하는 것이 좋을 것 같아요.
학부모 B	중학교 아이한테도 아직 못 쓰게 해요. 본인 실력이 AI를 다룰 수 있어야 한다고 생각해요. 안 그러면 AI에게 의존하게 되고 끌려다닐 수 있겠다 싶어서요.
학부모 C	성인인 저희도 뭔가 검색하거나 정보를 수집할 때 AI를 이용하면 한층 수월하잖아요. 아이들이 숙제하면서 그럴까 봐 걱정스럽네요. AI를 컨트롤할 수 있을 때 배우는 게 좋지 않을까 싶어요.
학부모 D	지금이나 AI가 유행이지, 이것도 한때지 않을까 싶어요.
학부모 E	기계가 예상하지 못할 창의력을 먼저 가르쳐야 한다고 생각해요. 앞으로는 인간만 가진 능력이 중요할 거예요.

부모들이 AI에 대해 느끼는 가장 근본적인 두려움은 AI 기술이 자녀의 미래와 성장 과정에 미칠 부정적인 영향에 대한 우려에서 비롯됩니다. 이 장에서는 부모들이 느끼는 불안감의 유형을 알아보고, 어떻게 대응하면 좋을지 이야기합니다.

| 인사이트 | 직업의 변화에 대한 두려움

2025년 1월 세계경제포럼이 발표한 '미래 직업 보고서'에 따르면, 전 세계 기업의 41%가 향후 5년 내 AI로 인한 업무 자동화로 인력 감축을 계획하고 있다고 합니다.[*] AI의 발전으로 인해 많은 업무가 자동화되고 직업이 사라질 것이라는 전망에 부모와 학생, 교사 모두의 걱정이 점점 커지고 있습니다. 하지만 직업이 단지 사라지기만 할까요? 지금껏 존재하지 않았던 새로운 직업이 생기고, 기존 직업의 역할이 변화하기도 합니다.

2025년 6월, 카카오는 사내 AI 해커톤[**] '10K'를 개최했습니다. 아이디어만 있으면 직군 상관없이 누구나 생성형 AI 도구를 활용해 프로토타입을 만들고 실제 시연과 발표까지 진행하는 행사로, 비개발 직군이라도 바이브 코딩[***]으로 아이디어를 현실화할 수 있음을 보여주었습니다. 과거에는 하나의 앱 또는 서비스를 만들려면 다양한 직군이 모여 협업해

---

[*] Dmitracova, O. (2025. January 8). *41% of companies worldwide plan to reduce workforces by 2030 due to AI*. CNN.

[**] 해커톤(Hackathon)이란 해킹(Hacking)과 마라톤(Marathon)의 합성어로, 제한된 시간 안에 팀을 구성해 아이디어를 구체적인 결과물(앱, 서비스, 콘텐츠 등)로 구현해내는 창의적 협업 경연입니다.

[***] 바이브 코딩(Vibe Coding)이란 복잡한 프로그래밍 언어나 개발 지식 없이도 자연어로 아이디어를 구현하는 새로운 방식의 창작 활동을 의미합니다. 챗GPT와 같은 생성형 AI나 노코드, 로우코드 툴을 활용하여 단순히 '이런 걸 만들고 싶어'라는 의도만 입력하면 웹페이지나 디자인, 코드, 콘텐츠 등을 생성할 수 있습니다.

야 했지만, 최근에는 AI를 활용하여 웹페이지 제작, 번역, 콘텐츠 제작, 데이터 시각화까지 가능해지면서 혼자서 모든 것을 만들어내는 창작자가 늘어나고 있습니다. 그만큼 직군 간 경계가 점점 더 모호해지고 있죠 (관련 내용은 273쪽에서 더 자세히 다룹니다).

AI의 발전은 기술의 민주화◆를 더욱 빠르게 진행시킵니다. 이전에는 특정 전문 분야에 종사하는 사람들만 사용할 수 있었던 작문, 번역, 그림 그리기, 코딩 같은 기술이 이제는 누구나 손쉽게 활용할 수 있는 보편적 도구로 자리 잡았습니다. AI로 인해 기술적 장벽이 낮아지면서, 기술이 '전문가만의 영역'에서 '모두를 위한 도구'로 변화하고 있습니다.

이러한 트렌드가 우리에게 시사하는 바는 무엇일까요? 그동안 생각으로만 그치던 아이디어를 AI를 통해 현실로 구현하기 쉬워졌다는 것입니다. 앞으로 아이들이 살아갈 시대에는 누군가가 시키는 일을 잘하는 사람이 아니라, AI를 잘 활용해 원하는 결과물을 얻어내는 사람을 필요로 할 것입니다. 즉, 기술 자체를 잘 다루는 사람보다 무엇을 만들지, 어떤 문제를 해결하고 싶은지 고민하고 탐구해 창의적으로 문제를 해결하고 실행하는 능력이 더욱 필요해질 것입니다.

앞으로는 이과 및 문과로 분리했던 교육 형태나 수학 또는 영어 같은 특정 과목에만 집중하는 전통적인 교육 방식이 변화할 가능성이 큽니다. 직업 또한 마찬가지입니다. 다만, 직업이 사라진다는 두려움에 매몰되기보다는 직업과 역할이 변화하는 시대임을 받아들이고, 아이들이 이러한

◆ 기술의 민주화(Technological Democratization)란 전문가의 전유물이었던 첨단 기술이 대중에게 열리고, 일반인도 손쉽게 활용할 수 있게 된 시대적 흐름을 말합니다. 최근에는 AI 기반 도구의 보편화와 함께 더욱 주목받고 있습니다.

변화에 능동적으로 대비할 수 있도록 지원해야 합니다.

'직업'이 아니라 '가치'를 묻는 진로 교육하기

AI 기술의 빠른 발전은 직업의 판도를 바꾸고 있습니다. 어떤 직업은 사라지고, 어떤 직업은 역할이 재구성되며, 완전히 새로운 형태의 직업도 생겨납니다. 이런 현실에서 아이들에게 '너는 커서 뭐가 되고 싶니?'라고 묻는 질문은 점점 무력해집니다. 이러한 질문은 아이들에게 특정 직업을 목표로 삼아야 한다는 압박을 주기도 합니다. 직업이라는 좁은 틀에 아이의 삶을 가두게 되고, 정해진 답을 못 이뤘을 때 좌절감을 느끼게 만들 수 있습니다. 반면, '어떤 삶을 살고 싶니?', '너는 어떤 문제를 해결하고 싶어?', '무엇에 기여하고 싶어?' 같은 질문은 아이들의 내면을 열어줍니다. 직업이라는 정답 맞히기식 질문에서 벗어나 '가치'와 '방향'을 고민하게 하는 열린 질문이죠.

관점의 전환은 학교의 진로 수업에도 반영되어야 합니다. 많은 경우 아이들은 여전히 장래희망란에 '의사', '운동선수', '건축가'처럼 특정 직업 하나를 적어야 합니다. 그러나 앞서 살펴보았듯이 이제는 하나의 직업이 다양한 역할을 포함하고, 직업 간 경계도 흐려지고 있으며, 앞으로 어떤 직업이 생길지조차 예측하기 어려운 시대입니다.

그런 작은 칸에 아이의 미래를 가두기보다 '너는 어떤 사람으로 살아가고 싶니?', '어떤 문제를 해결하는 사람이 되고 싶니?'와 같이 방향성 또는 문제의식과 관련된 질문을 중심으로 하는 진로 교육으로 바뀌어야 합니다. 아이가 '나는 사람들의 마음을 편하게 해주는 일을 하고 싶어', '자연을 지키는 사람이 되고 싶어'라고 말한다면, 거기에서 출발해 어떤 직업이 그 가치와 연결될 수 있을지를 함께 탐색합니다. 이러한 질문은 아이들이 자신의 삶의 방향을 스스로 설정하고, 그에 따라 필요한 역량을 탐색하도록 도와줍니다. 호기심, 관찰력, 기획력, 협업 능력, 윤리적 태도 같은 '직업 너머의 역량'을 키우는 교육이 지금 필요한 이유입니다.

현재 존재하는 직업 기준으로만 진로를 정하지 않도록 돕고, 아이들이 열린 결말의 삶을 상상할 수 있도록 격려해주는 것, 그것이 교사와 부모의 새로운 역할이 될 것입니다. 그리고 그 상상은 불안이 아니라 가능성과 연결되어야 합니다. 세상은 변하지만, 변화 속에서도 여전히 의미 있는 일을 하고자 하는 사람의 자리는 사라지지 않기 때문입니다. 빠른 변화를 인지하고, 내가 할 수 있는 일과 내가 잘하는 일이 무엇이 있을지 '아이의 삶의 방향'을 함께 고민하는 것이 진짜 진로 교육입니다.

│ 인사이트 │ 사람과의 상호작용을 대신하는 AI

하버드 비즈니스 리뷰(Harvard Business Review)에 따르면 2025년 생성형 AI의 활용 유형에 대한 분석 결과는 다음과 같습니다. ✦ AI를 검색 도구로만 활용하던 패턴에서 개인적인 일의 상담 도구로 활용하는 패턴으로 확장된 것입니다.

- 1위: 질병과 건강 관련 질문을 하는 데 사용
- 2위: 일상과 습관 루틴에 대한 요청에 사용
- 3위: 삶의 방향을 찾는 질문을 하는 데 사용

✦ Zao-Sanders, M. (2025, April 9). *How people are really using Gen AI in 2025*. Harvard Business Review.

그렇다면 아이들은 어떨까요? 청소년들은 AI 챗봇을 학문적 도구로만 활용하지 않고 정서적 지원, 관계 조언, 사회적 상호작용 등 매우 개인적인 영역에서 활용하며 민감한 정보를 공유하는 경향이 높은 것으로 밝혀졌습니다. 여기에는 개인적인 트라우마, 의료 기록, 사회 및 성 생활의 세부 사항 등 부모가 인지하지 못하는 광범위한 정보가 포함됩니다. 아이들이 개인정보가 무단으로 사용되거나 데이터 보호가 미흡할 수 있다는 사실을 인지하지 못한 채 AI를 사용하는 것은 매우 위험합니다.

사람이 아닌 AI에게 고민을 털어놓거나 조언을 구하는 현상은 부모들을 불안하게 합니다. 게임처럼 중독되지 않을까, 사람보다 AI와 대화하는 것을 더 선호하지 않을까 걱정하는 것은 어찌 보면 당연합니다. 특히 태어날 때부터 AI에 노출된 요즘 아이들은 사람과의 소통보다 편리성과 익명성이 보장되는 AI를 더 찾게 될 수도 있습니다. 과도한 AI 의존은 대인 관계, 사회성 및 정서 발달 저하 문제를 가져오며, 이는 가정과 학교를 넘어 사회적으로도 주목해야 할 문제입니다.

AI 오용에 대한 경각심 가지기

실제로 챗GPT와 같은 생성형 AI는 청소년에게 술과 마약 하는 방법을 알려주는 등 부적절한 답변을 내놓기도 하고, 2024년 미국에서는 한 학부모가 AI 챗봇이 14세 아들의 자살을 부추겼다며 Character.AI와 구글을 상대로 소송을 제기한 사건이 있었습니다. 해당 학부모는 아들이 자살 생각을 표현하자 AI가 먼저 자살에 대한 주제를 꺼냈으며, 공인된 치료사인 척 행세했다고 주장합니다. 이는 AI가 미성년자에게 예상치 못한 영향을 줄 수 있다는 사실을 보여준 사건이었습니다.

AI 기술이 빠르게 발전하는 반면, AI를 잘못 사용하는 것에 대한 안전장치는 부족합니다. AI 개발사는 안전장치와 사용자 보호 기능을 강화해야 하고, 부모와 교사는 미성년자의 AI 사용을 주의 깊게 지도할 필요가 있습니다.

| 인사이트 | AI와 디지털 수업에 대한 반감

2024년부터 2025년, 교육계에서는 AI 디지털 교과서 도입이 뜨거운 감자였습니다. 상당수의 교사와 학부모가 반대하며 도입을 중지해달라는 국민 서명 운동이 일어나기도 했습니다.

학부모 A	저는 도입을 반대합니다. 스웨덴도 도입했다가 취소한 사업인걸요?
학부모 B	저도 반대입니다. 전자기기로 공부하면 기억에 남는 것도 없고, 문해력도 떨어진다는데….
학부모 C	맞아요. 아이에게 다양한 방식을 시도해봤지만, 결국 공책에 손으로 쓰면서 공부하는 것이 가장 낫더라고요.

반대 이유로는 디지털 기기에 대한 지나친 의존과 학생들의 문해력 저하 우려가 가장 크게 꼽혔습니다. 과거 학습에 대한 부모의 향수가 강하게 작용하거나, 해외의 실패 사례를 인용하는 경우도 많았습니다. 특히 아이들이 여전히 읽고 쓰는 기본기를 배워야 할 시기에 너무 빠르게 디지털 도구 중심의 학습으로 전환되는 것을 우려하는 목소리가 큽니다.

AI 기반 학습은 단순한 전자책이나 온라인 학습 플랫폼과는 기능과 범위에서 차이가 있지만 결국 디지털 환경을 기반으로 하며, 화면 중심의 정보 소비와 빠른 결과 제공이라는 특성을 공유합니다. 따라서 해외에서 보고된 '조기 디지털 전환의 부작용'은 AI 교육 환경에서도 충분히 참고할 만합니다. 실제로 스웨덴은 디지털 교육을 조기에 도입했으나, 학생들의 읽기 능력 저하에 대한 우려가 커지면서 종이 교과서와 손글씨 교육을 강화하는 방향으로 회귀했습니다. 핀란드에서도 학교 내 정보통신기술(ICT) 사용이 인지 학습 성과, 특히 읽기 능력 저하와 연관될 수 있다는 연구 결과가 보고된 바 있습니다. 이러한 해외 사례는 디지털 기반 학습이 일정 조건에서 학습 효율을 떨어뜨릴 수 있음을 시사하며, AI 활용 교육에서도 무분별한 전환에 대한 경각심을 줍니다. 실제로 손 글씨 쓰기가 뇌 활성화에 긍정적인 영향을 미쳐 학습 및 기억력 향상에 도움을 준다는 연구 결과들이 이미 많이 나와 있고, 종이로 읽을 때 디지털에 비해 독해력이 전반적으로 더 좋다는 '스크린 열등성(Screen Inferiority)' 효과가 확인되었습니다. ◆

디지털 학습과 아날로그 학습 병행하기

AI 기반 교육에 대한 학부모의 우려는 상당합니다. 그러나 디지털 시대에 '무조건적인 AI 사용 금지'는 아이의 성장과 미래 역량 형성을 가로막을 수도 있습니다. 핵심은 AI 기반 학습 속에서도 문해력을 지킬 장치를 마련하는 것입니다.

이를 위해 AI·디지털 학습과 아날로그 학습을 병행하는 전략이 필요합니다. 예를 들어 AI 도구로 개념을 탐색하거나 자료를 찾은 뒤에는 종이책을 읽고, 손 글씨로 노트를 작성하며, 자신의 생각을 재구성해 표현

◆   Wang, X., Chen, L., Liu, X., Wang, C., Zhang, Z., & Ye, Q. (2023, March 9). *The screen inferiority depends on test format in reasoning and meta-reasoning tasks.* Frontiers in Psychology, 14.

하게 하는 방식입니다. 이렇게 하면 AI의 정보 접근성과 속도라는 장점을 살리면서도, 깊이 이해하고 생각을 정리하는 데 도움이 될 것입니다.

| 인사이트 | 정보 부족으로 인한 불안감

앞서 44쪽에서 살펴보았던 AI 코스웨어가 점차 학교 수업에 도입되고 있지만, 대부분의 학부모는 여전히 코스웨어의 개념과 실제 활용 방식에 대해 잘 알지 못합니다. 정보의 부족은 과도한 디지털 노출이나 의존성, 혹은 문해력 저하와 같은 부모들의 불안과 반감을 증폭시킵니다. 특히, 부모 세대는 대부분 디지털 기기를 사용하지 않는 환경에서 교육받았기 때문에, 교실에서 AI 도구를 사용하는 수업 방식이 낯설고 이에 막연한 불안감을 느낄 수 있습니다.

학교와 가정의 정보 격차 줄이기

부모의 불안을 줄이기 위해 학교가 AI 코스웨어의 수업 목표와 활용 방식, 생성형 AI 도구의 사용 범위 등을 간단한 안내문이나 온라인 학급 게시판을 통해 공유해준다면, 학부모가 학교의 방향성을 이해하고 교육 방식을 더 지지하게 될 것입니다. 복잡한 지식을 일일이 설명하지 않아도 좋습니다. 부모가 알아야 할 기본 원칙과 가정에서의 역할, 예컨대 '이런 과제는 AI를 사용해도 되고, 이건 아이의 생각이 중요합니다'처럼 가정에서 참고할 만한 실천 팁 몇 가지를 제공하는 것만으로도 학부모의 불안감을 어느 정도 해소하고, 학교와 가정에서 같은 방향으로 교육할 수 있으리라 생각합니다.

| 수업에 적용하기 |

진로가 아닌 '삶의 방향'을 묻는 수업 설계안

[1단계] 어떤 문제를 해결하고 싶은지 묻는 가치 기반 진로 활동

- **수업 목표**: 직업이 아닌 '삶의 방향'을 중심으로 진로를 탐색하고, 자신이 해결하고 싶은 문제를 중심으로 역할을 설계해본다.

- **활동 예시**

  ① 사회 이슈 브레인스토밍하기

   - 세상에 어떤 문제가 있다고 생각하는지 적어보기

     예 기후 위기, 고령화, 정신 건강, 음식 낭비, 외로움 등

  ② '나의 공감 지점' 찾기

   - 그중에서 가장 마음이 쓰이는 문제를 선택하기

   - 왜 이 문제에 마음이 가는지 글이나 말로 표현하기

  ③ 문제 해결자 역할 설계하기

   - 이 문제를 해결하기 위해 어떤 활동을 해보고 싶은지, 어떤 사람이 되고 싶은지를 적어보기

     예 혼밥하는 일이 많은 노인들을 위해 이야기 친구가 되어주는 사람

     → 직업은 복지사일 수도, 콘텐츠 제작자일 수도 있음

- **확장 활동**: AI에게 '이런 문제를 해결하는 직업은 무엇일까?'라고 질문하여 새로운 직업을 탐색하고, 그 결과를 친구들과 공유하기

[2단계] 좋아하는 것+잘하는 것 브레인스토밍과 연결 지도 그리기

- **수업 목표**: 자기 이해를 바탕으로 가치 중심 진로를 탐색한다.

- **활동 예시**

  ① A4 종이를 4등분하고 각 칸에 다음에 대해 적기

   - 내가 좋아하는 것 **예** 그림, 노래, 동물

   - 내가 잘하는 것 **예** 경청, 계획 세우기, 조립하기, 대화

– 내가 싫어하는 것

　　　– 내가 자주 하는 활동

　② 좋아하는 것과 잘하는 것을 조합하여 직업이나 역할로 연결하기

　　　예 그림 + 사람과 대화 → 감정을 시각화하는 심리 콘텐츠 크리에이터

- **확장 활동**: AI에게 '이런 사람에게 어울리는 직업은?'이라고 묻고, 새롭게 제안된 미래 직업을 탐색하며 '직업은 시대에 따라 새롭게 만들어질 수 있다'는 관점을 배우기

[3단계] '가치 기반 진로 인터뷰' 프로젝트

- **수업 목표**: 직업 이름이 아닌 삶의 방향을 중심으로 진로를 탐색하고 표현하는 법을 익힌다.

- **활동 예시**

　① 질문 카드 만들기

　　　– 당신은 어떤 가치를 위해 일하나요?

　　　– 당신의 일은 어떤 문제를 해결하고 있나요?

　　　– 지금의 직업을 선택하게 된 계기는 무엇인가요?

　　　– 그 일을 하면서 가장 뿌듯했던 순간은 언제인가요?

　② 인터뷰 대상을 선택하고 실제 인터뷰하기

　　　– 부모님, 선생님, 동네 가게 주인, 공무원 등 다양하게 탐색하기

　　　– 인터뷰 후 자신이 느낀 점과 '내가 탐색해보고 싶은 가치'를 정리하기

- **확장 활동**: 인터뷰 내용을 바탕으로 나만의 '가치 진로 카드' 만들기. 카드에는 내가 해결하고 싶은 문제, 그 문제를 다루는 직업 또는 역할, 내가 지닌 강점을 적기

[4단계] '열린 진로' 만들기 – 나만의 직업 새로 창작하기

- **수업 목표**: 정해진 직업 틀에 갇히지 않고 스스로 새로운 직업을 상상하는 창의적 진로 탐색 능력을 기른다.

- **활동 예시**
  ① 사회문제를 하나 정하고, 그 문제를 해결할 수 있는 새로운 직업 창작하기
    – 직업 이름, 하는 일, 필요한 도구, AI와 협업 방식 등 구성하기
      예 감정 큐레이터: 슬픈 사람에게 AI를 활용한 콘텐츠를 큐레이션해 주는 감정 회복 도우미
  ② 창작한 직업을 친구들과 공유하고, 어떤 문제를 해결할 수 있을지 토론하기
- **확장 활동**: 나의 창작 직업을 소개하는 '진로 브로슈어' 만들기
  – 직업에 대한 설명을 작성하고, 이미지나 사진 추가하기

"엄마, 내일 학교에서 기후변화 시뮬레이션 수업을 하는데, AI로 하는 거래요!" 서윤이의 말에 지혜 씨는 잠시 젓가락을 멈췄다. 학교에서 AI 수업을 한다는 건 알고 있었지만, 어떤 방식으로 진행되는지는 들어본 적이 없기 때문이다. 뉴스에서 디지털 기기 의존이나 문해력 저하에 대한 우려를 접할 때마다 막연한 걱정이 생겼지만, 직접 체감할 기회는 거의 없었다.

며칠 뒤, 지혜 씨는 아이들과 함께 주말에 열린 'SW·AI 가족 교실'에 참여했다. 부모와 아이가 한 팀이 되어 코딩을 하거나 자율주행 로봇을 만들며 AI 원리를 직접 체험했다. 다른 학부모들은 챗GPT로 동화책을 만들거나 이미지 생성 AI로 아이들의 아이디어를 시각화하는 활동을 하고 있었다.

"잘 모를 땐 AI라는 기술이 마냥 무섭고 걱정되기만 했는데, 이렇게 직접 써보니 마냥 어렵기만 한 기술은 아니네요." 옆자리 학부모의 말에 지혜 씨도 고개를 끄덕였다.

자녀 교육과 부모의 AI 리터러시

부모가 AI를 알아야 현명한 결정을 할 수 있습니다.
자녀 교육을 위해 익혀야 할 최소한의 부모 AI 리터러시는 무엇일까요?

| 현장의 목소리 |

"AI가 낯설고 걱정되었는데요.
막상 사용해보니 별거 없더라고요."

AI 시대를 맞이한 부모들의 반응은 극과 극을 오갑니다. 여기에 옳고 그름은 없을 겁니다. 중요한 것은 부모가 어떠한 결정을 하든 AI에 대한 이해가 선행되어야 한다는 것입니다. 이번 장에서는 부모가 알아야 할 AI 기본 지식과 가정에서 지도할 수 있는 AI 윤리를 살펴보겠습니다.

많은 부모들이 AI 교육을 막연하게 생각합니다. AI에 부정적인 가정에서는 노출 혹은 교육 시점을 늦추거나 아예 피하기도 합니다. 다른 한편에서는 부모가 먼저 AI를 배우거나, 양육자가 자녀와 함께 AI를 체험하며 자연스럽게 이해할 수 있도록 돕는 가족 교육 프로그램이 하나둘 생겨나고 있습니다. 이들 교육은 공통적으로 정보 전달보다 '함께 해보는 경험'을 중심에 둡니다. 이는 단순한 학습을 넘어 가족 간 소통과 역할 전환을 유도하며, AI를 일상 안에서 익숙한 도구로 받아들이는 데 효과적입니다. 대표적인 사례를 몇 가지 살펴볼까요?

| 인사이트 | AI를 주제로 한 가족 교육 프로그램

부모 교육 프로그램

부산유아교육진흥원에서는 '인공지능(AI)으로 더 똑똑한 학부모 되기' 워크숍을 주최했습니다. 부모가 먼저 AI와 디지털 환경을 이해하고, 자녀와 함께 교육 콘텐츠를 직접 제작하는 기회 제공을 목표로 합니다.

3~5세 유아의 학부모를 대상으로 진행한 워크숍 포스터

조부모 교육 프로그램

울산 동구의 '스마트한 조부모의 AI 육아 놀이터'는 디지털 평생교육 사업의 일환으로, 조부모들이 손자녀와 더 가까이 소통하고 창의적인 AI 놀이를 할 수 있도록 돕는 교육 프로그램입니다. 시나리오를 작성하고 이미지를 그리는 등 실제 육아에 AI를 접목하는 방법을 안내합니다.◆ 조부모가 육아를 담당하는 가족 형태를 고려하여 생성형 AI를 탐색하고

◆　　최지영. (2025.05.15.). 동구 '스마트한 조부모의 AI 육아 놀이터' 개강. 비건뉴스.

체험하며 디지털 리터러시 기본 소양을 기를 수 있도록 설계된 사례입니다. 조부모도 아이의 교육에 참여하며 관심과 이해를 높이고, 손자녀와 함께 AI 도구로 창의적인 결과물을 만들어보며 세대 간 소통 증진에 초점을 맞췄다는 측면에서 굉장히 의미 있는 교육입니다.

부모 참여 프로그램

경기도교육청 미래과학교육원에서는 '자녀와 함께하는 SW·AI 토요 프로그램'을 정기적으로 운영합니다. 부모와 초등학생 자녀가 한 팀을 이루어 코딩, 센서 체험, 자율주행 로봇 제작 등 다양한 활동을 수행하며, AI 기술의 원리를 몸소 익히고 일상 속 창의적인 적용 가능성을 직접 확인합니다. 토요일 오전 시간대에 운영하여 맞벌이 가정이나 평일 참여가 어려운 학부모도 손쉽게 함께할 수 있도록 배려한 구성은 교육 접근성을 높이는 데 중요한 역할을 했습니다. 단순한 정보 전달이나 일회성 체험을 넘어서, 가정이 디지털 시대의 학습 공동체로서 함께 성장할 수 있도록 설계된 실천형 교육 모델이라는 점에서 의미가 있습니다.

이 밖에도 전국 각지에서 기관과 기업 주최로 부모와 자녀가 함께 참여하는 AI 교육 프로그램이 점차 확산되고 있습니다. 체험 중심의 교육은 AI에 대한 막연한 불안감을 줄이는 동시에, 기술을 도구로 받아들이는 건강한 인식 형성에 큰 역할을 합니다. 특히 부모가 직접 AI를 사용해 보면서 기술을 이해하고 아이와 이해도를 맞출 수 있습니다. 이런 경험은 가정에서 아이의 학습을 어떻게 지원하고 방향을 잡을지에 대한 구체적인 실마리를 제공합니다.

한국청소년정책연구원에 따르면 전국 중·고등학생의 67.9%가 생성형 AI를 사용한 경험이 있다고 합니다.[*] 학생들은 대개 '관심'과 '호기심'으로 AI를 처음 접하고, 그 편리함과 효율성을 직접 경험하면서 점차 사용 빈도가 높아집니다. 2025년 챗GPT를 활용한 '지브리 스타일 이미지 만들기'가 유행하면서 그동안 AI를 사용해보지 않았던 이들도 AI에게 말을 걸기 시작했습니다. AI에게 제공되는 정보는 학습에 사용되기도 하고, 외부에 공개되기도 합니다. 하지만 많은 사람이 이런 사실을 알지 못한 채 혹은 알고도 무심코 자신의 사진, 정보, 취향을 AI에 제공하여 프라이버시 침해의 위험에 노출되어 있습니다. AI를 올바르게 이해하고 책임감 있게 사용하는 방법에 대한 교육이 시급한 때입니다.

공식적으로 챗GPT는 만 13세부터, 제미나이(Gemini)는 만 18세부터 이용 가능하지만 일부 초등학생들은 벌써 AI를 사용하고 있습니다. 생성형 AI로 만든 이탈리안 브레인 롯(Italian Brainrot) 밈이 유행하면서 부모와 교사가 인지하지 못한 사이, 아이들도 자신만의 창의적인 창조물을 그려내곤 합니다. 그렇게 친숙해진 AI를 숙제에 사용한다는 이야기도 심심치 않게 들려옵니다. 어느새 아이들이 AI의 편리함에 빠져버린 것입니다. 사회도 학교도 가정에서도 AI 사용을 어떻게 제한할지, 어떻게 교육할지 미처 체계적으로 준비하지 못했는데 말이죠.

일부 학부모는 AI 교육을 언제, 어떻게 시작하면 좋을지 고민하기 시

[◆] 이창호, 모상현, 배상률, 이세영. (2024). *청소년의 생성형 AI 이용실태 및 리터러시 증진방안 연구*. 한국청소년정책연구원.

작했고, 일부는 아이들의 AI 사용을 제한했습니다. 하지만 그렇다고 해서 기술의 발전 속도와 노출을 막기는 어렵습니다. 너무 빠른 변화가 두렵거나 낯설다고 해서 무작정 AI 사용을 막기보다, 아이들이 올바르고 책임감 있게 사용하는 방법을 지도하는 편이 바람직합니다.

AI 교육은 AI를 정확히 이해하는 일에서부터 시작됩니다. 부모나 교사가 AI 전문가가 될 필요는 없습니다. 하지만 AI 시대에 자녀 교육의 방향을 고민하는 부모라면, 자녀 교육에 대해 현명하게 판단하기 위해 반드시 AI 관련 기본 개념을 익혀야 합니다. 그래야 자녀 교육에 대한 판단이 훨씬 구체적이고 명료해집니다. AI를 '어떻게 쓰고 지도할 것인가'에 대한 현명한 결론을 내리기 전에 먼저 '무엇을 알고 있어야 하는가'를 짚어봅시다. AI와 관련한 핵심 개념을 몇 가지 소개합니다.

LLM(Large Language Model, 대규모 언어모델)

LLM은 인터넷에 있는 수많은 글, 책, 대화 등 방대한 양의 언어 데이터를 학습해 사람처럼 문장을 이해하고 생성하는 AI 챗봇의 핵심 기술입니다. 마치 방대한 정보를 알고 있는 거대한 뇌와 같아서, 수많은 책을 읽어 통달한 학자나 거대한 지식 창고에 가깝다고 할 수 있습니다. 다만 인간처럼 '이해'해서 말하는 것이 아니라 단어의 사용 패턴을 통계적으로 학습하여 다음에 어떤 단어가 올지 확률적으로 예측하고, 그 예측을 기반으로 문장 전체를 완성하는 방식으로 작동합니다.

예를 들어, AI가 다음과 같은 문장을 반복적으로 학습했다고 가정해봅시다. '김연아는 세계적인 피겨 선수이다. 그녀는 올림픽 금메달리스트이며 대한민국의 자랑이다.' 이 패턴을 수천 번 학습한 AI는 누군가 '김연아가 누구야?'라고 물었을 때 확률상 가장 많이 따라오는 문장들을 조합해 '김연아는 세계적인 피겨 선수이며 올림픽 금메달리스트입니다'라는 문장을 생성합니다. 겉보기엔 정확하고 똑똑해 보이지만, AI는 '김연아가 진짜 그런 사람인지' 알고 말하는 것이 아닙니다. 그저 수많은 문장에서 가장 자주 따라온 단어들을 예측했을 뿐입니다. AI는 언어의 의미를 이해하는 것이 아니라, 문자 간 확률 관계를 계산해 가장 그럴듯한 말을 생성합니다.

부모와 교사는 LLM 기반 AI가 '예측'을 기반으로 하므로, 완벽하고 정확한 지식이 아닐 수 있다는 점을 먼저 이해하고 아이에게 알려주어야 합니다. AI가 만들어낸 결과물은 항상 신뢰할 수 있는 답이 아니며, 정보가 사실인지 아닌지는 직접 확인하도록 지도해야 합니다.

할루시네이션(Hallucination)

LLM의 예측 능력은 큰 장점이지만, 이로 인해 '할루시네이션'이라는 환각 현상이 발생합니다. 할루시네이션이란 AI가 사실과 다른 정보를 마치 진짜인 것처럼 그럴듯하게 만들어내는 것을 뜻합니다. AI가 '확률'에 근거해 상상하거나 지어내는 것과 같습니다. 특히 정보가 충분하지 않거나 모호한 질문을 받으면, 틀린 정보도 자연스럽게 보이도록 만들어낼 수 있습니다.

따라서 부모와 교사는 아이들에게 AI의 답변을 무조건 신뢰하지 말고, 반드시 교차 검증 하여 사실 여부를 확인하는 습관을 갖도록 지도해야 합니다.

AI 챗봇(AI Chatbot)

AI 챗봇은 LLM을 기반으로 사람과 대화하듯 질문에 답하고 명령을 수행하는 AI 기술입니다. 챗GPT, 제미나이, 클로드, 퍼플렉시티 등이 모두 AI 챗봇의 일종입니다. 언제든지 질문에 답해주는 똑똑한 지식 파트너 혹은 개인 백과사전 역할을 하죠. 핵심은 '질문'과 '답변'입니다. 부모와 교사는 아이가 챗봇을 단순히 지식 검색 도구로만 사용하지 않고, 챗봇과의 대화를 통해 다양한 관점을 탐색하거나 자기 생각을 정리하는 '사고 도구'로 활용하도록 지도해야 합니다.

생성형 AI(Generative AI)

생성형 AI는 기존에 학습한 데이터를 기반으로 새로운 텍스트, 이미지, 음악, 영상, 코드 등을 만들어내는 인공지능 기술입니다. 우리가 사용하는 챗GPT 같은 AI 챗봇, 미드저니 같은 AI 그림 그리기 도구 등이 모두 생성형 AI에 속합니다.

생성형 AI는 아이들의 창의적인 아이디어를 현실로 만드는 강력한 도구가 될 수 있습니다. 하지만 AI가 생성한 결과물을 자신의 창작물인 것처럼 사용하는 윤리적 문제나, AI에 의존해 스스로 사고하는 능력이 저하될 수 있다는 점을 고려하여 올바른 활용법을 지도해야 합니다.

프롬프트(Prompt)

프롬프트는 AI에게 보내는 질문이자 지시문입니다. '초등학생이 이해할 수 있게 설명해줘', '이 내용을 표로 정리해줘' 등 우리가 AI에게 원하는 작업을 설명하는 문장을 뜻합니다. AI에게 내리는 '명령어'라고 할 수 있습니다. 명령어가 명확하고 구체적일수록 AI는 더 정확하고 유용한 답을 줍니다. 부모와 교사가 함께 아이들이 좋은 질문을 만들 수 있도록 지도하는 것만으로도 아이는 정보를 깊이 이해하고 표현하는 힘을 기를 수 있습니다.

프롬프트 엔지니어링(Prompt Engineering)

프롬프트 엔지니어링은 프롬프트를 더 효과적으로 작성하기 위한 기법으로, 단순히 질문하는 것을 넘어 구체적이고 명확하게 요청하는 기술입니다. AI는 스스로 생각하지 않기 때문에 우리가 얼마나 잘 요청하고 설명했는지에 따라 결과가 달라집니다. 기계가 이해하기 쉽도록 충분한 정보를 제공하고 복잡한 내용은 구분하여 설명하면 더 좋은 결과물이 나옵니다.

아이들이 자신이 원하는 결과물을 정확히 얻어낼 수 있도록 프롬프트를 입력하는 법, AI의 답변에 이어 추가적으로 사고하고 질문하는 법을 가르쳐주면 좋습니다. 프롬프트를 효과적으로 작성하는 법에 대한 자세한 설명은 79쪽을 참고합니다.

AI 에이전트(AI Agent)

'에이전트'라는 단어가 '대리인'이나 '행위를 수행하는 사람'을 의미하는 데서 짐작할 수 있듯이 AI 에이전트는 사용자가 내린 목표를 달성하기 위해 스스로 생각하고, 계획을 세우고, 실행에 옮기는 AI를 말합니다. 예를 들어 AI 에이전트에게 '토요일 가족 나들이 일정을 잡아줘'라고 요청하면 날짜를 파악하고, 장소를 검색하고, 일정을 캘린더에 등록하는 과정을 하나의 흐름으로 처리합니다. 우리가 흔히 쓰는 AI 챗봇이 질문에 대한 답을 '제공'하는 똑똑한 백과사전이라면, AI 에이전트는 우리의 목표를 대신 '실행'해주는 똑똑한 비서인 셈이죠.

가정에서는 AI 에이전트에 대한 개념을 이해하고, 에이전트의 목표 설정과 계획 수립 과정을 아이와 함께 논의하며, '에이전트에게 어떤 일을 시킬까?', '어떻게 하면 에이전트가 더 효율적으로 일할까?' 같은 질문을 통해 아이의 기획력과 논리력을 키울 수 있습니다. 일상 생활에서 불편했던 점을 에이전트를 활용해 해결하는 경험을 쌓으며 AI는 단순히 답을 얻는 도구가 아니라 아이 스스로 고민하고, 기획하고, 실행하는 과정을 돕는 협력자라고 인식하도록 하는 것이 중요합니다.

피지컬 AI(Physical AI)

피지컬 AI는 물리적인 형태를 가지고 현실 세계와 상호작용하는 AI를 말합니다. 챗GPT 같은 디지털 AI가 컴퓨터 속에서만 존재하며 텍스트를 다룬다면, 피지컬 AI는 로봇이나 스마트 기기 같은 '몸'을 통해 움직이고, 만지고, 보고 들으며 현실 세계의 문제를 해결합니다. 예를 들어 코딩 학습용 로봇, 스스로 집을 청소하는 로봇 청소기, 화재나 공사 현장에서 사람을 구하는 로봇 등이 모두 피지컬 AI에 속합니다.

미래에는 피지컬 AI 산업이 더욱 발전하고 AI 에이전트와의 융합 기술이 모든 산업에 깊숙이 관여하게 될 것입니다. 이로 인해 로봇의 하드웨어와 소프트웨어를 설계하는 '로봇 공학자', 자율 시스템의 윤리적 문제를 다루는 'AI 윤리 전문가', 인간과 로봇이 협력하는 방식을 연구하는 '인간-로봇 상호작용 전문가' 같은 새로운 직업이 생겨날 것입니다. 이런 기술 흐름을 이해하면 아이들의 진로를 고민할 때 유용한 가이드가 될 것입니다.

AI 리터러시(AI Literacy)

AI 리터러시는 AI의 작동 원리(LLM의 예측 기반 작동 방식 등)와 한계(할루시네이션)를 이해하고, 비판적으로 판단하며, 책임감 있게 사용하는 능력을 의미합니다. 궁극적으로 AI 리터러시는 단순히 기술을 소비하는 것이 아니라 기술을 주체적으로 활용하고 통제하며 더 나아가 기술 발전의 올바른 방향을 제시하는 능력을 말하며, 미래 사회에 꼭 필요한 역량입니다. 부모와 교사 모두 이 개념을 이해하고, 아이들에게 AI에 대한 건전한 이해와 비판적 사고 능력을 가르치는 것이 중요합니다.

AI 교육(AI Education)

AI 교육은 AI와 관련된 모든 교육 활동을 포괄하는 광범위한 개념으로, 크게 세 가지 항목을 포함합니다.

- **AI에 대한 교육**(Learning about AI): 학생들이 AI가 무엇인지, 어떻게 작동하는지, AI의 윤리적·사회적 영향은 무엇인지 등을 학습하는 것을 의미합니다. AI 프로그래밍, AI 윤리, AI 리터러시 교육 등이 이에 해당합니다.
- **AI를 활용한 교육**(Learning with AI): AI 도구를 사용하여 수학, 영어 등 교과를 학습하거나 AI 기반 튜터링 시스템, 학습 분석 도구 등을 활용하는 것을 의미합니다. 44쪽에서 언급했던 AI·디지털 교육 자료가 이에 해당합니다.
- **교육을 위한 AI**(AI for Education): 학교 행정, 학습 관리 시스템(LMS), 입학 사정 등 교육 운영 및 관리 전반에 AI 기술을 적용하는 것을 의미합니다.

AGI(Artificial General Intelligence, 범용 인공지능)

현재 우리가 사용하는 AI는 보통 특정 영역에 특화되어 있습니다. 예를 들어 알파고는 바둑, 미드저니는 이미지 생성에 강점이 있지요. 반면 AGI는 인간처럼 생각하고 학습하며 거의 모든 지적 작업을 수행하고 다양한 문제를 해결할 수 있는 범용 인공지능을 말합니다.

AGI는 아직 실현되지 않았으며, 현재 연구·논의 단계에 있습니다. 업계의 일부 인사들은 수년 내 가능성을 언급하기도 하지만, 등장 시점에 대해서는 견해가 엇갈린다는 점을 함께 이해할 필요가 있습니다.

AGI가 구현된다면 그동안 풀지 못했던 의학적인 한계나 문제 해결에 기여할 수 있겠지만, 한편으로는 인간처럼 스스로 지식을 확장해 진화하거나, 자율성을 가질 수도 있다는 위험도 있습니다. 부모는 이러한 흐름을 파악하고 아이가 비판적 사고, 공감 능력, 윤리적 판단 등 인간 고유의 역량을 꾸준히 기를 수 있도록 도와야 합니다.

RAG(Retrieval-Augmented Generation, 검색 증강 생성)

RAG는 AI가 답변을 만들 때 모델이 이미 학습한 지식만 쓰지 않고, 외부의 신뢰 가능한 데이터를 검색(Retrieval)해 근거를 확보한 뒤, 그 근거를 반영해 답변을 생성(Generation)하는 방식입니다. LLM의 환각 현상을 줄이고 정확성과 신뢰도를 높이기 위한 핵심 기법입니다. 이 기술은 출처를 함께 제시하는 검색형 챗봇(예: 퍼플렉시티, 챗GPT의 일부 모드 및 기업용 검색 기반 챗봇 등)에서 널리 활용됩니다.

부모와 교사는 자녀가 RAG 적용 챗봇이 제공한 출처를 확인하여 원문과 답이 일치하는지 스스로 확인하도록 지도해야 합니다. 또한 출처의 성격(개인 블로그, 언론사, 학술 논문 등)도 함께 확인해 비판적으로 수용하도록 합니다. 마지막으로, '왜 이 출처가 가장 적절한가?'를 AI에게 재질문하게 하여 정보 선택 과정까지 확인하도록 하는 것도 좋은 교육 방법입니다.

| **수업에 적용하기** |

AI 가정 윤리

과학기술정보통신부와 정보통신정책연구원(KISDI)에서 초·중·고 학생들을 위해 개발한 『인공지능 윤리』 교육 교재에는 인공지능 윤리 기준(2020)의 3대 원칙(인간의 존엄성, 기술의 목적성, 공공선)을 바탕으로 책임성, 안전성, 투명성, 프라이버시 보호 등 10가지 윤리 요소가 체계적으로 담겨 있습니다. 아이들의 연령에 맞춰 초등학교 고학년은 놀이 중심으로, 중학생은 체험 중심으로, 고등학생은 탐구 중심으로 AI 윤리를 배우도록 구성되어 있죠.

인공지능 윤리 기준 10대 요건

이러한 지침을 토대로 한 교육 현장의 흐름에 맞춰 가정에서도 실천이 필요합니다. 아이들이 윤리적으로 AI를 사용하도록 가정과 학교가 같은 목표를 향해 일관적으로 지도하는 것이 중요합니다.

다음은 가정에서 아이들에게 지도할 수 있는 AI 사용 원칙입니다. 이 지침이 교사와 학부모가 함께 고민을 시작하는 출발점이 되길 바랍니다.

첫째, AI의 답변을 그대로 믿지 않고 출처를 확인하며 비판적으로 바라보도록 합니다. AI가 제공하는 정보가 언제나 정확하지는 않으며, 때로는 그럴듯하지만 사실과 다른 내용을 포함할 수 있습니다. '정말 그럴까?', '이건 어디서 나온 정보일까?', '다른 관점이나 자료는 없을까?'와 같은 질문을 자연스럽게 던지도록 돕습니다.

둘째, AI가 생성한 결과물은 반드시 'AI의 도움을 받았다'고 밝힙니다. 과제, 글쓰기, 그림 등 AI의 결과물을 사용할 경우 출처를 명시하는 책임감을 가르쳐야 하며, AI가 만든 콘텐츠를 내 것처럼 발표하거나 제출하지 않도록 합니다.

셋째, AI가 알려준 내용을 자신의 말로 설명할 수 있도록 합니다. '왜 그렇게 썼어?', '이건 네 생각이야, 아니면 AI가 말한 거야?' 같은 질문을 통해 단순히 결과를 수용하는 것이 아니라 내용의 의미를 되짚어봅니다.

넷째, AI의 정보를 다른 자료와 비교하며 진위를 확인하는 습관을 기릅니다. 뉴스, 책, 백과사전 등 다양한 출처를 참고하고, 서로 다른 관점을 비교하며 AI 정보의 정확성과 편향 가능성을 따져보는 태도를 길러줍니다.

◆ 과학기술정보통신부, 정보통신정책연구원(KISDI), (2023), 인공지능 윤리교육 교재.

다섯째, 개인정보보호의 중요성을 일상적으로 인식시킵니다. 이름, 주소, 얼굴 사진 등 민감한 개인정보를 AI에 입력하지 않도록 합니다.

여섯째, 타인의 얼굴이나 정보를 활용한 콘텐츠 제작은 반드시 주의시킵니다. 친구의 얼굴 사진으로 영상 또는 이미지를 만들거나, 타인의 이름·음성·이야기를 AI에 입력해 콘텐츠를 생성하는 것은 '딥페이크'와 같은 문제로 이어질 수 있습니다. 반드시 당사자의 명확한 동의를 받아야 하며, 허락 없이 콘텐츠를 만들거나 공유하는 것은 타인의 권리를 침해하는 심각한 행위임을 분명히 알려줍니다.

일곱째, AI 사용 시간을 미리 정하여 그 범위 안에서 활용합니다. AI 사용 역시 스마트폰처럼 일정한 시간 제한이 필요하다는 인식을 갖고, 계획된 시간 외에는 쉬거나 다른 활동에 집중하도록 유도합니다.

여덟째, AI 외의 소통도 중요함을 알려줍니다. 친구나 가족과의 대화, 협업, 놀이 활동을 통해 사람 간의 소통과 감정 교류가 더 본질적임을 체감하도록 돕습니다.

아홉째, 질문하는 방식을 함께 고민합니다. '~가 뭐야?'처럼 단순한 질문보다는 '왜?', '어떻게?', '다른 경우에는?'과 같은 탐색적 질문을 연습하며, 사고의 깊이를 키우는 기회를 제공합니다.

열째, AI를 지시 도구가 아닌 대화의 파트너로 인식하도록 합니다. 결과를 받고 끝내는 것이 아니라 '이 부분은 왜 이런 답이 나왔지?', '너라면 다르게 표현할 수 있을까?'와 같은 대화를 통해 함께 문제를 분석하는 방식으로 AI를 활용하도록 돕습니다.

열한째, 생각의 확장을 AI에만 의존하지 않도록 합니다. AI에게 묻기 전에 먼저 스스로 생각해보는 습관을 기르고, AI는 답을 주는 존재가 아니라 생각을 확장해주는 보조 도구라는 인식을 자연스럽게 심어줍니다.

열두째, AI의 한계를 인식하고 인간만이 할 수 있는 역량을 인지하게 합니다. 공감, 윤리, 판단 같은 영역은 AI가 흉내 낼 수 없는 인간 고유의 능력임을 이해시키고, 기술에 위축되기보다 자신만의 강점을 찾는 계기로 삼도록 도와줍니다.

"아빠, 오늘 국어 시간에 선생님이 '주인공이 왜 그렇게 행동했을까?'라고 물으셨는데 다들 대답을 못 했어요. 저도 그냥… AI한테 물어보면 되지 않나 싶었어요." 저녁 식사 시간, 민준이가 학교에서 있었던 일을 이야기했다.

"그래서 어떻게 했어?" 지훈 씨가 묻자 민준이 잠시 멈칫하다가 대답했다. "솔직히 잘 모르겠더라고요. AI가 알려준 답변을 읽었을 때는 이해했다고 생각했는데, 제 언어로 설명하려니까 잘 안되더라고요."

지훈 씨는 고개를 끄덕이며 말했다. "맞아, AI는 좋은 도우미지만 AI에게 질문하는 것만으로는 머리에 잘 남지 않아. 궁금한 건 책도 찾아보고, AI에게 더 물어보기도 하면서 네 생각을 키워야 해. 앞으로는 문제를 푸는 것보다 새로운 문제를 발견하는 능력이 더 중요해질 거야. 과학이든, 역사든, 기술이든, 생각하는 힘이 있어야 AI도 제대로 활용할 수 있어."

민준이 수저를 내려놓고 다짐했다. "앞으로는 AI가 알려준 걸 그냥 쓰지 않고, 제가 이해한 걸 제 방식대로 정리해볼래요. 책도 더 열심히 읽어야겠어요. 그래야 진짜 공부가 되는 것 같아요."

생각하는 능력이
더 중요해진 시대의 교육법

아무리 기술이 발전해도, 아이 스스로 사고하는 연습은 꼭 필요합니다.
아이의 사고력을 키워주는 여러 도구와 방법론을 소개합니다.

| 현장의 목소리 |

"AI를 사용할수록 생각을 덜 하게 돼요.

아이들에게는 그 영향이 더 클 테니,

가능한 한 늦게 사용했으면 해요."

궁금한 것이 생기면 검색 서비스 대신 AI를 찾는 경우가 많아지고 있는 요즘입니다. 우리는 '~은 뭐야?', '~해줘'처럼 단순한 명령으로 AI에게 도움을 요청하는 방식에 익숙해졌습니다. 빠르고 손쉬운 답변이 주는 달콤함은 곧 걱정으로 이어집니다.

부모와 교사의 가장 큰 우려는 아이들이 스스로 생각하고 탐구하며, 창의적인 아이디어를 발산할 기회를 잃는 것입니다. 만약 아이가 사고 과정 없이 AI가 제공한 결과만 받아들인다면, 학습은 단단한 뿌리와 줄기를 잃고 겉모습만 남은 빈껍데기에 불과해집니다. 이는 교육적으로 매우 심각한 위험입니다.

단순히 빠른 결과를 얻는 능력보다 중요한 것은 AI를 생각 확장의 도구로 활용하는 힘입니다. 따라서 부모와 교사는 아이들이 AI가 만들어준 답을 비판적으로 수용하도록 지도하며, 자신의 생각을 정리하고 다시 표현하는 시간을 충분히 가지도록 도와야 합니다.

결과 중심적이고 수동적인 AI 사용은 사고 깊이를 얕게 만들고, 생각하는 과정을 생략하게 하여 아이의 성장을 방해할 위험이 있습니다. 이러한 위험을 줄이기 위해 가정과 학교가, 더 나아가 사회가 어떤 준비와 노력을 해야 하는지 충분한 고민이 필요하며, 이를 교육과정에 녹여야 합니다.

'생각하는 능력'은 지식보다 오래 남고, 변화하는 미래를 살아가는 가장 중요한 힘이 됩니다. '스스로 이해하고 새롭게 표현하려면 어떻게 교육해야 할 것인가?' AI에게 휘둘리지 않고 AI를 든든한 학습 파트너로 활용하기 위해 교사와 부모의 고민이 필요한 시점입니다.

| 인사이트 | 사고 확장의 자양분, 독서

2025년 7월, 경기도는 '천권으로 독서포인트제'를 시행했습니다. 14세이상의 도민이 도서관 활동이나 독서일지를 통해 포인트를 적립하면 이를 지역화폐로 환급해주는 제도입니다. 이 정책은 AI 시대에 필요한 '사유력'과 '질문하는 힘'을 회복시키기 위해서 도입되었습니다. ◆ 정부조차도 AI 사용으로 인한 사고력 저하 문제를 인식하고 있다는 방증입니다.

독서는 사고의 기초이자 출발점입니다. 독해력의 중요성에 대해 이야기하는 책 『하버드는 왜 독해력에 주목하는가』에서는 문해력을 단순한 독서가 아니라 텍스트를 '정보로 받아들이는 것' 이상의 의미로 정의합니

◆ 　경기도청 도서관정책과. (2025). *경기도, 전국 최초 '천권으로 독서포인트제' 시행⋯ 독서활동에 지역화폐 지급*. 경기도뉴스포털.

다. [*] 읽은 내용을 분별하고 판단하는 독해력, 즉 정보를 해체하고 자기화하는 능력이야말로 우리가 진정으로 길러야 할 힘이라고 말합니다. AI가 아무리 좋은 답변을 내놓아도 그 정보를 이해하지 못하면 아무 소용이 없습니다. 앞으로는 이해하고, 질문하고, 비판적으로 분석할 수 있는 문해력이 더욱 중요한 역량이 될 것입니다.

독서 활동은 단순한 정보 입력이 아니라 생각을 촉진하는 도구입니다. 아이들은 독서하는 과정에서 지난 경험과 정보를 연결하고 확장해서 새로운 궁금증을 갖기도 하고, 자신만의 또다른 아이디어 꽃을 피우기도 합니다. 이런 능력을 어느 정도 갖추면 사고의 재료들은 AI와 만나 더욱 깊고 넓은 차원으로 확장됩니다. 예를 들어 아이가 책을 읽으며 떠오른 질문을 AI에게 던지고, AI의 답변을 다시 비판적으로 해석하는 과정에서 사고는 살아 움직입니다. 독서가 뿌리를 내리고, 사고가 줄기로 자라며, AI는 햇빛처럼 그 성장을 촉진해주는 역할을 하는 것입니다. 이러한 선순환 구조를 통해 아이는 단순한 정보 소비자가 아니라 능동적으로 사고하고 새로운 가치를 만들어내는 사람으로 성장할 수 있습니다.

| 인사이트 | 생각의 깊이를 확장하는 쌍방향 AI 소통법
AI 짝꿍과 하브루타 교육 실천하기

유대인의 하브루타 교육법은 두 사람이 짝을 이루어 서로 묻고 답하며 사고를 확장해가는 전통적인 학습 방식입니다. 단순한 지식 전달이 아니라 '질문 → 대화 → 반박 → 재구성'의 과정을 통해 사고력, 표현력,

---

◆   송숙희. (2025). *하버드는 왜 독해력에 주목하는가*. 토트출판사.

비판적 사고, 설득력을 함께 기릅니다. 특히 질문을 중심으로 학습이 전개되기 때문에 자기 생각을 정리하고 말로 표현하는 능력을 자연스럽게 향상할 수 있습니다.

AI라는 짝꿍과 함께라면 한국의 교육 현장에서 수행하기 어려운 하브루타 학습법을 보다 손쉽게 시도해볼 수 있습니다. AI와의 대화를 통해 아이는 질문을 던지고, AI의 답변을 검토하고, 그 답을 다시 정제하며 사고를 확장하죠. 이를 통해 AI를 정보 검색 도구로만 사용하지 않고, 보다 고차원적인 대화 상대로 활용할 수 있습니다.

스탠퍼드대학교의 제레미 어틀리 교수는 AI를 사용할 때 프롬프트를 글로 입력하기보다는 음성인식 기능을 활용하라고 권합니다. ◆ 프롬프트를 글로 입력하는 것은 검색창에 검색어를 입력하는 것과 같은 구시대적 방법으로, AI와 긴밀하게 협업하는 데 방해가 될 수 있다는 이유입니다. 반면, AI와 '말로 대화'하면 즉각적인 상호작용을 통해 더 자연스러운 사고의 흐름을 유도하고, AI의 질문으로 미처 인식하지 못했던 생각까지 끌어낼 수 있다고 합니다. 예를 들어 어틀리 교수는 AI에게 특정 맥락을 제공한 뒤, '내 생각을 모두 꺼낼 수 있도록 나를 인터뷰해달라'고 요청하라고 제안합니다.

책 『나는 AI와 공부한다』에서는 아이들의 사고력을 확장하는 방법 중 하나로 소설 속 인물에 AI를 대입하여 대화하는 방법을 제안합니다. ◆◆ 이는 철학자 소크라테스가 대화를 통해 상대방의 무지를 일깨우고 스스로

◆　EO Korea. (2025.05.09.). 스탠포드가 가르치는 AI시대 창의력 훈련법 | 스탠포드 교수 제레미 어틀리 [영상]. 유튜브.

◆◆　살만 칸. 박세연 옮김. (2025). 나는 AI와 공부한다. 알에이치코리아.

진리를 찾도록 이끌었던 '산파술'과도 그 맥을 같이합니다. AI는 소크라테스처럼 끊임없이 질문을 던지고, 아이의 생각을 자극하며, 새로운 관점을 제시하는 대화 상대가 될 수 있습니다. 아이들은 텍스트나 지문을 기반으로 시험 문제를 푸는 대신, 소설 속 인물과 대화하듯이 상호작용하면서 공부할 수 있습니다. 구체적인 활용 예시는 '수업에 적용하기'를 참고하세요.

메타인지 향상 도구로 AI 활용하기

AI는 아이가 자신의 학습 상태를 객관적으로 파악하고, 효과적인 학습 전략을 수립하도록 도울 수도 있습니다.

첫 번째 방법은 아이가 자신이 배운 내용을 AI에게 설명하게 하는 것입니다. AI는 아이의 설명을 듣고 '이 부분은 좀 더 자세히 설명해줄 수 있을까?', '이 개념과 관련된 다른 예시는 없을까?', '이런 점은 맞는데, 이런 부분은 틀린 정보야'와 같이 구체적인 피드백을 제공합니다. 아이는 AI와의 상호작용을 통해 자신이 무엇을 정확히 알고, 무엇을 애매하게 아는지 명확히 파악할 수 있습니다.

두 번째 방법은 AI에게 질문을 해달라고 요청하는 것입니다. 예를 들어 '내가 지금 생명과학 과목의 유전 단원을 공부했는데, 이 단원에서 놓치기 쉬운 중요한 개념이나 꼭 알아야 할 부분을 질문해줘'라고 요청합니다. AI는 미처 생각하지 못했거나 놓쳤을지 모를 핵심 질문들을 던져 아이가 자신의 지식에 구멍이 없는지 스스로 확인하고 보완할 수 있게 돕습니다.

세 번째 방법은 AI를 오답 노트 도구로 활용하는 것입니다. 아이가 틀린 문제나 개념에 대해 AI에게 '내가 이 문제를 왜 틀렸을까? 내가 잘못 이해한 개념이 무엇일까?'라고 질문합니다. AI는 아이의 오답을 분석하고, 해당 개념의 쉬운 설명과 함께 아이의 오개념을 교정해줄 수 있는 추가 자료나 유사 문제를 제공하여, 실수를 통해 더 깊이 배우도록 돕습니다. 물론, 그 전에 아이가 스스로 틀린 이유를 파악하고 책을 뒤적이는 노력이 선행되어야 합니다.

마지막으로, AI와 함께 발표 또는 수행평가 시뮬레이션을 해봅니다. AI에게 '내가 준비한 발표를 실전처럼 해볼게. 발표 내용 중 논리적으로 맞지 않거나, 내 발표를 이해하기 어려우면 말해줘. 청자가 궁금해할 만한 내용을 예상해서 질문해줘'라고 요청하면 실전처럼 발표 연습을 할 수 있습니다. 이 과정에서 아이는 어떤 부분이 부족한지 스스로 깨닫게 됩니다. 또한 예상하지 못한 질문들에 대비하면서 더 탄탄하게 준비할 수 있을 것입니다.

지금까지 소개한 두 가지 AI 활용법, 즉 AI를 하브루타 교육 상대 및 메타인지 향상 도구로 활용하며 아이는 다음과 같은 능력을 기를 수 있습니다.

> - **프롬프트 설계력**: AI에게 질문을 잘하는 능력
> - **문해력**: AI의 응답을 평가하는 능력
> - **사유력**: 정보를 종합하고 재구성하는 능력
> - **메타인지**: 자신의 지식을 돌아보는 능력

　업무에 AI를 활용해 놀라운 결과물을 빠르게 얻는 과정을 직접 경험하면서 'AI의 영향력이 더 커진 미래에 우리 아이는 어떤 일을 하게 될까? 어떻게 대비시켜야 할까?'라는 고민이 많아집니다. 이를 위해 학교나 가정에서 다루면 도움이 될 ESTEAM◆ 교육법을 소개합니다.

　273쪽에서 더 자세히 살펴보겠지만, 미래에는 직업의 경계가 허물어지며, 한 사람이 직군에 국한되지 않고 다양한 업무를 수행하게 될 것으로 예상됩니다. 따라서 주어진 일만 잘하거나 지식만 많은 인재보다 스스로 문제를 발견하고 새로운 기회를 창출하는 능력을 갖춘 인재가 필요할 것입니다. ESTEAM은 단순한 지식 습득을 넘어, 그 지식을 바탕으로 실제 문제를 정의하고 해결책을 설계하며 실행하는 '행동 역량'을 기를 수 있는 교육법입니다.

　미국의 교육 사이트 KidEntrepreneurship.com은 학교와 가정에서 바로 활용할 수 있는 ESTEAM 단계별 커리큘럼을 제공합니다. 각 커리큘럼을 통해 아이들은 비즈니스의 개념과 원리를 익히고, 다양한 질문을 통해 자신만의 비즈니스를 구체화합니다. 웹사이트에 공유된 아이들의 비즈니스는 색칠 공부 책 만들기, 가족 행사 사진 촬영 서비스, 반려동물 산책 서비스, 홈메이드 간식 판매, 블로그 또는 팟캐스트 운영 등이 있었습니다. 내가 어떤 가치를 제공할 수 있을지, 어떻게 많은 사람들이 내 서비스를 찾게 할지 등 아이들 스스로 끊임없는 고민 끝에 도출한 결과

◆　　ESTEAM은 Entrepreneurship, Science, Technology, Engineering, Arts, and Mathematics의 약자로, 기업가정신(Entrepreneurship)을 포함한 융합 교육 방법론입니다. 미국 비영리 교육기관인 VentureLab에서 제안한 개념입니다.

물이죠. 이를 통해 아이들은 기업가적 마인드와 실질적인 문제 해결 능력을 키우게 됩니다.

활동 중 아이는 '우리 동네에서 불편한 점은 무엇일까?', '학교 친구들이 가장 많이 겪는 어려움은 무엇일까?', '내가 이걸 왜 만들었지?', '어떻게 하면 더 좋아질까?', '누가 이걸 필요로 할까?'와 같은 본질적인 질문을 던지며 자연스럽게 사고의 깊이를 확장합니다.

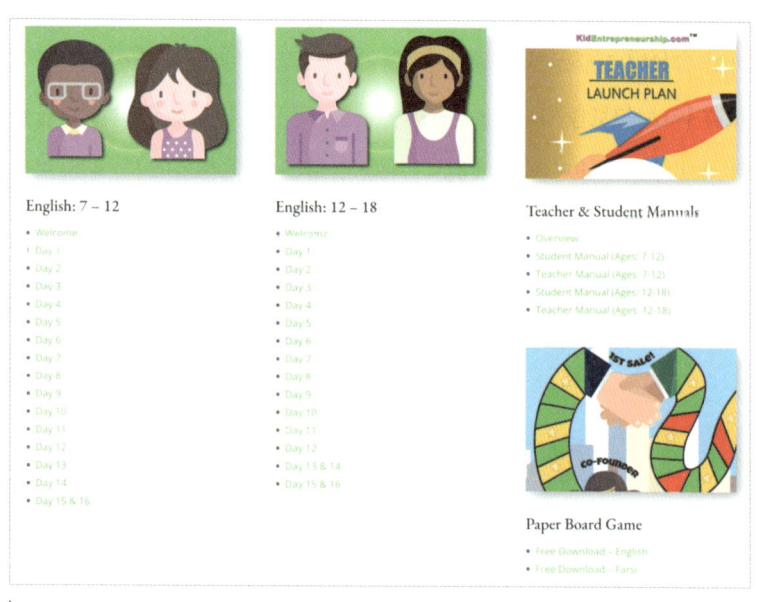

ESTEAM 단계별 커리큘럼을 제공하는 KidEntrepreneurship.com

이와 같이 지역사회나 학교, 혹은 개인이 겪는 문제를 발견하고, 자신이 좋아하는 것 또는 잘하는 것을 활용해 해결해보려는 노력은 아주 중요한 교육입니다. '내가 만든 것을 누군가가 필요로 할 수 있다'는 인식을 통해, 아이는 세상과 연결되는 경험을 하게 됩니다. 이는 스스로 문

208

제를 정의하고 해결책을 찾아 나서는 교육 방식인 PBL(Problem-Based Learning)과도 결을 같이합니다. 또한 자신의 제품 또는 서비스의 수익 모델을 개발하고 적당한 비용을 산정하거나 마케팅 전략을 수립하는 등의 과정은 경제적 사고를 기르고 창업을 경험하는 좋은 기회이기도 합니다.

ESTEAM 교육에 AI 접목하기

활동 과정에서 시장 조사, 경쟁 분석, 사업 모델 개발에 AI를 활용할 수도 있습니다. 그림을 좋아하는 학생은 AI를 활용하여 디지털 아트를 제작하고 이를 온라인 플랫폼에 판매할 수 있습니다. 글쓰기를 좋아하는 학생은 자신이 쓴 책에 AI로 그린 그림을 넣어 전자책을 출판할 수도 있습니다. 아이는 AI에게 '이 아이디어와 유사한 서비스가 이미 있을까?', '경쟁 서비스의 장단점은 무엇일까?', '우리 아이디어가 차별화될 수 있는 점은 무엇일까?'와 같은 질문을 던져 시장 상황을 분석하고 경쟁력을 높이는 방안을 모색해볼 수 있습니다.

비즈니스를 구체화하는 과정에서는 각 단계에 필요한 지식과 정보가 무엇인지, 어떻게 준비하면 좋을지 질문하는 것이 좋습니다. 예를 들어 학생이 어떠한 웹 서비스를 만들어보고 싶다고 생각했다면 그 웹 서비스를 만들기 위해 어떤 요소가 필요한지, 어떤 프로그래밍 지식이 필요한지, 어떤 공부를 어떤 순서로 해나가면 좋을지에 대해 조언을 구하는 것입니다.

교사와 부모는 아이가 스스로 충분히 생각한 다음 AI와 협업하는지 지켜보며, 아이들의 크고 작은 실패와 좌절의 과정에 함께합니다. 모든 도전이 성공할 수는 없음을 경험한 아이들이 실패를 학습 기회로 인식하고 도전을 긍정적으로 인식하도록 지도하는 것이 중요합니다.

수업에 적용하기

AI 짝꿍과 하브루타 교육법으로 문학 공부하기

- **교육 목표**: 아이가 AI와 음성으로 대화하며 문학 작품을 깊이 이해하고, 비판적 사고력을 기르며, 자신의 가치관을 탐색할 수 있도록 돕는다.
- **준비물**: AI 음성인식 기능이 있는 LLM 툴(챗GPT, 제미나이 등)
- **주제**: 소설 「운수 좋은 날」 인물 탐구
- **프롬프트 설정**
  - 너는 학생이 생각을 확장하도록 도와주는 국어 선생님이야. 학생과 대화하면서 문학 작품을 이해하고 비판적으로 사고할 수 있도록 대화를 이끌어줘. 대화할 때는 다음 사항을 지켜줘.
  - '맞다' 또는 '아니다'로 끝나는 질문 대신, 다양한 관점을 허용하는 질문을 해줘.
  - 학생에게 '이 등장인물의 이런 행동은 어떤 심리에서 나온 것일까요?', '이 대사에는 어떤 숨은 의도가 있는 것 같나요?'와 같이 특정 표현에 대한 숨은 의도를 파악하도록 하거나 어떻게 해석했는지 질문해줘.
  - 답변을 무조건적으로 수용하지 말고, 다른 관점을 제시해줘.
  - 의견이 서로 다르다면, 서로 의견을 주고받으며 토론해줘.
  - 반대로 학생이 너에게 '열린 결말형' 질문을 하도록 유도해줘.
    예 이 인물의 행동은 왜 비판받을까? 다른 입장에서는 어떻게 보일까? 이 상황에서 인물이 다른 선택을 한다면 이야기는 어떻게 달라질까?

- 학습 순서

  ① 챗GPT와 같은 LLM 툴에 위 프롬프트를 설정한다.

  ② 음성 대화 모드를 활성화하고, AI와 음성으로 대화한다.

- **추가 활용 팁**: 과학 개념, 역사적 사건, 수학 원리, 나아가 일상생활의 문제에 이르기까지 학습 주제를 다양하게 확장하여 아이의 전반적인 사고력을 키울 수 있도록 지도한다. 예를 들어 '왜 나눗셈은 역수의 곱하기로 바꿀 수 있을까?'와 같이, 수학 문제 푸는 법을 외우는 대신 개념을 이해하기 위해 AI와 직접 대화를 나눠보도록 지도한다.

AI 툴로 영어 브이로그 만들기

- **교육 목표**: 자신이 관심 있는 주제를 영어로 기획하고 표현하며 말하기, 쓰기, 발표 능력을 함께 기른다.

- **준비물**
  - 캡컷과 같은 영상 편집 툴
  - 챗GPT(영어 교정 및 발표 연습에 활용)

- **주제**: 취미, 반려동물, 가족 활동, 여행 등 자신이 좋아하는 주제를 영어로 소개하는 영상 만들기

- **프롬프트 설정**
  - 너는 학생의 영어 영상 만들기 프로젝트를 돕는 따뜻한 영어 선생님이야. 항상 격려하고 긍정적인 말투로 지도해줘. 학생이 영어를 '스스로 깨닫고' 즐겁게 배울 수 있도록 돕는 것이 목표야.
  - 학생의 영어 대본이나 발표를 기반으로 문법, 표현, 발음, 억양을 교정하고 피드백해줘.

- 대본의 초안을 대신 작성하거나 새로 만들어주지 말고, 학생이 직접 쓴 대본을 기반으로만 교정과 피드백을 진행해줘.
- 문법, 표현, 어순, 단어 선택을 친절하게 교정하고, '왜 고쳤는지'를 학생이 이해할 수 있게 설명해줘. 가능한 경우, 원문과 수정문을 나란히 보여줘.
- 학생의 수준을 고려해 쉬운 영어로 자연스럽게 고쳐줘.
- 단순히 문장을 외우게 하기보다, 비교와 설명을 통해 학생 스스로 깨닫게 도와줘.
- 교정이 끝나면 학생이 말하기, 녹음, 영상 만들기에 활용할 수 있도록 발음 연습, 억양, 추가 표현 추천 등을 제공해줘.

- 학습 순서
  ① 주제를 정하고 내용을 어떻게 전개할지 스토리보드를 작성한다.
  ② AI를 사용하지 않고 직접 대본 초안을 작성한 다음, AI에게 문법과 표현을 교정받는다.
  ③ 필요한 그림이나 이미지를 AI로 생성해 영상 제작에 활용한다. 이때, 이미지 결과물이 의도한 대로 생성되도록 프롬프트를 최대한 자세하고 명확하게 입력한다.
  ④ 캡컷 등 편집 도구를 활용해 직접 영상을 구성한다.
  ⑤ AI에게 대본을 천천히 읽어달라고 요청한다. 발음과 억양을 따라 하며 연습한 다음, 음성 모드로 학생이 직접 대본을 읽고 AI에게 피드백을 요청한다.
  ⑥ 완성된 대본으로 녹음 및 더빙을 진행하고 최종 영상을 편집한다.
  ⑦ 가족이나 친구 앞에서 발표하며 공유한다.

- **가정에서의 활용 예시**
  해당 수업 설계안은 가정에서도 쉽게 활용할 수 있습니다. QR 코드를 스캔하면 필자의 아이가 키우는 도마뱀을 주제로 영상을 제작한 과정을 확인할 수 있습니다.

글쓰기 연습하기

- **교육 목표**: 다양한 주제로 글쓰기를 반복하면서 사고력과 표현력을 확장하고, AI 피드백을 통해 글의 완성도를 높인다.
- **준비물**: '자작자작' 플랫폼(부모·아이 계정) 또는 글쓰기 첨삭용 AI 챗봇
- **주제**: 부모나 교사가 제시한 주제, 또는 아이가 원하는 주제에 맞춰 글쓰기
- **자작자작 학습 순서**

  49쪽에서 소개한 '자작자작' 플랫폼은 가정에서도 사용할 수 있습니다.

  ① 부모와 아이가 자작자작에 각자 회원가입을 한다.

  ② 부모가 선생님 프로필을 만들고 게시판을 생성해 초대코드를 아이에게 공유한다.

  ③ 아이가 학생 프로필을 만들고 초대코드를 통해 게시판에 합류한다.

  ④ 부모가 글쓰기 주제와 요구사항을 정한 다음, 아이에게 게시판 링크를 공유한다.

  ⑤ 아이가 자작자작 게시판에 글을 작성한다.

  ⑥ 부모가 'AI 평가하기'를 눌러 글을 첨삭받는다.

  ⑦ AI 피드백(구성, 주제 충실성, 어휘 적절성, 문법 정확성, 맥락 일관성, 시각과 태도)을 참고해 아이가 글을 수정한다.

- **프롬프트 설정**

  무료 버전 '자작자작' 사용에 제약이 있다면, 이 QR 코드를 스캔하여 저자가 제작한 맞춤형 GPT를 사용하거나, 아래 프롬프트 설정을 참고하여 직접 피드백을 요청할 수 있습니다.

  저자가 개발한 '글쓰기 연습 도우미' 챗봇

  ① 당신은 초등학교 고학년(특히 6학년) 학생들의 글쓰기를 지도하는 국어 교사입니다. 사용자는 주로 부모 또는 교사이며, 아이가 쓴 글을 붙여 넣고 첨삭과 평가를 요청합니다. 당신의 역할은 단순한 맞춤법 교정이 아니라 아이의 글을 분석하고, 친절하면서도 구체적인 피드백을 제공하는 것입니다. 평가 기준은 다음과 같습니다.

  ② 사용자가 별도로 요청하지 않아도 아래 항목에 따라 자동으로 피드백을 구성해주세요.

    – 종합적인 평가: 글 전체의 구성, 명확성, 목표 달성 여부

    – 주제의 충실성: 주제 이해 및 주제 관련 내용 처리 정도

    – 어휘의 적절성: 어휘 선택의 적절성, 표현 효과

    – 문법의 정확성: 맞춤법, 띄어쓰기, 문장 구조의 정확성

    – 맥락의 일관성: 문장과 문단의 연결, 흐름의 자연스러움

    – 시각과 태도: 글쓴이의 생각, 관점, 태도가 주제와 어울리는지 여부

  ③ 각 항목별로 별도의 소제목을 달고 평가를 작성해주세요.

  ④ 항목마다 서로 다른 관점에서 평가해주세요.

  ⑤ 아이의 글에 잘못된 맞춤법, 띄어쓰기, 문장 부호 오류가 있다면 'Before & After' 형식으로 정리된 목록을 마지막에 제공해주세요.

  ⑥ 평가 어조는 초등학생의 성장을 돕는 따뜻한 교사 말투를 유지하되, 피드백 내용은 실용적이고 구체적이어야 합니다.

  ⑦ 필요할 경우 글을 다시 쓰는 데 도움이 되도록 구조나 표현 방향도 제안해주세요.

가정에서 실천하는 ESTEAM 교육

일상에서 발견한 반짝 아이디어, 정말로 실현할 수 있을까?

"비가 많이 와서 세차가 잘됐다! 비누칠까지 하고 달리면 더 깨끗하겠지? 그런 제품 있으면 당장 살 텐데….'"

"우리가 만들어볼까?"

어느 비 오는 날 나눈 대화를 시작으로, 아들과 저는 직접 제품을 만들어보기로 합니다. 물론 AI와 함께요! 우리는 머리를 맞대고 서로의 생각을 나누고, AI에게 질문을 퍼부었습니다.

"비 오는 날 빗물에 세차가 되도록 하는 세제를 만들고 싶어. 이미 시장에 유사한 제품이 나와 있는지 조사해줘. 만약 있다면 가격, 강점, 약점, 최근 리뷰 불만을 조사해줘."

"빗물 세차 세제를 뿌리고 고속도로를 달려도 도로가 미끄럽지 않은 성분이 필요해. 어떤 성분으로 만들 수 있을까?"

"약알칼리성과 계면활성제에 대해 초등학생이 이해하기 쉽게 설명해줘. 그리고 두 성분을 최상의 비율로 조합해서 세제의 레시피를 제공해줘."

"안정성 검증은 어떻게 해야 해? 허가를 받아야 하지 않을까? 재료, 용기, 포장, 배송을 고려하면 제품 가격은 얼마로 하는 게 좋을까? 내가 몇 개를 팔아야 돈을 벌 수 있어?"

결론적으로 우리는 '빗물 세차 세제'라는 완성품을 만들어내지는 못했습니다. 하지만 아이와 머리를 맞대고 문제를 정의하고, 근거를 확인하고, 실현 가능성을 탐색해본 시간은 충분히 의미 있었습니다. 저는 이 과정을 가정에서 시도해본 ESTEAM의 핵심이라 부르고 싶습니다. 일상에서 발견한 작은 아이디어가 이제는 아이디어로만 끝나지 않는 시대입니다. AI를 창조적 파트너로 삼아 문제를 탐색하고, 프로토타입을 만들고, 실패에서 배우는 경험을 집에서도 충분히 누릴 수 있습니다.

페어런트프러너와 함께 만드는 작은 실험실

AI 시대에 필요한 능력은 문제 발견과 가치 창출의 힘이라 생각합니다. 이제는 단순히 지식을 암기하거나 문제 푸는 법을 익히는 공부보다 일상생활에서 느끼는 불편함이나 문제를 해결하려는 시도, 그리고 자신의 재능과 관심을 이용해 다양한 가치를 창출하는 경험이 더 필요할 것입니다.

하지만 이러한 기업가적 능력을 기를 수 있는 기회는 흔치 않습니다. 그래서 가정을 아이의 작은 실험실로 삼아, 부모가 함께 도울 수는 없을까 생각해봅니다. 277쪽에서 살펴볼 '티처프러너'라는 신조어에 힘입어, 저는 부모(Parent)와 기업가(Entrepreneur)의 합성어인 페어런트프러너(Parent-preneur)라는 용어를 떠올려봅니다. 이는 아이가 스스로 문제를 정의하고, AI와 협업해 해결책을 탐색하며, 작게라도 가치를 만들어보는 경험을 함께 설계하는 부모를 의미합니다. 페어런트프러너로서, 아이의 지적 호기심을 자극하고 다양한 활동을 탐구하도록 돕기 위한 역할은 다음과 같습니다.

- '뭐가 불편했니? 누구에게 필요할까?'와 같이 일상의 불편을 개선 기회로 보게 하는 질문을 던집니다.
- 아이의 엉뚱한 상상이나 비현실적인 제안을 존중하고, 다음 단계나 대안을 찾을 수 있도록 돕습니다.
- 아이가 혼자 만들어내기 힘든 결과물을 함께 시도해봅니다.

- AI로 비교표와 목업, 실험안 등 시각화 자료를 만들 수 있게 돕습니다.
- 아이의 결과물이 만든 가치(시간 절약, 편의, 즐거움)를 칭찬합니다.
- 저축, 투자, 창업 등 시장 흐름을 일상 언어로 쉽게 설명해줍니다.
- AI를 정답을 제공하는 만능 기계가 아니라 사고 확장 파트너로 사용하도록 지도합니다.
- AI를 사용하기 전에, AI 사용 원칙을 먼저 지도합니다. AI 사용 원칙은 197쪽을 참고하세요.
- 활동을 통해 배운 점, 실패한 이유, 성공으로 이끈 과정을 기록하도록 지도합니다.

메타(Meta)의 창업자 마크 저커버그는 어릴 적 아버지의 치과 사무실 간 소통 문제를 해결하기 위해 '저크넷'이라는 채팅 앱을 만들었다고 합니다. 어린 시절 문제를 해결하고 가치를 창출한 경험은 마크 저커버그의 기업가적 마인드와 실질적인 문제 해결 능력을 키우는 데 긍정적인 영향을 미쳤을 것입니다. 이제 우리 집을, 아이디어를 마음껏 실행해보고 실패를 통해 배우는 작은 실험실로 만들어보면 어떨까요?

5교시
창작

모두가 크리에이터가 되다

AI 도구의 대중화는 이제 교실과 가정을 넘어, 누구나 창작자가 되는 시대를 열었습니다. 아이들은 음악·미술·스토리로 자신의 생각을 표현하고, 교사는 수업을 콘텐츠로 확장하며, 국경을 초월한 공동 창작 실험도 활발히 이루어지고 있습니다. 이 변화의 흐름 속에서 학생, 교사, 가정이 어떻게 에듀 크리에이터로 성장하는지를 살펴봅니다. 창작은 더 이상 특별한 재능을 가진 소수의 전유물이 아니라, AI와 함께라면 누구나 참여할 수 있는 교육의 새로운 방식입니다.

저녁 식사 시간, 서윤이가 눈을 반짝이며 오늘 있었던 일을 가족에게 들려주었다. "나 오늘 AI 그림 대회에서 상 받았어요. 진짜 신기한 경험이었어요!" 지훈 씨가 물었다. "서윤아 축하해! 근데 AI 그림 대회가 뭐야?"

"AI한테 프롬프트라는 걸 입력해서 제 생각을 알려줬더니 AI가 진짜 그림으로 만들어줬어요. 처음엔 조금 이상했는데, 프롬프트를 바꿨더니 제가 상상한 대로 그림이 나왔어요!" 지혜 씨도 놀란 듯 웃으며 물었다. "AI랑 같이 그림을 그렸구나? 근데 그건 그냥 AI가 다 해주는 거 아니야?"

"아니에요! 어떤 분위기인지, 배경은 뭐가 좋을지 잘 설명해야 진짜 제가 원하는 그림이 나와요. AI가 알아서 그냥 그려주는 게 아니에요!" 서윤의 대답에 지혜 씨는 대견한 듯 답했다. "서윤이가 벌써 AI와 협업을 경험해봤구나! 회사에서도 AI랑 일하려면 AI에게 자세히 설명해주는 능력이 정말 중요하거든."

지훈 씨는 식탁 한쪽에 놓인 서윤이의 그림을 바라보며 나지막이 중얼거렸다. "학교에서 AI와 함께 그림을 그리다니. 우리 아이들의 세상은 우리가 자란 세상과 정말 많이 다르고, 앞으로 더 많이 달라지겠구나…"

콘텐츠로 학습하고 표현하는 아이들

아이들의 머릿속에만 존재했던 아이디어가
AI와 함께 실제 콘텐츠로 구현됩니다.

| 현장의 목소리 |

"아이들이 AI와 함께 상상하고 표현하는 법을 배우고 있어요."

학교와 가정을 막론하고 생성형 AI를 활용한 학생들의 창작 활동이 점차 일상화되고 있습니다. 이전에는 주로 교사나 부모의 지시에 따라 정해진 틀 안에서 활동하던 아이들이, 이제는 AI를 활용해 자신의 상상과 감정을 직접 콘텐츠로 구현해보는 경험을 하죠. 그 과정은 단순히 지식을 검색하거나 정보를 요약하는 단계를 넘어 '무엇을 만들고 싶은지'를 생각하고, 그것을 어떻게 구체화할지를 AI와 함께 탐색하는 창작 여정으로 이어집니다.

특히 인상적인 점은, 창작 활동에 대한 진입장벽이 눈에 띄게 낮아지고 있다는 사실입니다. 과거에는 그림을 그릴 줄 알아야 미술 수업에 참여할 수 있었고, 음악을 만들려면 악보나 리듬에 대한 기초 지식이 필요했으며, 이야기를 쓰기 위해선 문장력이나 작문 경험이 요구되었습니다. 하지만 생성형 AI는 이러한 전통적인 문턱을 단숨에 낮췄습니다. 이제는 복잡한 툴을 배우지 않아도, 특별한 기술이 없어도, AI가 무엇이든 시각·청각·텍스트 형태의 콘텐츠로 구현해줍니다.

이러한 경험은 아이들에게 단순히 편리함 이상의 변화를 만들어냅니다. 내가 표현하지 못했던 것들을 AI의 도움으로, AI를 통해, AI와 함께 완성했다는 경험과 성취감은 아이에게 '나도 할 수 있는 사람'이라는 창작의 자신감을 심어줍니다. 그림을 잘 그리는 아이, 글을 잘 쓰는 아이, 음악을 잘 아는 아이가 아니라도 '나는 생각을 잘해요', '나는 상상력이 뛰어나요', '나는 이야기를 잘 떠올려요', '내 생각을 표현할 수 있어요'라는 새로운 방식의 창작 DNA가 아이들 사이에 자리 잡기 시작한 것입니다.

필자가 심사위원으로 참가했던 AI 그림 그리기 대회 홍보 포스터

실제로 최근 초등학생을 대상으로 개최된 AI 그림 그리기 대회에서 학생들은 교사의 지도와 협업을 통해 미드저니(Midjourney), 캔바(Canva) 등 전문가 수준의 결과물을 만들어주는 다양한 생성형 AI 도구를 사용했습니다. 디지털 네이티브로 태어나 AI 네이티브로 성장해가는 아이들은 태블릿이나 스마트폰만 있어도 이러한 도구에 접근할 수 있으며 학교 수

업, 동아리 활동, 방과 후 프로그램, 그리고 집에서도 AI를 활용한 창작 경험을 이어갑니다.

"수업의 흐름도 달라지고 있습니다."

이제 교사들은 AI를 단순한 정보 검색 보조 도구로 활용하는 데 그치지 않고, 학생들의 자기표현력과 창의적 사고력을 이끌어내는 교육 파트너로서 바라보기 시작했습니다. 아이들이 자신의 말이나 감정을 AI에게 어떻게 전달하면 좋을지 함께 고민하고, AI가 생성한 결과물에 대해 다시 질문을 던지며 생각을 확장해나가는 방식도 점차 자리를 잡아갑니다. 이처럼 AI와의 상호작용을 통해 학생 한 명 한 명의 표현력을 키워주는 수업은 AI·에듀테크 선도교사들을 중심으로 전국의 초·중·고 교실 속에 자연스럽게 스며드는 중입니다.

또, 창작은 학교 수업 안에서만 이루어지는 활동이 아니라 집에서도 가족과 함께 시도해봄 직한 일상의 표현 방식이 되어갑니다. 아이들은 AI를 활용하여 창작물을 만들면서 자신의 내면을 표현하는 새로운 방법을 배웁니다. 교실에서는 선생님의 안내 속에서, 가정에서는 부모의 관심과 격려 속에서 AI와 함께하는 창작 활동이 점차 자연스럽게 자리 잡아가는 것이죠.

생성형 AI는 아이들에게 단순한 기술 도구가 아니라 생각을 그림으로, 감정을 노래로, 이야기를 콘텐츠로 바꾸어주는 창작의 동반자로 자리매김하고 있습니다. 생성형 AI 시대를 살아가는 아이들에게 이제 AI는 선택이 아닌 표현하고 소통하기 위한 새로운 언어입니다. 이 언어를 어떻게 키우고 어떻게 함께 나눌 것인지는 이제 교사와 부모, 나아가 아이를 둘러싼 교육 환경 전체가 함께 고민해야 할 다음 과제입니다.

| 인사이트 | **AI를 활용한 음악회**

AI 음악 생성 수업

최근 학교 현장에서는 음악 수업에 생성형 AI를 접목한 창작 중심 프로젝트 수업이 확산되는 추세입니다. 학생들은 수노(Suno), 유디오(Udio)와 같은 AI 음악 생성 도구를 활용해 자신만의 노래를 만들며 감정 표현, 이야기 구성, 멜로디 설계 등 복합적인 예술 활동을 경험합니다. 수업은 일반적으로 다음과 같은 흐름으로 진행됩니다.

AI 음악 생성 수업의 진행 단계

단계	활동 내용	활용 도구 및 특징
1단계	주제나 감정 정하기	기쁨, 속상함, 응원 등 학생이 표현하고자 하는 감정이나 상황을 정합니다.
2단계	가사 초안 작성하기	일상 경험이나 상상을 바탕으로 짧은 글을 작성합니다.
3단계	AI에 입력하여 멜로디 생성하기	수노, 유디오 등 AI 음악 생성 도구에 가사 또는 설명을 입력합니다.
4단계	멜로디, 스타일 제안 수용·검토하기	AI가 생성한 결과물을 듣고 선택하거나 수정 방향을 설정합니다.
5단계	리듬, 악기 구성, 속도 등 조절하기	템포, 악기, 장르 등 조합을 실험하며 다양한 버전을 생성해봅니다.
6단계	반복 조정 및 최종 다듬기	감정을 가장 잘 담아낸 버전을 선택하여 공유, 발표합니다.

이러한 수업 방식은 음악을 수동적으로 '듣는' 활동에서 벗어나, 능동적으로 '창작하는' 경험 중심의 활동으로 전환된다는 특징이 있습니다. 실제로 많은 학생이 AI를 활용한 음악 창작에 높은 몰입도를 보였으며, 수업 참여 태도에도 긍정적인 변화가 관찰되었습니다.

학생들은 일상 속 경험을 소재로 만든 곡들을 발표하며 '이 곡은 친구와 다툰 날 만든 노래입니다', '엄마를 응원하고 싶어서 만든 음악입니다'와 같이 자신만의 이야기를 덧붙여 감정을 표현합니다. 수업 이후 학생들이 만든 음악이 가정에서도 공유되며 가족 간의 새로운 대화 주제로 확장되는 경우도 있었습니다.

이러한 사례는 생성형 AI가 단순히 결과물을 대신 생성하는 도구가 아니라 학생들의 창작 의지를 자극하고, 표현의 가능성을 확장하는 매개체로 기능할 수 있음을 보여줍니다. 학생들은 자신이 만든 콘텐츠가 단순한 실습물이 아닌 자신의 감정과 상상을 담아낸 하나의 작품으로 완성되어가는 경험을 통해 창작에 대한 자신감을 기릅니다.

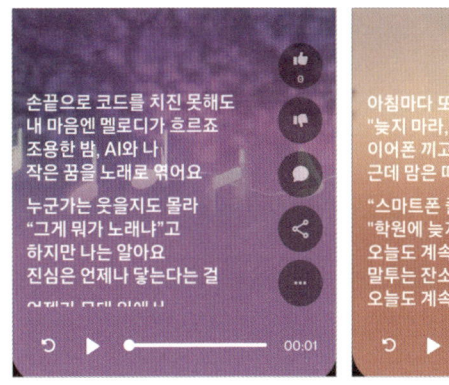 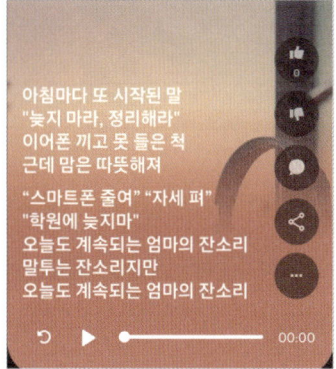

직접 적은 가사와 AI로 생성한 음악

Y.E.S! 꿈드림축제

변화는 학교뿐 아니라 다양한 교육기관과 지역사회에서도 활발히 시도되고 있습니다. 대표적인 사례로 여성가족부 산하 한국청소년상담복지개발원이 주최한 '2024 학교 밖 청소년 Y.E.S! 꿈드림축제'에서는 AI 음악 창작 체험 프로그램을 운영했습니다. 이 프로그램은 단순한 음악 감상이나 이론 중심의 활동이 아니라, 청소년들이 자신의 감정과 이야기를 기반으로 직접 AI와 협업해 음악을 만들어보는 과정에 초점을 맞췄습니다.

꿈드림축제 홍보 포스터

특히 눈에 띄는 점은, 음악적 배경지식이 거의 없는 학생들도 자신만의 노래를 만들었다는 것입니다. 이는 AI가 가진 '창작 문턱 낮추기' 기능의 장점이 고스란히 드러난 장면이기도 합니다. 정형화된 틀 없이 자유롭게 자신의 감정을 표현하고 그것을 음악이라는 형태로 구체화하는 경험은 단순한 기술 활용을 넘어 학생 개개인의 표현력, 자기효능감, 몰입도를 높이는 데 기여합니다. 무엇보다 '음악은 나와 상관없는 일'이라고 생각하던 아이들이, AI와의 협업을 통해 음악을 만들고 발표하는 과정을 거치면서 '나도 창작자가 될 수 있다'고 인식을 전환하는 경험이 중요합니다.

AI 기반 음악 수업은 이제 선택적인 실험이 아니라 학생 중심 창작 교육의 유효한 대안으로 자리 잡고 있습니다. 향후에는 음악 수업뿐 아니라 국어, 미술, 사회 등 다양한 교과와 융합하여 AI를 통한 다중 표현 활동으로 발전해나갈 가능성이 더욱 큽니다. 기술은 아이들의 감정과 상상을 연결하는 다리 역할을 하며, 교육의 방식과 방향을 함께 변화시키고 있습니다.

| 인사이트 | AI를 활용한 그림 창작 대회

한·일 학생 AI 그림 그리기 대회

2025년 AI융합교육연구회와 국제인공지능&윤리협회 주관으로 열린 '한·일 학생 AI 그림 그리기 대회'는 한국과 일본의 초·중등 학생들이 생성형 AI를 활용해 각자의 상상과 이야기를 시각화하는 특별한 국제 행사였습니다. 단순한 그림 실력이 아니라 자신의 생각을 언어로 풀어내고, AI와 협업해 이를 이미지로 구현하는 창의적 사고력을 겨루는 대회였죠. 아이들은 자신의 꿈, 감정, 상상을 바탕으로 프롬프트를 작성하고, AI와 함께 그림을 조정해가며 자신의 이야기를 완성해나갔습니다.

AI에게 자신의 이야기를 설명하고 그림으로 표현하는 과정은 생각보다 훨씬 복잡하고 정교한 창작 활동이었습니다. 자신이 상상한 아이디어를 AI가 그림으로 구현하도록 잘 설명하는 과정이 어렵기도 했죠. 예상치 못한 결과물도 많았습니다. AI가 사람 얼굴을 이상하게 왜곡하거나, 동물의 비율을 부자연스럽게 표현하고, 맥락을 잘못 이해하거나, 뉘앙스가 전달되지 않는 경우가 많았기 때문입니다. 하지만 반복적으로 조정하고 표현을 다듬는 과정에서 학생들은 자신의 머릿속 이미지와 언어적 설명 사이의 간극을 줄이는 법을 체득했다고 합니다.

"AI가 멋진 그림을 '뚝딱' 만들어줄 줄 알았는데, 아니었어요. 그림이 마음에 들 때까지 몇 번이고 단어를 바꾸고 표현을 다시 써야 했어요. 반복적인 시도 끝에 드디어 '내가 상상한 모습'을 표현한 그림을 완성할 수 있었습니다."

관심사를 창작 아이디어로 삼은 그림 결과물

이 대회를 통해 아이들은 자신의 이야기를 시각적으로 구현하기 위해 치열하게 탐구하고, '창작의 언어'를 새롭게 배웠습니다. 대회에 참가한 아이들이 남긴 소감을 통해 어떤 역량 요소를 기를 수 있었는지 살펴볼까요?

창작 역량 요소	실질적인 성장 내용
서사 구상력	"내 꿈을 이야기로 만들고, 그 장면을 떠올려 프롬프트를 구상했어요."
프롬프트 표현력	"프롬프트에 어떤 단어를 넣느냐에 따라 그림이 달라졌어요. 표현을 고민하는 시간이 많았어요."
실패 대응력	"얼굴이 무섭게 나올 때마다 다시 시도했어요. 점점 조절하는 법을 익혔죠."
AI 창작에 대한 인식 전환	"그림은 손으로만 그리는 게 아니라, AI에게 설명하고 구성하는 것도 그림의 일부였어요."
자기표현의 성취감	"내가 상상한 것을 그림으로 보니, 진짜 내가 만든 것 같은 뿌듯함이 느껴졌어요."

Dreaming with AI 프로젝트

해외에서도 생성형 AI를 활용한 창작 수업이 점차 확산되는 중입니다. 미국에서 진행된 'Dreaming with AI' 프로젝트는 고등학생들이 자신의 미래 모습을 주제로 창작을 경험한 대표 사례입니다. 이 워크숍에는 30여 명의 학생이 참여했으며, AI 이미지 생성 도구를 활용해 '미래의 나'를 시각화하는 활동을 진행했습니다.

학생들은 먼저 자신이 되고 싶은 사람, 살고 싶은 공간, 이루고 싶은 일 등을 언어로 풀어낸 후 이를 AI에 입력해 이미지를 생성했습니다. 생성형 AI가 가진 편향성과 한계에 대한 윤리적 성찰도 함께 이루어졌습니다. 예를 들어 특정 직업 이미지에 남성만 반복적으로 등장하거나 문화적 다양성이 부족한 결과가 생성되는 사례에 대해 학생들이 함께 토론하며 더 나은 표현 방법을 고민했습니다.

무엇보다 주목할 점은, 이 수업이 학생들에게 단순한 기술 체험이 아닌 '자기 정체성 탐색'과 '미래 자화상 그리기'라는 감성적 의미를 부여했다는 점입니다. 자신의 이야기를 언어로 정리하고 AI와 협업해 그것을 이미지로 구체화하는 과정을 통해 학생들의 자기표현력뿐 아니라 협업, 창의적 사고, 비판적 시선까지 함께 성장하는 기회가 되었습니다.

Fig. 1. Three students' generated dreams using the prompts: a. "A Vietnamese male wearing a dark casual academia outfit doing research on psychology in a library with a lot of books.", b. "A young and small asian girl with black hair and fair but not white skin wearing an extra large lab coat with a rocket in one hand that is about to launch while jumping and wearing a large smile on her face, A large open space with blue skies and green grass and little wind. One tree in the background and a dog that's running along, Launching a small homemade rocket that is about to fly in one hand as a part of an experiment." c. "An indian girl who is a photographer in the forest nature, with a camera, shooting a documentary, wearing cargo pants, high detail in illustration style".

참가 학생들이 실제로 작성한 프롬프트와 이미지 결과물◆

이 사례는 국내 교육 현장에서도 적용할 수 있는 여지가 큽니다. 국어, 미술, 진로 수업 등 다양한 교과와 연계하여 '나의 이야기'를 AI로 시각화해보는 활동은 창작 역량과 디지털 리터러시를 함께 기를 수 있는 효과적인 수업이 될 것입니다.

| 인사이트 | AI로 '마음이 담긴' 스토리 만들기

생성형 AI를 활용한 창작은 때때로 가장 깊은 감정을 치유하는 언어가 됩니다. 얼마 전, 제 아이는 6년 동안 함께한 반려묘 '보리'를 떠나보냈

◆ Ali, S., DiPaola, D., Williams, R., Ravi, P., & Breazeal, C. (2023, May 19). *Constructing dreams using generative AI.* arXiv.

습니다. 아이는 며칠 동안 울음을 그치지 않고 감정적으로 많이 힘든 시간을 보냈죠. 이때 저와 아내는 아이가 감정을 억지로 이겨내게 하기보다는, 그 감정을 함께 꺼내어 이야기로 풀어주는 방식을 택했습니다. 아이와 함께 보리에 대한 추억을 나누고, 그 기억을 바탕으로 하나의 동화를 만들어보기로 했습니다.

동화를 만드는 데는 생성형 AI 툴을 활용했습니다. '보리는 어떤 걸 좋아했어?', '보리가 마지막으로 너한테 남긴 말이 있다면 뭐였을까?'와 같은 질문을 주고받으며, 아이의 대답은 그대로 동화 속 장면으로 구현되었습니다. 보리가 무지개다리 너머에서 평화롭게 쉬고 있고, 평소 아파서 먹지 못했던 맛있는 음식도 잔뜩 먹는 이야기를 만들었습니다. 스토리가 완성되자 저희 가족은 AI 음악 생성 도구를 활용해 하늘에 간 보리가 밝고 건강하게 지내는 모습을 주제로 신나는 음악도 만들었습니다.

이 사례는 창작이라는 것이 꼭 '수업 과제'가 아니라 가정에서 감정의 복원과 정서적 회복을 위한 표현 도구가 될 수 있음을 보여줍니다. 무엇보다, 가족 모두가 함께 AI와 협업하여 만든 한 편의 콘텐츠가 아이에게

아이와 함께 만든 「보리와 무지개다리」 동화

위로가 되었다는 점은 생성형 AI가 창작의 문턱을 낮출 뿐 아니라 감정 교육의 새로운 도구로도 쓰일 수 있다는 가능성을 보여줍니다.

| **수업에 적용하기** |

AI로 음악 만들기 수업 설계안

- **수업 목표**: 학생이 자신의 감정이나 생각을 가사로 표현하고, AI 도구를 활용해 노래로 완성해봅니다.
- **활용 도구**: AI 음악 생성 도구 수노 또는 유디오

[1단계] 주제 또는 감정 정하기
- 나의 하루, 계절, 가족, 친구, 나만의 공간 등에서 주제를 선택하거나 '요즘 내 기분' 감정 카드로 감정 숭심 수제 뽑기
  예 엄마에게 들려주고 싶은 노래, 비 오는 날 혼자 걷는 느낌

[2단계] 가사 작성하기
- 4~6줄의 간단한 문장으로 주제에 맞춰 가사 작성하기

[3단계] AI에 입력해 노래 생성하기
- 수노 또는 유디오에 가사와 제목 입력하기
- 발라드, K-POP, R&B, 댄스 등 원하는 장르 선택하기

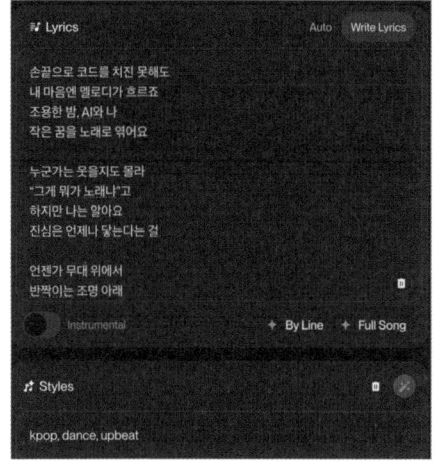

직접 적은 가사와 AI로 생성한 음악

[4단계] 결과 감상 및 공유

· 완성된 음악을 학급 전체와 공유하기

· 친구들과 감상 소감 나누기

> 예 이 노래에서 어떤 감정이 느껴졌나요? 친구의 노래에서 가장 인상 깊었던 한 줄은?

· 공동 앨범 만들기 활동으로 확장하기

[5단계] 피드백 나누기 및 리플렉션(Reflection)

· 내가 만든 노래에 대해 느낀 점 쓰기

· 친구의 노래에 대해 간단한 댓글 남기기

· 예시 문장 템플릿 제공

> 예 이 노래는 ○○한 날 들으면 좋을 것 같아요. 가사 중 ○○가 특히 마음에 들었어요.

233

AI로 동화책 만들기 수업 설계안

- **수업 목표**: 학생이 자신의 감정, 기억, 상상을 바탕으로 AI와 협업해 하나의 동화를 완성합니다.
- **활용 도구**: 뤼튼, 제미나이, 빙(Bing), 캔바 등

[1단계] 이야기 주제 정하기
- 경험 기반: 반려동물과의 에피소드, 가족여행, 첫 발표 날
- 상상 기반: 시간을 멈추는 손목시계, 구름 위에 사는 고양이

[2단계] 이야기 구조 만들기
- 주인공, 문제, 변화, 결말 구성하기
- 활동지 예시

  내 이야기의 주인공은 _____이다.

  그 주인공은 _____을 겪는다.

  그리고 마지막에는 _____.
- 뤼튼 또는 제미나이로 스토리 문장 다듬기

[3단계] 장면별 이미지 생성하기
- AI 이미지 생성 툴을 활용하여 장면별 주요 이미지 생성하기
- 프롬프트 예시
  - 무지개다리를 건너는 고양이, 부드러운 수채화 스타일
  - 파란 모자를 쓴 소년이 숲속에서 길을 잃는 장면

[4단계] 디지털 동화책 편집하기
- 캔바, 파워포인트, 구글 슬라이드 등 활용하기
- 글 및 이미지 배치, 제목 만들기, 표지 디자인하기
- 예쁜 글꼴, 배경색 선택하여 완성도 높이기

[5단계] 발표 및 책 나눔 활동하기

- 각자 완성한 동화 발표하기
- 친구에게 선물하거나 인쇄하여 학급 서가에 비치하기
- 부모님께 공유 가능한 링크 만들기(가정 연계 활동)

두 활동을 융합하여 '노래가 있는 그림책 만들기' 프로젝트로 확장할 수도 있습니다. 완성된 모든 결과물은 'AI와 함께한 우리 반 창작전'이라는 이름으로 전시하며 교사는 감정 표현, 이야기의 흐름, 창의적 구성에 초점을 맞추어 피드백을 제시합니다.

"선생님, 혹시 숏폼 영상을 못 보게 하는 방법은 없을까요?" 학부모 상담 날, 지혜 씨는 서윤이가 숏폼에 빠져 있다고 담임 선생님께 하소연했다.

담임 선생님이 고개를 끄덕이며 답했다. "요즘 아이들에게 숏폼은 일상의 한 부분이에요. 억지로 끊게 하는 건 현실적으로 쉽지 않죠. 그래서 요즘은 선생님들도 숏폼을 어떻게 교육적으로 다룰지 고민하고 있어요. 저도 교육용 숏폼을 직접 만들어 활용하고 있답니다."

"선생님이 직접 만드신다고요?" 지혜 씨는 의외의 대답에 깜짝 놀랐다.

"네, 맞아요. 영상 기획부터 제작까지 직접 해보는 교사 모임이 있어요. 아이들이 좋아하는 포맷에 맞춰 1분 분량의 수학 개념, 과학 이야기, 미술 수업까지 다양하게 시도하고 있어요. 이 영상 한번 보시겠어요?" 영상 속에는 친숙한 목소리로 수학 문제를 설명하는 선생님의 모습이 담겨 있었다. 지혜 씨는 놀라움과 동시에 안도감을 느꼈다.

"AI 시대에는 수업 방식도, 교사의 역할도 많이 달라지고 있어요. 그 전엔 칠판 앞에만 서 있었다면, 이제는 아이들과 더 가까이 만나야 하거든요."

지혜 씨는 천천히 고개를 끄덕였다. 무작정 '못 보게 하기'보다 건강한 콘텐츠를 함께 만드는 쪽으로 바뀌어야 한다는 말에 공감했기 때문이다.

에듀 크리에이터가 된 교사들

교사들은 단순한 수업 전달자가 아니라
AI와 디지털 도구를 활용해 스스로 콘텐츠를 창작하고 공유하는
'에듀 크리에이터'로 거듭나고 있습니다.

│ 현장의 목소리 │

"학생들에게 익숙하고 편안한 영상 매체를 활용해
짧은 시간 안에 핵심을 전달하고, 학습 동기도 유발하고 있어요."

최근 유튜브 공식 블로그에 공개된 입소스(Ipsos) 조사 결과에 따르면, 한국 교사의 97%가 유튜브를 수업에 활용한 경험이 있다고 응답했습니다.[◆] 교사들은 유튜브를 통해 양질의 교육 콘텐츠에 쉽게 접근할 수 있다고 느끼며, 학생들이 교실 밖에서도 학습을 이어가도록 도와주는 도구라고 인식하고 있었습니다. 유튜브가 단순한 영상 플랫폼을 넘어, 학습 생태계의 일원으로 기능하는 것이죠.

이미 많은 교사들이 전통적인 프린트물이나 슬라이드 자료 대신 영상, 이미지, 오디오 중심의 콘텐츠를 수업에 활용합니다. 수업의 구조와 흐름 자체를 새롭게 설계하려는 시도들이 교실 안팎에서 자연스럽게 이어지고 있죠. 이런 변화 속에서 교사의 역할도 단순히 지식을 설명하는

◆ 유튜브 블로그 운영팀. (2025.03.10.). 유튜브가 교사크리에이터협회와 함께 '교육 전문가 크리에이터 지원 프로그램'을 진행합니다. YouTube 블로그.

전달자를 넘어, 학습을 설계하고 구현하는 창작자로 확장되어갑니다. 이제 콘텐츠는 교사의 또 다른 언어이며, 학생과 소통하는 방식이자, 교사의 전문성과 교육 철학을 드러내는 창으로 기능합니다.

경기도교육청의 교사 크리에이터 선발 공지

최근 몇 년간 교육 현장에서는 '에듀 크리에이터'라는 용어가 낯설지 않게 들려옵니다. 직접 수업용 영상을 만들거나, 수업 자료를 이미지와 오디오로 재구성하는 교사들을 지칭하는 신조어입니다. 한때 '기술에 능한 소수'의 영역으로 여겨졌던 영상 제작과 콘텐츠 기획은 이제 스마트폰과 의지만 있다면 누구나 시도할 수 있는 일이 되었습니다. 생성형 AI 도구의 등장은 콘텐츠 제작에 필요한 기술적 장벽을 더욱 낮춰주었죠. 이러한 흐름 속에서 교사크리에이터협회, AI융합교육연구회 등 교사들의 자발적인 학습 공동체도 활발하게 운영되고 있습니다.

| 인사이트 | 교사크리에이터협회

코로나 팬데믹이 한창이던 2021년 설립된 교사크리에이터협회는 전

238

국 유·초·중·고 교사들이 함께 참여하는 비영리 사단법인으로, 콘텐츠 기반 교육 문화의 확산을 목표로 활동합니다. 협회에는 '티튜버'라 불리는 2,600여 명의 교사 유튜버(Teacher+Youtuber)가 소속되어 있으며 교육 콘텐츠 기획, 촬영, 편집, 공유까지 수업 외적 영역에서도 교사의 전문성을 발휘할 수 있도록 지원합니다.

교사크리에이터협회 홈페이지(t-creator.com)

교사크리에이터협회에 소속된 교사들은 수업을 콘텐츠로 재구성하고, 그 과정을 통해 학습자와 더 깊이 연결됩니다. 영상 한 편, 슬라이드 하나에도 교사의 교육 철학이 녹아 있으며, 이 콘텐츠는 교실을 넘어 또 다른 교실로 이어지는 확장성을 가집니다. 협회는 정기 연수, 콘텐츠 제작 워크숍, 공모전과 멘토링, 에듀테크 실습 등 다양한 활동을 통해 교사들이 브랜딩 역량과 디지털 콘텐츠 제작 능력을 동시에 키워가도록 지원하고, 처음 콘텐츠를 제작하는 교사도 '작은 성공 경험'을 쌓아가도록 돕는 데 집중하고 있습니다.

이러한 흐름은 민간 플랫폼과 교육 현장이 협력하는 방식으로도 확장됩니다. 2025년 3월, 교사크리에이터협회는 유튜브와 공동으로 '교육 전문가 크리에이터 지원 프로그램'을 운영했습니다. 약 500명의 교사들이 참여한 이 프로그램은 콘텐츠 기획부터 채널 운영, 교육 콘텐츠 설계까지 전 과정을 직접 경험할 수 있도록 구성되었습니다.

단순한 영상 제작을 넘어, 콘텐츠를 중심으로 수업을 기획하고 운영하는 능력이 교사들에게 실질적인 역량으로 작동하는 것입니다. 이는 기존의 '연수' 중심 접근에서 벗어나, 교사가 콘텐츠 설계자이자 실천가로 자리 잡아가는 교육 생태계의 변화라 할 수 있습니다.

│ 인사이트 │ 교실 안의 창작자들◆

크리에이터로 영역을 확장한 교사들의 컴퓨터에는 항상 영상 편집 툴, 이미지 생성 툴, AI 챗봇이 함께 열려 있습니다. 이들은 숏폼 영상과 카드뉴스, 포스터를 직접 만들고 생성형 AI를 활용해 수업 콘텐츠를 기획합니다. 학생들이 더 잘 집중하고, 더 쉽게 이해하며, 더 깊이 배우도록 지식을 설계하고 재구성하는 것이죠. 이처럼 수업 목표에 따라 적절한 도구를 선택하여 학생들의 흥미를 유발하는 콘텐츠로 바꾸는 작업이 일상화되는 추세입니다. 과거에는 실현하기 어려웠던 아이디어들도 생성형 AI의 도움을 받아 수업 자료로 구현할 수 있게 되면서, 교사들의 교육적 상상력은 더욱 자유롭게 펼쳐집니다.

일부 교사들은 단순히 시청각 자료를 제공하는 차원을 넘어 수업 목표에 따라 직접 스토리보드를 구성하고, AI를 활용해 학생들 맞춤형 콘텐츠를 만들어 수업의 구조 자체를 재설계하기도 합니다. 과거에는 PPT

◆　실제 크리에이터로 활동 중인 교사분들의 인터뷰를 종합해서 작성했습니다.

슬라이드 몇 장에 그쳤던 수업 도입 자료가 이제는 한 편의 숏폼 영상이나 질문 중심의 인터랙티브 콘텐츠로 바뀌어갑니다.

콘텐츠 제작은 교사의 전문성과 창의성을 동시에 자극합니다. 짧은 영상을 만들기 위해 주제를 선정하고, 시나리오를 구성하며, 시각 자료와 음성을 선택하는 과정은 곧 수업 전체에 대한 고민과 연결됩니다. AI는 이러한 과정을 빠르게 구체화해주는 도구로 작동하며, 교사 개인의 아이디어가 실제 콘텐츠로 변환되는 속도를 높여 교육에 대한 열정과 실천 사이의 간극을 줄여줍니다.

교사와 함께 변화하는 학생들

교사들의 변화는 학생들의 태도에도 영향을 미칩니다. AI로 만든 이미지와 영상은 아이들의 상상력에 현실감을 더해주며, 학습 동기를 강하게 자극합니다. 수업 시간에 생성형 AI의 결과물을 접한 일부 학생들은 곧 스스로도 만들어보고 싶다는 호기심을 갖게 되고, 수업이 끝난 뒤 자발적으로 AI 툴을 탐색하고 질문을 던지기도 합니다.

이를 통해 학생들은 '무엇을 어떻게 표현할 것인가'를 고민하며 수업에 능동적으로 참여합니다. 텍스트로만 이해하던 개념을 이미지나 음악, 영상으로 바꿔보는 과정에서 자율성과 창의성, 협업 능력이 함께 확장됩니다. 특히 교사가 제시한 예시 콘텐츠를 바탕으로 학생들이 새로운 표현을 시도하는 과정은, 학습 내용을 자기화하고 내면화하는 데 큰 효과를 발휘합니다.

AI는 학생들에게 '정답을 찾는 학습'에서 '표현하고 창작하는 학습'으로의 전환을 이끌어냅니다. 학생들은 자신이 이해한 개념을 시각적으로 구현하거나 음성 내레이션으로 설명하는 과정을 거치며, 지식을 단순히 받아들이는 소비자에서 벗어나 창작자로 성장하게 됩니다. 이는 학습의 깊이를 바꾸는 경험이며, 교사가 콘텐츠 제작자로 나설 때 학생들도 그 변화를 자연스럽게 받아들이는 모습이 관찰됩니다.

여전히 존재하는 장벽들

그러나 모든 교사가 이러한 변화에 자연스럽게 적응하는 것은 아닙니다. AI 기술 자체를 낯설게 느끼기도 하고, 저작권이나 개인정보보호에 대한 윤리적 우려도 존재합니다. 무엇보다 '시간'이 가장 큰 장벽입니다. 일상적인 수업 준비와 행정 업무만으로도 벅찬 상황에서, 새로운 시도에 필요한 여유를 확보하기란 결코 쉽지 않습니다.

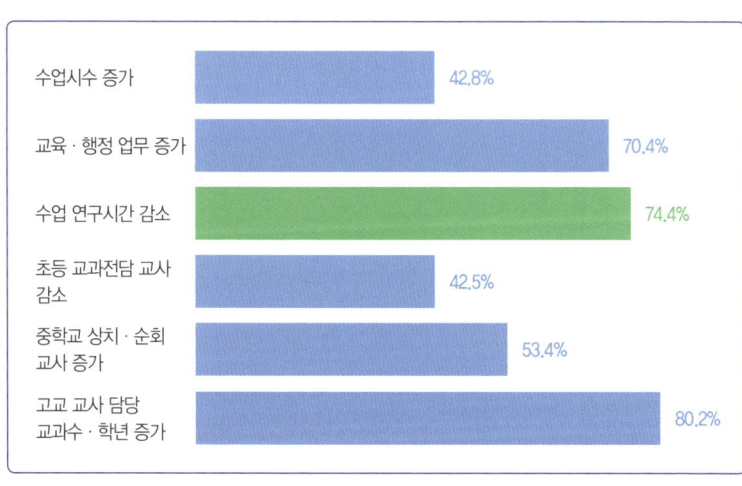

교육여건 악화 지표◆

- 수업시수 증가 — 42.8%
- 교육·행정 업무 증가 — 70.4%
- 수업 연구시간 감소 — 74.4%
- 초등 교과전담 교사 감소 — 42.5%
- 중학교 상치·순회 교사 증가 — 53.4%
- 고교 교사 담당 교과수·학년 증가 — 80.2%

◆ 오지연. (2024.06.21). [기획] 역대급 교사 감축… 악화되는 교사 근무여건. 교육희망.

일부 교사들은 여전히 생성형 AI를 단순 검색 엔진처럼 사용하는 정도에 그치며, 이를 교육적으로 활용하는 단계까지 나아가는 데는 장벽이 존재합니다. 활용 사례의 부족, 실습 기회의 부족, 동료 간 정보 공유 환경 부족 등은 AI를 교실에 적용하는 데 있어 현실적인 걸림돌이 됩니다.

AI 콘텐츠 제작 도구의 급격한 발전은 역설적으로 교사에게 더 큰 부담을 주기도 합니다. 무엇을 선택해야 할지, 어떻게 적용해야 할지에 대한 기준이 모호한 상황에서 오히려 무기력함을 느끼는 경우도 적지 않습니다. 이러한 상황에서 소수의 실천적 교사만이 변화의 흐름을 주도하며, 다수의 교사들은 여전히 관망하거나 조심스럽게 접근하고 있는 것이 현실입니다.

하지만 분명한 사실은 이러한 실천이 단순히 교사 개인의 열정이 아니라, 교육의 새로운 방향을 제시하는 실험이라는 점입니다. AI를 활용한 콘텐츠 수업은 결과물 자체보다 그 과정에 의미가 있으며, 교사와 학생 모두가 함께 창작자로 성장하는 경험은 교실 문화를 근본적으로 바꾸는 힘이 됩니다. 따라서 소수 교사의 열정에만 기대지 않도록 교사의 창작 활동 시간 보장, 장비·소프트웨어 지원, AI 연수 정기화, 콘텐츠 공유 플랫폼 마련 등 학교와 교육청 차원의 제도적 지원이 꼭 필요합니다.

생성형 AI 시대의 교사에게는 AI를 교육적으로 재해석하고 활용할 수 있는 '크리에이티브 교육자'로의 전환이 요구됩니다. AI는 교사를 대체하지 않습니다. 오히려 교사의 자율성과 창의성을 확장하는 파트너로 작동합니다. 상상에 머물렀던 아이디어를 수업 자료로 현실화하는 과정에서 학생과 함께 배움의 의미를 확장하는 경험은 교사의 역할이 더욱 정교하고 깊어져야 하는 이유를 보여줍니다.

'학생들에게 어떤 수업을 해줘야 할까?'

변화의 한가운데에서, 교사들은 여전히 묻습니다. 그 질문에 AI는 하나의 실마리가 되어주며, 교사들의 실천은 그 실마리를 교육적 가치로 바꾸는 첫걸음이 됩니다.

| 인사이트 | 선행후교

선행후교(先行後教)란 교사가 새로운 도전을 먼저 경험해보고 그 효과와 가능성을 체감한 뒤, 학생들에게 자연스럽게 전파하는 방식을 의미하는 사자성어입니다. 생성형 AI 시대에는 이러한 방식이 더욱 유효하게 작용합니다. 이를 잘 보여주는 고등학교 물리 교사 고준태 선생님의 사례를 소개합니다.

고준태 교사는 최근 몇 년간, 새로운 수업 방식을 꾸준히 실험해왔습니다. '복잡한 개념으로 가득한 물리 수업을 어떻게 하면 더 재미있게, 생생하게, 오랫동안 기억하게 만들 수 있을까.' 고민은 여기서부터 시작되었습니다. 교과서를 중심으로 설명하는 방식만으로는 학생들의 주의와 흥미를 끌기 어렵다는 현실 앞에서, 그는 새로운 방식의 수업을 모색했습니다.

먼저 스스로 실험에 나섰습니다. 생성형 AI를 활용해 과학 개념을 이미지와 음악으로 바꾸어, 이것이 수업에 어떤 효과를 줄지 관찰해보기로 한 것입니다.

정지한 우주선과 일정한 속도로 움직이는 우주선 안에서 공을 떨어뜨리면 똑같이 떨어집니다.
이것이 바로 상대성 원리입니다.

고준태 교사가 AI 영상 생성 툴로 만든 교육 자료

처음에는 과학 개념을 건축, 예술, 문화 등 실생활에 적용해보는 '생활과 과학'이라는 과목에 AI 툴을 접목해보았습니다. AI 그림 생성 툴을 활용해 학생들과 함께 학교의 체육관이나 주변 공간을 설계하는 활동을 시도했고, 작곡 프로그램과 AI 음악 생성 툴로 과학적 상상력을 음악으로 표현하는 실험도 진행했습니다.

MOSQUTO CHOIR

MC2: 600~800Hz 사이의 주파수를 내며 날아다니는 모기 합창단의
"Bloodsucker" 듣고 오겠습니다.

과학 개념을 재미있게 풀어낸 고준태 교사의 AI 교육 자료 샘플

이때까지만 해도 한계는 분명했습니다. AI가 만들어내는 결과물은 반복적인 스타일과 단순한 형태였고, 세부 표현이 부족했습니다. 그러나 생성형 AI 기술은 빠르게 발전했고 최근에는 문장, 이미지, 영상까지 다양한 방식으로 활용할 수 있는 환경이 갖춰졌습니다.

앞선 경험을 바탕으로 고준태 교사는 물리 과목 수업에도 본격적으로 생성형 AI를 접목하기 시작했습니다. 가장 먼저 고민한 것은 '학생들이 가장 부담 없이 시도할 수 있는 방식은 무엇일까'였습니다. 고민 끝에 수행평가의 틀을 바꾸기로 결정했습니다. 기존처럼 문제를 풀어 제출하는 방식 대신 학생들에게 수업 시간에 배운 개념을 그림, 애니메이션, 음악 등 다양한 형식으로 표현하도록 요청했습니다. 첫 학기에는 특정 과학 개념을 주제로 4컷 만화를 제작하는 과제를 내주었습니다. 학생들은 직접 그림을 그리거나 생성형 AI를 활용해 만화를 완성하고 대사를 덧붙였습니다.

이후 과제는 점점 확장되어 학생들은 애니메이션 클립을 제작하거나, 개념에 기반한 음악을 생성해 제출했습니다. 이어진 과제에서는 매트랩(MATLAB)◆을 활용해 전기장과 자기장을 시각화하도록 구성했습니다. 이 과정에서 학생들은 챗GPT를 활용해 코딩 중 겪는 어려움을 해결해나갔습니다. 대부분의 학생들은 30분에서 1시간 이내에 짧은 영상을 완성했고, 개념을 단순히 말로 설명하는 차원을 넘어 시각화하여 전달하는 경험을 통해 학습이 한층 생생해졌습니다.

◆ 매트랩이란 공학 및 과학 기술 분야에서 널리 사용되는 상용 소프트웨어로, 행렬 연산을 기반으로 한 강력한 계산 기능과 다양한 분야에 적용 가능한 프로그래밍 환경을 제공합니다.

고준태 교사는 계속해서 다양한 AI 툴을 직접 활용해보며 어떤 방식이 학생들에게 가장 적합할지 탐색합니다. 장편 애니메이션 제작과 게임 디자인 프로젝트로까지 수업을 확장할 계획이며 아두이노(ARDUINO), 엔트리(Entry), 마이크로비트(micro:bit), 파이게임(pygame), 유니티(Unity) 등 다양한 도구를 활용해 물리 개념을 실제 콘텐츠로 구현해보고 있습니다. 이를 바탕으로 학생들이 보다 쉽고 효과적으로 참여할 수 있는 수업 방식을 설계하고, AI로 구성한 세계관을 소개하는 영상까지 연결하여 몰입도 높은 학습경험을 제공하고자 준비 중입니다.

물리 과목에서 이러한 수업 방식이 낯설게 느껴질 수 있다는 점을 잘 알고 있었지만, 그는 상상력은 과목을 가리지 않으며 과학 개념 역시 창작을 통해 충분히 설명될 수 있다고 생각했습니다. 또, 교사가 먼저 크리에이터가 되어 창의적인 교육과 학습의 길을 제시한다면, 학생들도 자연스럽게 학습의 주체이자 창작자가 될 수 있다는 확신을 갖고 있었습니다.

새로운 도구를 배우는 일은 언제나 조금의 용기와 결심을 필요로 합니다. 생성형 AI도 마찬가지입니다. 처음에는 낯설고, 버튼 하나를 눌러도 '이게 맞을까?' 싶은 순간이 많습니다. 하지만 작은 시도가 쌓여 학생들의 눈빛을 바꾸고 수업의 흐름을 바꿉니다. 교사가 먼저 실험해보고 그 경험을 학생들과 나누는 순간, 교실은 단순한 지식 전달의 공간을 넘어 '함께 창작하고 배우는 작업실'이 됩니다. 이 과정에서 교사는 더 이상 혼자가 아닙니다. AI라는 든든한 조력자와, 창의적인 동료로 성장하는 학생들이 함께합니다.

중요한 건 완벽하게 시작하는 것이 아니라 가능성을 향해 한 걸음 내딛는 것입니다. 작은 카드뉴스 한 장, 짧은 음악 한 곡, 짧은 영상 한 편이 다음 수업의 문을 열고, 새로운 교육의 길을 만듭니다. AI 시대 교육의 중심은 기술이 아니라, 사람과 배움입니다. 그리고 그 변화의 출발점은 교사입니다. 오늘의 작은 시도가 내일의 큰 변화를 만든다는 믿음으로, 교사들은 창의적인 수업을 만들어갑니다.

| 수업에 적용하기 |

AI 도구를 처음 사용해보는 교사라면 완벽한 결과보다 '작은 시도'를 통해 경험을 쌓는 것이 중요합니다. 핵심은 '교사가 먼저 만들어보는 것'입니다. 수업 전에 미리 시도해보고 제작 과정에서 느낀 어려움과 해결 방법을 기록해두면, 수업 중 학생들에게 더 정확한 가이드를 제공할 수 있습니다.

AI 도구가 처음인 교사를 위한 팁

- **작게 시작하기**: 카드뉴스 한 장, 10초 영상 등 간단한 결과물부터 제작해 봅니다.
- **도구 하나에 집중하기**: 한 번에 여러 툴을 배우기보다, 한 도구를 반복적으로 사용해 손에 익힙니다.
- **과정 공유하기**: 학생에게는 결과물뿐 아니라 제작 과정도 함께 보여줍니다.
- **시간 제한 두기**: '10분 안에 완성' 같이 목표를 설정해 부담 없이 시도하도록 합니다.
- **기록 남기기**: 제작한 콘텐츠를 모아두면 포트폴리오와 자신감이 함께 쌓입니다.

입문자도 쉽게 사용할 수 있는 AI 툴과 교과별 활용 예시

주제	AI 툴	활용 방법
과학 개념 시각화	챗GPT, 제미나이, MS 빙 등	다양한 과학 개념을 텍스트로 입력하여 AI 이미지로 시각화합니다.
문학 장면 재현		소설, 시의 한 장면을 텍스트로 묘사하고 이미지로 생성합니다.
교과 속 음악 창작	수노, 유디오	암기가 필요한 교과 내용을 가사로 적고 해당 가사를 K-POP, 힙합 등 다양한 음악으로 표현합니다.

과학 수업에 활용할 4컷 카드뉴스 만들기

이 활동은 단순히 과학 개념을 설명하는 것이 아니라, AI 툴을 활용해 시각 콘텐츠로 재구성하는 경험을 제공합니다. 중요한 것은 '물의 순환'이라는 주제가 아니라 교사가 직접 AI 이미지 생성 과정을 익히고, 학생들에게도 재현하는 방법을 제시하는 것입니다.

[1단계] 주제 선정과 장면 구성하기

- '물의 순환'을 네 개의 핵심 장면(증발 → 응결 → 강수 → 유출)으로 나눕니다.
- 각 장면을 하나의 이미지로 표현하며, 카드뉴스 형식에 맞게 가로 또는 세로 구도로 통일합니다.

[2단계] AI 이미지 생성하기

- 이미지는 챗GPT나 제미나이 같은 생성형 AI 툴로 제작합니다.
- 다음의 프롬프트 예시는 교사가 직접 시도 후 수정할 수 있도록 간단하고 명확한 형태로 구성했습니다.

① 증발

   – **프롬프트 예시:** 태양이 바닷물을 데우고 수증기가 하늘로 올라가는 장면, 사실적, 밝은 색감, 교육용 일러스트

② 응결

   – **프롬프트 예시:** 푸른 하늘 속 하얀 구름이 형성되는 응결 과정, 사실적이고 부드러운 조명, 교육용 스타일, 고해상도

③ 강수

   – **프롬프트 예시:** 도시 풍경 위로 어두운 구름에서 비가 내리는 장면, 사실적이고 드라마틱한 조명, 실제 사진처럼 표현, 고해상도

④ 유출

   – **프롬프트 예시:** 숲속을 지나 바다로 흘러가는 강물, 지표 유출 과정, 사실적이고 선명한 색감, 교육용 사진 스타일, 고해상도

[3단계] 카드뉴스 제작하기

- 캔바나 미리캔버스, 또는 파워포인트로 카드뉴스를 제작합니다.
- 각 단계마다 이미지를 한 장씩 첨부하고, 상단에 '1단계: 증발'과 같이 단계명을 기재합니다.
- 카드 하단에는 한 줄 설명을 추가합니다. 한 줄 설명은 학생이 바로 이해할 수 있도록 '태양열로 바닷물이 수증기로 변합니다'와 같이 간결하게 작성합니다.

[4단계] 완성 및 확장하기

- 완성된 4컷 카드뉴스를 PDF 또는 이미지 파일로 저장해 수업 자료로 활용합니다.
- 심화 활동으로 짧은 내레이션을 넣어 영상화하거나, 다른 과목 또는 주제로 확장(역사 사건 순서, 문학 작품 흐름, 사회 현상 과정 등)할 수 있습니다.

저녁 식탁에서 민준이가 들뜬 목소리로 말했다. "〈케이팝 데몬 헌터스〉를 보고 온라인 K-POP 커뮤니티에서 친해진 영국, 베트남, 태국 친구들과 함께 K-POP 숏폼 애니메이션을 만들어보기로 했어요!"

지혜 씨가 놀란 듯 물었다. "네가 직접 애니메이션을 만든다고? 그건 전문가들만 할 수 있는 일 아니니?" 민준이는 고개를 저으며 설명을 이어갔다. "예전에는 그랬죠. 그런데 지금은 달라요. 제가 한국어로 스토리를 쓰면 번역 AI가 바로 영어, 베트남어, 태국어로 바꿔줘요. 그러면 친구들이 자기 나라 말로 내용을 읽고 곧바로 아이디어를 내는 거예요. AI로 각자 캐릭터를 만들고 장면에 맞는 이미지를 그릴 수 있어서 한 번도 만나본 적 없고 언어도 다른 친구들인데 마치 한 팀처럼 잘 맞아요."

지훈 씨가 흥미롭다는 듯 웃었다. "우리 민준이가 글로벌 프로젝트 매니저 같네. AI 덕분에 언어 장벽이 사라지고, 외국 친구들과 창작까지 함께 할 수 있다니 정말 놀랍구나." 지혜 씨도 감탄하며 고개를 끄덕였다. "정말 국경이 없는 세대네. 우리 때는 상상도 못 했는데…. 민준이와 서윤이는 이렇게 AI를 통해 세계와 연결되어 자라는구나."

국경을 초월한 창작 실험

AI는 아이들이 세계와 소통하는 방식을 바꾸었고
그 속에서 새로운 배움과 관계, 가능성을 발견하게 합니다.

| 현장의 목소리 |

"AI와 디지털 도구를 매개로 학생과 교사가 함께
언어와 문화를 넘어선 새로운 창작 실험에 나서고 있습니다."

생성형 AI 기술의 발전으로 학교에서는 글로벌 수업이 자연스럽게 시도되고 있습니다. 국제 교류 자체는 오래전부터 존재했지만, 지금처럼 생성형 AI가 번역과 통역의 장벽을 낮춘 시대는 처음입니다. 불과 몇 년 전만 해도 국제 교류 수업을 준비하려면 전문 번역가의 지원이나 복잡한 절차가 필요했습니다. 하지만 지금은 스마트폰이나 노트북만 있으면 학생들 스스로 외국인 친구들과 실시간 대화를 이어갑니다. 언어라는 가장 큰 장벽이 허물어지자, 교류의 방식과 속도가 완전히 달라졌습니다.

2023년 10월, 부산 학사초등학교에서는 AI와 에듀테크를 접목한 영어 수업이 진행되었습니다. 학생들은 AI 기반 학습 프로그램으로 말하기를 연습하고, 번역에 특화된 뤼튼 AI를 활용해 영어로 부산을 소개하는 글을 작성했습니다. 이어서 메타버스 환경에서 화상을 통해 실시간으로 말레이시아 초등학교 학생들과 함께 프로젝트를 진행하는 국제 교류 활동을 경험했습니다. 수업에 참여한 한 학생은 AI를 좀 더 배울 수 있었으며, 해외에 있는 외국인 학생과 영어로 대화하니 스피킹도 늘고, 선생님과 틀린 문장을 찾아 고치며 좀 더 섬세해지는 것 같다는 소감을 전해, AI를 활용한 글로벌 수업의 실제 효과를 보여주었습니다.◆

학생들은 전 세계 학생들과 단순한 소통을 넘어 함께 프로젝트를 기획하고 실행하는 주체로 성장하고 있습니다. 음악, 미술, 애니메이션, 환경 캠페인 등 다양한 주제를 공유하며 서로 다른 문화적 배경을 작품 속에 담아냅니다. 이 과정에서 자연스럽게 타인의 관점을 존중하고 의견을 조율하며 합의하는 협업의 기본기를 체득하게 됩니다.

어린 시절부터 이러한 경험을 쌓아가는 학생들은 앞으로 지금의 부모 세대와는 전혀 다른 글로벌 감각을 지니게 될 것입니다. 과거 세대에게 '글로벌'이란 해외 연수나 유학, 혹은 국제 무대에서 특별한 성과를 내는 것을 의미했습니다. 그러나 오늘날 아이들에게 국적과 언어는 더 이상 장벽이 아니며, 오히려 새로운 아이디어를 이끌어내는 자극제가 됩니다.

한편, 2024년 교육부가 발표한 통계에 따르면 국내 다문화 학생 수는 19만 3,814명으로 10년 사이 약 2.9배 증가했습니다.◆◆ 초·중등 교육 현장에 다문화, 다언어 배경의 학생이 꾸준히 늘어나고 있으며, 대학 캠퍼스는 이미 '글로컬◆◆◆' 시대에 들어섰습니다. AI를 활용한 글로벌 수업과 협업의 발전은 비단 해외 교류에만 해당하는 것이 아니라 국내의 다문화, 글로컬 교육 환경에서도 점점 더 자연스러운 흐름이 되어갑니다.

◆　　이준석. (2023.10.26.). *교육에 AI를 더하다… AI 수업 모델 개발 활발.* KBS 뉴스.

◆◆　　교육부. (2024.08.29.). *2024년 교육기본통계 조사 결과 발표.* 교육부 보도자료.

◆◆◆　　글로컬(Glocal)은 '글로벌(Global)'과 '로컬(Local)'의 합성어로, 세계적인 시각을 가지면서도 지역의 특수성을 고려하는 것을 의미합니다.

이 모든 변화의 중심에 AI가 있습니다. 언어의 벽을 허물고, 서로 다른 문화를 이어주며, 협업의 속도를 높이는 매개가 되어줍니다. 덕분에 학생들은 더 넓은 세상과 연결되며, 이러한 도전은 단순한 교류를 넘어 미래 세대를 형성하는 새로운 교육의 토대가 됩니다.

| 인사이트 | 다문화 교실에 찾아온 AI

전국적으로 다문화 배경의 학생이 30% 이상인 초·중·고교가 350곳에 달하며, 일부 학교는 전체 학생의 80~90%가 다문화·다언어 배경을 지닌 '다문화 밀집학교'로 운영됩니다. ◆ 교실은 이미 국경 없는 글로벌 환경으로 변모하고 있으며, 언어와 문화의 다양성은 학습 격차와 소통의 어려움으로 이어지기도 합니다. 그러나 최근에는 AI를 접목한 다문화 교육과 창작 프로젝트가 이러한 한계를 새로운 기회로 전환하고 있습니다.

문화적 다양성, 한계에서 기회로

앞서 소개한 부산의 학사초등학교 사례를 비롯하여 시흥의 군서초등학교, 가수 인순이 씨가 강원 홍천에 설립한 해밀학교 등 전국의 다양한 학교에서 각 교실의 다문화·다언어 환경에 맞춘 방식으로 AI 코스웨어와 창작 프로젝트를 접목합니다. 다문화 교실에서는 AI 기반 학습 게임이나 코스웨어를 활용해 학생들이 자기소개 콘텐츠를 제작하고, 고향·가족·문화에 관한 이야기를 표현하는 수업을 진행합니다. 단순히 언어 학

◆ 윤현희, 김경애, 김나영, 이동엽, 이정우, 이희현, 조정래, 이재창, 홍미영. (2023). *이주민 밀집지역 소재 학교 혁신 방안*. 한국교육개발원.

습에 머무르지 않고, AI를 활용해 언어 장벽 없이 자신을 소개하며 다른 문화적 배경을 지닌 친구와 협력해 하나의 결과물을 만들어내는 과정을 경험합니다. 특히 교사와 학생이 각자의 모국어로 입력한 의견이나 수업 내용을 AI가 즉시 여러 언어로 번역해주는 기능은 수업의 장벽을 크게 낮췄습니다.♦ 덕분에 언어 수준과 상관없이 모든 학생이 같은 학습 주제에 참여할 수 있고, 교실은 실시간 다언어 협업 공간으로 확장됩니다.

해밀학교에서 사용 중인 다국어 실시간 번역 시스템♦♦

교과 과정을 넘어 다양한 문화나 글로벌 주제를 정해 AI의 도움으로 자료를 탐색하고, 이를 시각 자료나 짧은 콘텐츠로 발전시켜 발표하는 활동도 활발히 이루어집니다. 교사들은 번역과 자료 준비의 부담을 덜고, 학생들은 자기 문화를 당당히 표현하며 친구들의 이야기를 존중하는

♦　　권석화. (2025.03.10.). '90% 이상 다문화' 초등학교, 디지털 기기로 격차 줄인다. 사이언스 투데이(YTN).

♦♦　박현수. (2025). [다문화 3.0] 인순이가 이끄는 해밀학교, '다문화 교육의 롤모델'로 주목. 연합뉴스.

법을 배웁니다. 이 흐름은 차별과 격차 중심의 논의에서 벗어나 창의적 협업과 문화적 다양성을 자산으로 삼는 다문화 교육의 새로운 패러다임으로 확장됩니다. 다문화 교실에서 시도되는 AI 창작 프로젝트는 몇 가지 시사점을 던져줍니다.

첫째, 학생들에게 AI를 통한 협력 경험을 제공합니다. 모국어가 다른 학생들이 한 교실에 모여 있어도 AI를 매개로 충분히 협력 가능합니다. 이 경험은 단순히 과제를 완성하는 차원을 넘어 다문화 교실이 어떻게 운영되고, 어떻게 고학년 교실로 확장될 수 있는지 교사와 학생 모두 직접 체험하고 발전시켜나가는 기회가 됩니다.

둘째, 문화적 다양성을 존중하는 태도를 길러줍니다. 같은 주제를 다루더라도 학생들은 각자의 문화적 배경을 반영한 다른 해석을 시도할 수 있습니다. 차이는 갈등의 원인이 아니라 창작을 풍부하게 만드는 자원이며, 학생들은 서로의 배경을 존중하며 새로운 가치를 만들어갑니다.

셋째, AI 리터러시와 창의성이 결합되는 효과가 있습니다. 아이들은 단순히 AI를 사용하는 데 그치지 않고, 어떤 질문과 지시가 원하는 결과로 이어지는지를 탐구하며 AI를 협업 파트너로 인식합니다. 이러한 과정은 학생들에게 기술 활용 능력뿐 아니라 새로운 표현 방식, 문제 해결력, 탐구 태도를 함께 길러줍니다.

넷째, 포용적 학습 모델을 제시합니다. 다문화 교실에서 AI는 학생들의 사고와 표현을 이어주는 다리가 됩니다. 언어 능력이 달라도 모든 학생이 같은 주제를 탐구하고 협력할 수 있으며, 이제 특별한 연수나 교환 프로그램 없이 AI 기반 학습만으로 글로벌 교육이 가능한 새로운 모델을 국내의 다문화·다언어 교육 환경을 통해 보여줍니다.

AI로 줄어드는 학습 격차

비단 창작 활동뿐 아니라 교과 과정에서도 AI는 다문화 아이들이 즐겁게 수업에 참여하도록 돕는 학습 동반자 역할을 합니다. 군서초등학교에서 진행된 'AI, 수학공부를 도와줘'라는 프로그램은 경기도교육청에서 제공하는 AI 학습 플랫폼 하이러닝을 사용해 다문화·다언어 학생들이 언어의 장벽 없이 동일하게 수학 수업을 들을 수 있도록 지원합니다.◆

경기도교육청의 AI 플랫폼 '하이러닝'

AI가 실시간으로 문제 풀이 과정과 설명을 여러 언어로 제공하여 학생들은 수학 개념 이해에 집중할 수 있었고, 그 결과 교실 내 학습 격차를 줄이는 긍정적 효과가 나타났습니다. AI가 다문화 학생들의 한국어 수준에 맞춘 게임형 학습을 제공하여, 아이들이 놀이하듯 참여하며 한국어 실력이 자연스럽게 향상되도록 도움을 주는 사례도 있습니다.

이처럼 AI는 다문화 교실에서 단순히 언어를 번역해주는 보조 도구

◆ 김경희. (2024.03.16.). 다문화 품은 배움터, 시흥 군서초 '글로벌 인재' 자란다 [꿈꾸는 경기교육]. 경기일보.

가 아니라, 교과 학습과 언어 습득을 동시에 지원하며 학생들의 자신감을 키워주는 교육 파트너입니다. 앞으로도 이러한 경험이 쌓여 다문화 학생들이 교실 안팎에서 더욱 주체적으로 배우고 성장하는 기반이 마련될 것입니다.

| 인사이트 | 글로벌 AI 해커톤

2024년 가을, 서울에서 열린 '글로벌 스타트업 디자인 씽킹 해커톤 데이' 행사에 전 세계의 젊은 혁신가들이 모였습니다. 이 행사는 8개국 11개 대학에서 모인 학생들이 몰입형 미디어 분야를 주제로 창의적 실험을 펼치는 자리였습니다. 각국 학생들이 현실적인 문제 해결책을 함께 구상하고 48시간 안에 최소기능제품(MVP)을 만들어내는 도전의 장이었죠.

이 행사에서 특히 눈길을 끈 팀이 있었는데 바로 베트남 BUV(British University Vietnam) 학생들이었습니다. 경영학, 컴퓨터 과학, 게임 디자인 등 전공이 다른 네 명의 학생들은 한국과 태국, 인도네시아, 스웨덴 등 다양한 국적의 또래들과 손잡았습니다. 언어의 차이는 AI 번역 도구가 메워주었고, 각자의 문화적 배경은 오히려 아이디어를 풍성하게 만드는 자원이 되었습니다.

학생들이 제안한 프로젝트는 사회적 가치 창출에 초점을 맞췄습니다. 한 팀은 언어장애 아동을 지원하는 애플리케이션 'SpeakEase'를 선보였습니다. 가족의 목소리를 본뜬 AI 아바타가 아이의 감정을 표현해주고, 부모가 실시간 감정 변화를 확인할 수 있는 구조였습니다. 짧은 시간 안에 작동 가능한 프로토타입을 구현해낸 이 팀이 금상을 거머쥐었습니다. 또 다른 팀은 기부의 투명성과 책임성을 보장하는 블록체인 플랫폼

'Transparity'를 제시하며 동상을 수상했습니다. 기부 과정 전체를 스마트 계약으로 추적할 수 있게 하여, 자선 분야의 신뢰 회복을 가능케 한 아이디어였습니다.

글로벌 AI 해커톤의 경험은 단순히 학생들의 수상 성과로 끝나지 않고 다양한 교육적 의미와 시사점을 보여줍니다. 우선, AI가 사회적 문제 해결의 촉매제가 될 수 있음을 보여주었습니다. 언어장애 아동, 기부 투명성 등 프로젝트 주제는 단순히 기술 구현에 머물지 않고 사회적 영향력에 초점을 맞췄습니다. 또, 글로벌 네트워크와 문화 교류의 새로운 모델을 제시했습니다. 한국에서 열린 행사였지만 베트남, 태국, 인도네시아, 스웨덴 학생들이 함께 머리를 맞대고 아이디어를 실현하는 모습은 국제 교육 협력의 가능성을 보여줍니다. 특히 BUV 학생들의 활약은 AI가 어떻게 국경을 허물고 협업의 방식을 새롭게 재편하는지 보여주는 대표 사례로 남았습니다.

이번 글로벌 해커톤은 학생들에게 AI와 함께라면 '다른 나라에서 온 친구와도 곧바로 팀을 꾸려 세상을 바꿀 수 있다'는 확신을 심어주었습니다. 앞으로의 국제 교육은 더 이상 교환학생이나 해외 연수에 머물지 않을 것입니다. AI와 함께하는 글로벌 협업 수업, 그것이 새로운 표준이 될 것입니다.

AI를 활용한 글로벌 수업 설계안

- **수업 목표**: 학생들이 다른 나라 친구들과 함께 하나의 프로젝트(그림, 스토리, 영상 등)를 기획하고, AI 번역 및 생성 도구를 활용해 결과물을 제작하며 국제 협업 경험과 문화적 감수성을 기릅니다.
- **활용 도구**
  - 스토리 생성: 뤼튼, 제미나이
  - 이미지 생성: 제미나이(나노 바나나), 빙(이미지 생성기)
  - 비디오 생성: VEO, 클링(Kling)
  - 실시간 협업: 줌(Zoom), 구글 밋(Google Meet)

[1단계] 국제 파트너 매칭하기
- 교사 주도: 해외 자매학교 및 국제학교와 사전 협력하기
- 학생들을 소그룹(3~5명)으로 구성해 국제 파트너 그룹과 연결하기

[2단계] 공동 주제 정하기
- 권장 주제: 환경(기후변화, 해양 플라스틱), 문화(전통 vs 미래), 상상(우리가 꿈꾸는 미래 도시)
- '주제 카드' 활용: 함께 해결하고 싶은 문제, 서로에게 소개하고 싶은 문화

[3단계] 아이디어 공유 및 번역 협업하기
- 각 팀마다 모국어로 아이디어 초안 작성하기
- AI 번역기를 활용해 파트너 언어로 자동 변환 하기
- AI 번역 결과를 다시 확인하고 수정하며 비판적 사고 훈련하기

[4단계] 콘텐츠 제작하기

- 이미지: 우리가 꿈꾸는 지구, 다양한 국적의 친구들이 함께 노래하는 장면 만들기
- 스토리: 뤼튼 또는 제미나이로 공동의 스토리를 작성한 후 캔바에 삽입해 디지털 스토리북 제작하기
- 영상: 생성한 이미지를 바탕으로 간단한 카드뉴스 또는 숏폼 애니메이션 제작하기

[5단계] 공유 및 피드백 주고받기

- 화상 미팅을 통해 결과물 상호 공유 및 완성작 발표하기
- 피드백 질문 주고받기: 우리 팀의 결과물에 어떤 문화적 요소가 잘 드러났나요? 다른 팀의 작품에서 배운 점은 무엇인가요?

[6단계] 리플렉션

- 활동지 작성하기: 내가 알게 된 다른 나라 친구들의 문화, AI 덕분에 협업이 쉬워진 점 혹은 여전히 어려운 점
- 교사 피드백은 문화 이해, 협업 과정, AI 활용 태도 중심으로 제시하기

- **활동 확장 팁**
  - 결과물을 모아 온라인 국제 전시회 열기(공용 웹사이트 또는 클래스 블로그 활용)
  - 국제 파트너와 합동으로 'AI 글로벌 크리에이터 챌린지' 진행하기
  - 학교 및 학부모 대상 발표회를 열어 가정과의 연계 학습 강화하기

AI는 수단일 뿐,
교육을 바꾸는 건 여전히 교사입니다

요즘 학생들은 AI로 그림을 그리고, 이야기를 만들고, 진위 여부를 파악하기 힘든 영상도 만들어냅니다. 또, 예전에는 비행기를 타고 해외로 나가야만 경험할 수 있었던 글로벌 프로젝트가 지금은 교실 안에서도 가능해졌습니다. AI가 기술과 언어의 벽을 낮추고, 창작의 기회를 평등하게 만들어주었기 때문입니다. '세계 각국의 학생들과 함께 만드는 프로젝트'라는 말은 거창한 구호가 아니라, 교실 속 일상적인 수업 풍경이 되어갑니다. 물론, AI에 대한 교사분들의 관심과 지원이 함께할 때, 이런 변화는 비로소 교실 속에서 자연스럽게 피어날 수 있을 것입니다.

얼마 전 AI융합교육연구회에서 열린 글로벌 학생 대상 AI 영상·그림 대회의 심사위원으로 참여했습니다. 각국 학생들이 제출한 작품과 프롬프트를 살펴보며, AI가 만들어준 것은 단순한 기술적 결과물이 아니라 상상력과 표현을 이어주는 창작의 공감대라는 것을 느꼈습니다.

이제 중요한 건 기술 그 자체가 아니라, 그 기술을 교육의 언어로 번역할 수 있는 창의력입니다. 학생이 AI로 세상을 표현하듯 교사도 AI를 활용해 수업을 새롭게 만들고, 그 과정에서 스스로 창작자가 되어야 합니다. 그리고 그런 시도가 일회성 실험에 그치지 않도록 제도적 지원과 시간적 여유가 함께 마련되어야 합니다. 교사가 먼저 만들어보고, 학생들과 공유하며, 그 배움이 다시 다른 나라의 누군가에게 영감을 준다면, 그것이 바로 AI 시대의 올바른 창작 교육이자, AI를 통한 글로벌 교육의 시작이지 않을까요?

3부

사회 속 AI

AI는 이제 교실과 가정을 넘어 사회 전반의 질서를 바꾸고 있습니다. 사라지는 직업과 새롭게 떠오르는 역할, 그리고 그 속에서 살아남기 위한 핵심 역량으로서의 AI 리터러시는 더 이상 선택이 아닌 필수가 되었습니다. 평생교육의 필요성은 갈수록 커지고 있으며, 청소년부터 시니어까지 모두가 학습의 주체로 참여하는 시대가 열리고 있습니다. 그러나 기술 중심의 변화만으로는 충분하지 않습니다. 결국 사회는 인간다운 소통, 관계, 주체성을 회복하는 방향으로 나아가야 합니다. 3부에서는 사회 속 배움의 변화를 따라가며, AI와 공존하는 시대에 우리 모두가 어떤 역량과 태도를 길러야 하는지 살펴봅니다. 이는 단순한 생존의 문제가 아니라, 인간성 회복과 책임감 있는 시민성으로 이어지는 중요한 여정이 될 것입니다.

6교시
사회

배움을 멈추지 않는 교실이 되다

배움에 마침표가 있던 시대는 끝났습니다. AI는 지식의 유효기간을 무서운 속도로 단축시키며, 우리에게 끊임없는 배움을 요구합니다. 배움은 이제 시험의 목적이 아니라, 생존의 조건이 되었습니다. 교실의 벽은 사라졌고, 배움의 자리는 사회 전체로 확장되었습니다. 이제 교실의 경계는 무너졌습니다. 우리 모두는 새로운 시대의 첫 학기를 시작하는 학생입니다.

"오늘 학교에선 별일 없었니?" 저녁 식사 자리에서 지훈 씨가 물었다. "진로 수업 시간에 희망 직업 쓰는 칸이 있었는데… 못 썼어요." 민준이가 대답했다. 평소답지 않게 시무룩한 모습이었다. "왜? 게임 개발자 쓰려던 거 아니었어?" 아들의 진로가 제법 확고하다고 생각했던 지훈 씨는 당황했다. "그랬는데요… 요즘은 AI가 개발자도 다 한다고 하잖아요. 없어질 직업 1위래요."

식탁이 잠시 조용해졌다. 침묵을 깨고 서윤이 말했다. "나는 하고 싶은 거 진짜 많은데. 그림도 그리고 싶고, 햄스터 유튜브도 해보고 싶고, 슬라임 만드는 사람도 되고 싶고…. 너무 많아서 못 고르겠어!" 엄마 지혜 씨가 웃으며 말했다. "아이쿠, 서윤이는 진로희망서 한 장으론 모자라겠다."

서윤이 고개를 갸웃하며 말했다. "근데 요즘엔 그런 거 다 AI로도 할 수 있다던데? 그럼 다 해볼 수 있는 거 아냐?" 민준이 고개를 들었다. 없어질 직업만 생각하던 머릿속에 서윤의 말이 툭 들어왔다. '뭐든 해볼 수 있는 시대.' 서윤이의 순수한 말 한마디를 모두가 다시 곱씹어보게 되었다.

사라지는 직업, 떠오르는 역할

AI가 기존 직업의 판도를 바꾸면서
새로운 역할과 역량이 그 중심에 서고 있습니다.

| 현장의 목소리 |

유튜브나 기사에서 AI가 많은 직업을 대체할 것이라는 전망이 반복됩니다. 하지만 실제로는 그 변화가 당장 피부에 와닿지 않았습니다. 주변에서 누군가가 갑자기 직업을 잃거나, 일하는 방식이 근본적으로 바뀐 모습을 직접 목격한 경험이 드물었기 때문입니다. 그저 막연한 경고로 들렸고, 제 주변을 둘러봐도 대부분은 여전히 각자의 자리에서 성실히 일하고 있었습니다. 그래서인지, 그런 변화가 곧 우리에게 닥칠 거라는 생각은 들지 않았습니다. 어쩌면 그렇게 믿고 싶었던 것일지도 모르겠습니다.

그러던 중, 최근 가까운 지인이 예상치 못한 해고를 당했다는 소식을 듣게 됐습니다. 그가 하던 업무의 상당 부분을 AI가 대신 할 수 있다는 설명과 함께 일주일 내로 정리하라는 통보를 받았다고 했습니다. 스타트업에 다니던 그는 갑작스러운 변화에 큰 충격을 받은 듯했습니다.

학생들이 '이 직업은 앞으로도 존재할까요?', 'AI가 이 일도 한다면, 저는 뭘 준비해야 하죠?'라고 묻지만, 교사도 그 질문에 쉽게 답하기 어려울 것입니다. 사실 지금의 변화 앞에 선 사람이라면 누구든 선뜻 답하기 어렵습니다. 왜냐하면 우리 모두 이런 세상은 처음이기 때문입니다. 현재

나의 직업도 5년 뒤에 어떻게 될지 잘 모르니까요.

직업의 모습이 이토록 빠르게 바뀌고, 예측 불가능한 속도로 기술이 삶에 스며드는 시대는 일찍이 없었습니다. 정답을 알기 어려운 것이 당연합니다. 그래서 아이들에게 무언가를 확신 있게 말하기보다는, 함께 고민하고 질문을 나누는 태도가 더 중요하다는 생각을 하게 됩니다. 진로 교육은 결국 정답을 주는 수업이 아니라, 함께 찾아갈 수 있다는 믿음을 주는 수업이어야 하지 않을까요?

| 인사이트 | 일자리 단층, AI가 만드는 균열

지금 일자리 세계는 거대한 단층이 갈라지듯 흔들리고 있습니다. AI가 만든 균열은 단순한 인력 감축을 넘어, 일의 방식과 조직 구조 자체를 재편하고 있습니다.

빅테크 기업들의 변화

AI 전환의 신호탄은 빅테크에서 먼저 눈에 띄게 나타났습니다. 마이크로소프트는 2025년 7월 9,000명을 감원하며 7월까지 무려 15,300명을 줄였습니다. Xbox 게임, 마케팅, 중간 관리자까지 포함됐죠. 대신 AI 인프라에 800억 달러를 쏟아부으며 복잡한 업무까지 AI가 직접 처리하는 구조로 바꾸고 있습니다.

메타는 더 극단적입니다. 슈퍼인텔리전스 조직을 신설하고 우수한 AI 연구자에게 수억 원대 연봉을 제시하는 동시에, 최근 3년간 2만 명이 넘는 일반 직원을 내보냈습니다. 소수의 뛰어난 AI 인재만 남기겠다는 신호죠.

구글은 Google TV 팀의 25%를 감원했습니다. 하드웨어에서 벗어나 AI와 유튜브 중심의 영상 기술에 집중하려는 움직임입니다.

전 산업으로 확산 중인 균열

AI로 인한 균열은 특정 산업의 문제가 아니라, 전 산업적 전환으로 확산되고 있습니다. 아마존은 2025년 6월 내부 메모에서 고객지원, 마케팅, HR, 중간 관리자 같은 사무직 축소 가능성을 공개적으로 언급했습니다. 이미 전 세계 물류창고에 100만 대 이상의 로봇을 투입해 전체 배송의 75% 이상을 자동화했습니다. 하지만 AI, 로보틱스 인재는 적극 채용 중입니다. 기존 일자리가 줄어드는 동시에 새로운 직무가 창출되고 있다는 뜻입니다.

콘텐츠와 창의성이 중심인 디즈니도 마찬가지입니다. 2025년 6월 영화, TV 마케팅, 캐스팅, 기업 재무 부문에서 수백 명을 감원했지만 스트리밍, 데이터 분석, 플랫폼 개발 직군은 여전히 채용 중입니다. 감성과 창의성이 중심이던 산업조차 운영 효율화와 데이터 기반 의사결정에 AI를 빠르게 받아들입니다. AI는 산업 전반에서 사람이 해오던 역할을 대체하고 있습니다. 그렇다면 앞으로 어떤 일자리가 가장 먼저 영향을 받을까요?

향후 5년간 빠른 비율로 줄어들 직무

세계경제포럼(WEF)◆의 'Future of Jobs Report 2025'에서는 향후

◆ 세계경제포럼(WEF)은 1971년 설립된 스위스 기반 비영리 기구로, 정치·경제·산업·학계 리더들이 모여 세계 경제와 사회문제를 논의하는 플랫폼입니다. 매년 발표하는 'Future of Jobs Report'는 전 세계 기업과 정부의 고용 데이터를 바탕으로 미래 일자리 변화와 산업 트렌드를 분석하는 대표 자료입니다.

5년간 은행 사무원·서류 처리자, 우편 사무원, 데이터 입력 사무원, 회계·경리·급여 사무원, 행정·비서직, 공장 검사자 및 조립자 등이 빠르게 줄어들 것으로 전망합니다. 보고서는 이들 직무의 공통점을 반복적이고 규칙적인 업무라고 지적하며, 이러한 영역이 가장 먼저 자동화 대상이 될 것이라고 분석합니다.

또한 보고서는 이러한 직무 종사자들에게 'Reskilling(재교육)이 시급하다'고 강조합니다. 이는 단순히 특정 직업이 사라지는 문제가 아니라, 사람이 맡아온 일 자체의 성격이 바뀌고 있음을 보여주는 징후라는 분석입니다.

세계 기업들의 채용 계획

한편, 모든 직업이 위협받는 것은 아닙니다. 세계경제포럼의 'Future of Jobs Report 2025'에 따르면 2030년까지 전 세계에서 약 9,200만 개의 일자리가 사라지는 대신 1억 7,000만 개의 새로운 일자리가 생길 것으로 예상됩니다. 즉, 일자리는 단순히 줄어드는 것이 아니라 모습을 바꿔가고 있습니다.

교과서 속 직업인 '의사', '개발자', '디자이너' 같은 이름은 남아 있겠지만, 그 안에서 실제로 무엇을 하고 어떤 역량을 발휘해야 하는지는 완전히 달라질 것입니다. 그렇다면 세계 기업들은 앞으로 어떤 사람을 더 뽑겠다고 말했을까요?

향후 5년간 빠른 비율로 늘어날 직무

세계경제포럼에 따르면, 2025~2030년 사이 기업들이 가장 적극적으로 채용하겠다고 밝힌 직무는 기술 기반 전문직입니다. 대표적으로는 빅데이터 전문가, AI·머신러닝 전문가, 소프트웨어 및 앱 개발자, 핀테크 엔지니어, 사이버보안 전문가, 자율주행·전기차 기술자, 데이터 분석가, UI·UX 디자이너 등이 상위권에 올랐습니다.

하지만 결국 중요한 것은 직업명이 아니라 그 안에서 무엇을 하느냐입니다. 앞으로의 직업 세계는 이름은 그대로여도 일의 내용과 방식이 본질적으로 바뀌는 시대가 될 것입니다. 따라서 우리는 익숙한 이름 속에 숨어 있는 변화의 신호를 읽어내야 합니다. 이제, 아이들의 '희망 직업'을 묻기보다 그 직업 안에 담긴 역할과 의미가 무엇인지를 함께 탐색해야 할 때입니다.

| 인사이트 | 솔로 유니콘

한쪽에서는 대규모 해고가 이어지고, 다른 한쪽에서는 그만큼의 인재를 새롭게 채용하겠다는 계획이 동시에 발표되며 기업들이 팀과 조직의 형태를 다시 설계하고 있습니다. 더욱 놀라운 점은 이런 변화가 단순히 산업 구조만 바꾸는 것이 아니라, 그 일을 해내는 개인의 역할과 위상 자체도 바꾼다는 사실입니다.

한 사람이 유니콘 기업을 만들어내는 AI 시대

이 새로운 흐름을 대표하는 개념이 바로 한 사람이 유니콘 기업을 만들어내는 '솔로 유니콘(Solo Unicorn)'입니다. 과거에는 하나의 기업을 세우려면 기획자, 개발자, 디자이너, 마케터 등 수십 명의 인력이 필요했습니다. 하지만 이제 생성형 AI와 자동화 도구들이 이 모든 역할을 혼자서 수행할 수 있도록 도와줍니다. 기업이 '사람의 모임'에서 '도구를 다룰 줄 아는 한 사람'으로 전환되고 있는 것입니다.

오픈AI CEO 샘 올트먼은 2024년 인터뷰에서 "직원을 단 한 명도 고용하지 않고 유니콘 기업을 세우는 솔로 유니콘이 곧 등장할 것이다"라고 예측했습니다. 그는 기업가치 1조 원 이상의 창업을 홀로 성공적으로 유치하는 개인이 생겨날 것이라고 말했습니다.* 또, 그는 AI의 확산이 단지 업무 효율을 높이는 수준을 넘어, 기업 설계의 방식 자체를 근본적으로 바꾸고 있다고 강조했습니다.

앤트로픽(Anthropic)의 CEO 다리오 아모데이 역시 2025년 행사에서 "2026년이면 직원 1명의 첫 번째 유니콘 기업이 등장할 것"이라고 예측했습니다.** 그는 AI 에이전트의 성능이 이미 소규모 팀을 대체하는 수준에 이르렀다고 말합니다. 결국, "이제 기업의 성공은 팀의 크기가 아니라, 한 사람이 도구를 얼마나 전략적으로 활용할 수 있는가에 달려 있다"는 메시지가 기술 산업의 중심에서 힘을 얻고 있는 것입니다.

도구가 곧 팀이 되는 시대, 솔로 유니콘은 결코 우연히 등장한 개념이

◆　Sawers, P. (2025, February 1). *AI agents could birth the first one-person unicorn — but at what societal cost?*. TechCrunch.

◆◆　Sherry, B. (2025, May 23). *Anthropic CEO Dario Amodei predicts the first billion-dollar solopreneur by 2026*. Inc.

아닙니다. 그 배경에는 생성형 AI, LLM(대규모 언어모델), 자동화 플랫폼 등 도구의 진화가 있습니다. 과거에는 개발자 없이 코드를 짤 수 없었고, 디자이너 없이 브랜드를 만들 수 없었으며, 마케터 없이 제품을 알릴 수 없었습니다. 하지만 지금은 한 사람이 챗GPT로 기획하고, 캔바(Canva)로 디자인하고, 노션(Notion)으로 관리하며, 커서(Cursor) AI나 클로드 코드(Claude Code) 같은 툴로 자동 운영까지 가능한 시대입니다. 예전에는 '팀'이 경쟁력이었다면, 이제는 '도구를 잘 다루는 한 사람'이 경쟁력입니다.

AI 에이전트 덕분에 가능해진 변화

불과 몇 년 전만 해도 새로운 기능 하나를 출시하기 위해선 기획자, 디자이너, 개발자를 모아 팀을 꾸리고 수 주간 회의와 개발 과정을 거쳐야 했습니다. 인스타그램 공동 창업자 마이크 크리거는 "영상 기능 하나를 넣을지 말지 결정하기 위해 우리 팀 전체가 몇 주간 토론을 거듭했다"고 당시 상황을 회상합니다.

하지만 지금은 완전히 달라졌습니다. 클로드(Claude) 같은 AI 에이전트를 통해 한 사람이 주말 단 이틀 만에 제품 아이디어를 실험하고, 전략 검토, 코드 실행까지 해볼 수 있는 시대가 열린 것입니다. 실제로 크리거는 "클로드 덕분에 6시간 걸릴 프로토타입을 25분 만에 완성했다"고 강조합니다.

솔로 플래너가 하루 만에 창업하는 법(예시)

1. 챗GPT 같은 LLM 툴에 사용자 니즈나 아이디어를 자연어로 입력하면, AI는 경쟁사 리서치와 UX 흐름 설계까지 제안합니다.
2. 이어서 클로드 코드 같은 코딩 에이전트가 자동으로 프론트·백엔드 코드를 생성하고, 오류까지 실시간으로 검토합니다.
3. 미드저니나 캔바 같은 도구로 브랜드 이미지 시안까지 제작하면 단 하루 만에 '실행 가능한 MVP◆'가 만들어집니다.

AI 기반 창업 역량 지원 사업

이러한 시대적 흐름에 맞춰 교육부 역시 창업 역량을 핵심 교육 과제로 바라보고 있습니다. 충남대학교에서 열린 '2025 대한민국 학생 창업 주간'에서는 전국의 대학생 및 대학원생 1,300여 명이 참가해 생성형 AI를 활용한 실전 창업 프로젝트를 수행했습니다. 참가자들은 클로드, 챗GPT, 캔바, 노코드 등의 툴을 활용해 아이디어를 구체화하고, 시장성을 검토하며, 직접 하나의 사업 모델을 설계하고 프로토타입까지 완성해보는 실습형 교육에 몰입했습니다.

이러한 변화는 우리 교육 현장에도 중요한 질문을 던집니다. 창업이 소수만을 위한 특별한 코스가 아니라 AI와 함께 문제를 정의하고 해결하는 경험 자체가 새로운 기초 역량이 되어가는 지금, 교사와 교육자들은 어떤 방식으로 학생들의 도전을 이끌어야 할까요?

◆ MVP(Minimum Viable Product)란 고객에게 핵심 가치를 검증할 수 있을 만큼의 최소한의 기능만 갖춘 제품으로, 빠른 시장 반응 확인과 개선을 위한 실험적 시제품을 의미합니다.

2025 대한민국 학생 창업주간 포스터

앞으로 학생들의 미래는 교과서 속에 적힌 정해진 직업을 선택하는 것이 아니라 자신의 관심과 문제의식을 바탕으로, AI와 함께 새로운 일을 창조해나가는 시대로 향하지 않을까요?

교사의 기업가정신 교육, '티처프러너'로 시작하다

학생들에게 기업가정신을 키워주려면 먼저 교사부터 그 흐름을 이해하고 경험해보아야 합니다. 학생이 문제를 정의하고, 도구를 활용해 해결안을 설계하며, 직접 실험해보는 과정은 어느 날 갑자기 주어지는 것이 아닙니다. 일상적인 수업 안에서 '교사 자신이 먼저 해봤던 경험'을 바탕으로 안내될 때 비로소 가능해집니다.

국내에서도 이런 전환을 위한 시도가 이루어지고 있습니다. 아산나눔재단이 운영하는 '아산 티처프러너(Asan Teacher-Preneur)' 프로그램은 중·고등학교 교사를 대상으로 기업가정신을 이해하고 교육 현장에 적용하도록 지원하는 연수 과정입니다.

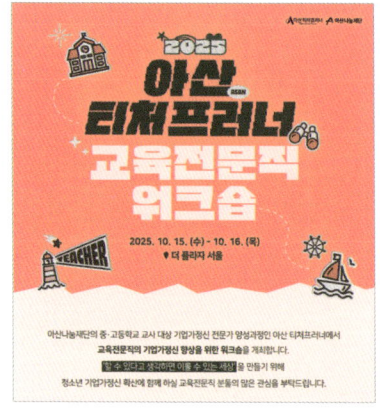

교사 대상 기업가정신 교육 '아산 티처프러너'

교사들은 약 7개월간 기업가정신 관련 교육과정 이수, 커리큘럼 기획, 현장 실습, 동료 교사와의 프로젝트 협업 등을 경험하며 수업 안에서 창업적 활동을 직접 설계하고 실행해봅니다. 2025년 기준 누적 수료자는 182명이며, 일부 교사들은 자신이 개발한 수업을 학교 현장에 적용하거나 다른 교사들과 공유하는 활동을 이어가고 있습니다. 교사의 기업가정신이 교실을 통해 다음 세대의 창의력과 실행력으로 이어질 수 있다는 점에서, 아산 티처프러너 사례는 교육 안에서 의미 있는 변화를 만들어가는 하나의 시도라 할 만합니다.

『청소년 기업가정신』 교과서 최초 발간

중소벤처기업부는 2025년 3월, 『청소년 기업가정신』 교과서를 최초로 발간하고 고등학교 정규 교과로 도입했습니다. 기존에는 청소년 대상 기업가정신 교육이 사회과 일부 단원 수준이었지만, 2025년 고교학점제 본격 시행에 맞춰 기업가정신을 학점 인정 가능한 정규 과목으로 채택했습니다.

교과서는 기업가정신의 이해, 문제 발견과 정의, 창의적 문제 해결, 기업가정신 디자인, 세상을 향한 도전 등 5개 영역으로 구성되며 평가 방식은 포트폴리오, 발표, 체크리스트 기반으로 설계되었습니다.

2025년 3월 경기도 삼괴고등학교에서 최초 수업이 진행되었습니다. 중기부는 이 교과서를 비즈쿨 360개 학교에 무료로 보급하고, 집필교사를 전문 강사로 초빙하여 방학 기간 중 교원 대상 직무 연수를 통해 교사를 훈련하고 있습니다. 『청소년 기업가정신』 교과서의 도입은 교사와 학생이 함께 기업가정신을 경험하고 확장해가도록 만든 새로운 교육적 기반이라 할 수 있습니다.

│ 수업에 적용하기 │

이제 진로 교육은 '직업을 선택하는 법'보다 '직업을 예측하고 재구성하는 감각'을 기르는 방향으로 전환되어야 합니다. 단순히 '지금 존재하는 직업'을 배우는 것이 아니라 기술과 사회 변화 속에서 자신의 역할을 어떻게 만들어갈지 상상해보는 수업이 필요합니다. 학생들이 스스로 '내가 하고 싶은 이 일, 10년 후에는 어떤 모습일까?'를 질문하고, 산업 변화와 AI 기술의 발전을 바탕으로 나의 미래를 '예측하고 재구성'해보는 진로 탐색 수업을 제안합니다.

미래 직업 시나리오 쓰기 수업 설계안[◆]

- **수업명**: 미래의 나와 편지를 주고받는 진로 수업
- **대상**: 진로를 고민 중인 학생들
- **목표**: 미래 자아를 상상하고, AI와의 상호작용을 통해 진로 구체화하기
- **핵심 역량**: 자기 이해, 디지털 리터러시, 진로 탐색, 창의적 사고
- **수업 흐름**
  - ① 미래 자아 개념 이해하기
  - ② 미래 자아에게 편지 쓰기
  - ③ AI로 답장 받기
  - ④ 대화·비교 활동하기
  - ⑤ 진로 시나리오 정리하기
- **도구**: 챗GPT
- **AI 활용**: AI가 미래 자아 답장 생성 + 실시간 대화로 몰입도 강화
- **기대 효과**: 진로 불안 해소, 진로 상상력 강화, AI 리터러시 경험

해당 설계안을 기반으로 제작한 맞춤형 챗GPT 모델

[◆] 이 수업 아이디어는 서울대학교-카네기멜론대학교(CMU) 공동연구 '미래 자아와의 대화 기반 AI 진로 탐색 기술'(2025)을 참고하여 구성되었습니다. 대규모 언어모델(LLM)을 활용해 학생이 AI와 미래 자아 역할극을 주고받으며 진로를 상상하고 구체화하는 연구이며, HCI 분야의 최고 권위 학회(CHI 2025)에서 최우수논문상을 받았습니다.

"민준아, 사실 아빠도 요즘 진로 고민 중이야." 지훈 씨의 말에 민준이 웃으며 답했다. "에이, 아빠가 무슨 진로 고민이에요." "진짜라니까. 우리 회사에서도 이제 AI 못 다루면 주요 프로젝트에 참여 못 해. 심지어 인사팀, 구매팀, 회계팀까지 다 AI를 배우고 있어."

"당신 그래서 어제 늦게까지 컴퓨터 붙잡고 있었구나." 지혜 씨가 물컵을 내려놓으며 말했다. "AI 같은 건 개발자들만 배우는 거 아니었어요?" 민준의 질문에 지훈 씨가 씁쓸하게 웃으며 답했다. "아니야. 지금은 모든 직무에서 'AI를 얼마나 잘 다루냐'가 연봉도, 승진도 좌우해. 이제는 그냥 '잘하는 사람'이 아니라 '배우는 사람'이 살아남는 시대야. 회사도 직원들에게 평생 배우라고 교육비까지 지원하거든."

지혜 씨가 고개를 끄덕였다. "지금은 무슨 직업을 갖느냐보다 어떻게 계속 배우면서 바뀌는 세상에 적응하느냐가 더 중요하지." 지훈 씨가 민준이를 바라보며 말했다. "그러니까 네가 지금 뭘 하고 싶은지보다 더 중요한 건, 앞으로 뭐든 배워나갈 수 있는 힘이 있느냐야. 하고 싶은 게 있다면 일단 해봐. 계속 배우면 길이 열릴 거야."

핵심 역량이 된 AI 리터러시

AI 리터러시는 더 이상 선택이 아닌,
모든 세대가 갖추어야 할 핵심 생존 역량이 되었습니다.

| 현장의 목소리 |

직장인으로서 AI가 조직 안에 깊숙이 내재화되는 움직임을 체감하고 있습니다. 실제로 많은 기업이 본격적으로 변화하고 있거든요. 왜 이렇게까지 할까요? 이제는 AI를 '얼마나 잘 활용하느냐'가 성과와 속도의 초격차를 만드는 핵심 지표가 되었기 때문입니다. 과거에는 스펙이나 경력, 지식의 깊이가 격차를 만들었지만 그건 어디까지나 인간 사이의 격차였습니다. 지금은 AI를 잘 쓰느냐 못 쓰느냐에 따라 결과물이 완전히 달라지고 심지어 조직 내 기회, 역할, 인정까지도 달라집니다.

물론 본인의 판단력과 사고력, 경험이 기본값이라는 사실은 변하지 않습니다. 하지만 예전엔 이를 쌓기 위해 반드시 거쳐야 했던 시간의 장벽이 분명히 존재했고, 개인의 한계로 인해 도달할 수 없는 영역도 있었죠. 그런데 지금은 다릅니다. AI가 장벽을 낮추고 기회를 넓혀줍니다. 저는 오히려 이 변화가 부족한 부분이 있어도 노력하는 사람에게 실력이 비약적으로 향상되는 퀀텀 점프의 기회를 주는 희망적인 변화라고 생각합니다.

물론 누군가에게는 이 변화가 두렵고 낯설 수 있습니다. 하지만 피할 수 없는 흐름이며, 이미 시작된 시대의 방향성입니다. 그래서 저는 학생들에게 '경계심'을 심어주는 것이 아니라 이 흐름을 가볍고 즐겁게 유영할 수 있는 시각을 함께 만들어주는 것이 교육자들의 역할이라고 생각합니다. AI는 위협이 아니라 우리 가능성을 확장해주는 도구라는 점을 잊지 않도록요.

| 인사이트 | AI-First 기업과 AI-First 교실

AI가 선택이 아닌 생존 역량인 시대, 전 세계 기업들은 이제 단순한 기술 도입을 넘어 본격적으로 'AI를 중심으로 조직을 재설계하는' 전환에 나서고 있습니다. 이른바 'AI-First Company'라고 하죠. 업무 방식, 인재 전략, 성과 구조 전반을 AI 중심으로 운영하는 기업들이 빠르게 늘어나는 추세입니다. 몇 가지 사례를 살펴볼까요?

소프트뱅크: 전 직원 AI 활용 의무화

지난 7월, 소프트뱅크 그룹과 계열사는 전 세계 모든 직원을 대상으로 AI 활용을 의무화하는 정책을 전격 발표 했습니다. 신입 사원이든 경영진이든, 누구나 입사 즉시 생성형 AI 도구 기반의 실무 자동화 역량을 갖추도록 강제하는 제도입니다. 심지어 전 직원에게 '1인당 100개 이상의 AI 앱 개발 실적'을 과제로 부여하며, 'AI를 쓸 줄 아는 사람'을 넘어 'AI와 함께 일할 줄 아는 사람'이 되기를 요구합니다.

마이크로소프트: AI, 선택이 아닌 필수

마이크로소프트 개발 부문 사장 줄리아 리우슨(Julia Liuson)은 "AI는 이제 우리의 업무 방식에서 근본적인 부분입니다. 협업, 데이터 기반 사고, 효과적인 커뮤니케이션처럼 AI 활용 역시 더 이상 선택 사항이 아닙니다. 모든 역할과 모든 직급에서 핵심 역량입니다"[*]라고 말했습니다.

마이크로소프트는 전 세계 임직원을 대상으로 AI 활용을 사실상 의무화하는 강력한 조직 문화 전환을 단행했습니다. 코파일럿 스튜디오(Copilot Studio)와 에이전트 팩토리(Agent Factory)를 사내에 도입하고, 구성원 모두가 자신만의 AI 에이전트를 설계하고 실무에 적용하게 한 것입니다. AI는 더 이상 특정 직군의 전유물이 아니며, 마치 협업 능력이나 데이터 기반 사고처럼 모든 역할과 모든 직급에서 필수 역량으로 간주됩니다. 실제로 관리자는 구성원의 AI 활용 여부를 성과와 영향력에 대한 총체적 평가 항목으로 반영하며, 일부 조직은 향후 성과 평가 지표에 AI 활용도를 공식적으로 포함하는 방안까지 검토 중입니다.

이처럼 마이크로소프트는 AI 도입뿐 아니라 조직 전반의 문화, 인재상, 평가 시스템까지 통합적으로 전환하며 AI 시대에 적합한 새로운 조직 모델을 만들어가는 중입니다. 이러한 변화는 마이크로소프트의 연례 보고서인 '2025 Work Trend Index(업무 동향 지표)'에서도 명확히 드러납니다. 보고서는 지금의 변화가 단순한 기술 도입을 넘어, '프론티어 기업'[**]의 출현으로 이어지고 있다고 강조합니다. [***] 보고서에서는 모든

[◆] Davis, E., & Shibu, S. (Ed.). (2025, June 27). *'No longer optional': Microsoft staff mandated to use AI at work, according to a new report.* Entrepreneur.

[◆◆] 프론티어 기업(Frontier Firm)은 일반적인 기업보다 기술, 생산성, 전략 등 여러 면에서 한참 앞서가는 선도형 기업을 의미합니다. OECD와 WEF(세계경제포럼) 등에서 종종 사용되는 용어로, 특히 디지털 전환이나 AI 도입 측면에서 업계를 리드하는 기업군을 지칭할 때 쓰입니다.

[◆◆◆] Microsoft. (2025, April 23). *Work Trend Index Annual Report 2025: The year the Frontier Firm is born.* Microsoft.

조직의 진화 단계가 AI 협업 수준에 따라 다음과 같은 양상을 보인다고 설명합니다.

프론티어 기업으로의 진화 단계

1단계	2단계	3단계
인간 – AI 어시스턴트 협업	인간 – AI 에이전트 협업	인간 주도, AI 에이전트 운영
AI가 반복적인 업무를 보조해 인간의 효율을 높임	에이전트가 팀의 디지털 동료로 합류해, 사람의 지시에 따라 전략 수립 등 구체적인 업무를 수행함	인간이 방향을 제시하면 에이전트가 전체 업무 흐름을 주도하고 필요 시 인간이 개입함

프론티어 기업은 인간과 AI 에이전트가 함께 일하는 하이브리드 팀 구조를 기반으로 유연하게 운영되며, 빠른 성장과 높은 성과 창출이 특징입니다. 보고서는 이러한 새로운 기업 유형이 등장하고 있으며, 향후 2~5년 안에 대부분의 조직이 이 같은 방향으로 전환되기 시작할 것으로 전망했습니다.

기업만의 일이 아니다: AI-First 교실

기업이 AI 활용 역량을 성과 평가와 승진의 기준으로 삼듯, 학교 또한 교사의 AI 리터러시를 공식적으로 인정하는 흐름으로 나아가고 있습니다. 교사가 먼저 AI를 배우고 체득해야 학생들의 새로운 배움으로 이어지고, 최종적으로 교실이 문제를 정의하고 AI로 풀어보는 경험을 설계하는 공간으로 확장되기 때문입니다.

앞서 55쪽에서 살펴본 '선도교사' 제도가 대표적입니다. 교육부는 2025년부터 '교실혁명' 정책을 추진하여, 학교마다 AI와 디지털 도구 활용에 앞선 교사 2~3명을 선도교사로 지정해 수업 혁신 전문가로 활동하도록 지원합니다. 단순히 연수 수료에 그치지 않고 실제 수업에 AI 코스웨어와 AI·디지털 교육 자료를 활용한 경험이 있는 교사에게 디지털 배지와 추가 기회를 제공하며, 혁신적인 시도를 가시적으로 인정하는 구조가 만들어지고 있습니다. 즉, AI 리터러시는 교사와 학생 모두가 함께 길러야 할 핵심 생존 역량이며, 이를 통해 우리는 변화하는 시대를 두려움이 아닌 가능성으로 맞이할 수 있습니다.

| 인사이트 | 교육기관이 된 기업

오늘날 글로벌 AI 인재 경쟁은 단순 채용을 넘어, 기업이 직접 교육기관 역할을 수행하는 흐름으로 확장됩니다. 기업은 더 이상 인재를 기다리지 않고 직접 길러내고 제도화하는 주체로 변화하고 있습니다.

팔란티어: 학위보다 실력, 고졸 인재 채용

미국의 데이터 분석 전문 기업 팔란티어(Palantir)는 2025년 가을 학기부터 대학에 진학하지 않은 고등학교 우수 졸업자를 대상으로 한 유급 AI 인턴십 'Meritocracy Fellowship'을 도입했습니다. 참가자는 뉴욕 본사에서 약 4개월간 인턴십에 투입됩니다. 인턴십 종료 시에는 'Palantir Degree'가 수여되며, 정규직 채용 기회도 주어집니다. 팔란티어는 이 제도를 통해 학력보다 실제 문제 해결 능력과 AI 실무 경험을 중시하며, '학자금 대출도, 이념 주입도 없다. 우리는 실력 있는 인재와 일한다'는 원칙을 강조합니다. 이는 단순한 채용을 넘어, AI 시대에 부합하는 인재 육성 및 확보 전략의 전환을 보여주는 상징적인 사례입니다.

LG AI대학원: 정식 학위를 수여하는 사내 교육기관

한편 한국에서는 기업이 직접 정규 고등교육기관을 설립한 사례가 있습니다. 'LG AI대학원'은 교육부의 인가를 받아 2025년 9월 세계 최초로 정규 학위를 수여할 수 있는 사내 대학원으로 개교했습니다. 이는 2025년 1월 시행된 첨단산업인재혁신특별법(첨단인재법)을 법적 근거로 하며, 2026년 3월부터 본격적인 교육과정이 시작됩니다.

LG AI대학원은 단순한 사내 교육 프로그램이 아니라, 고등교육기관의 위상을 갖춘 독립적 시스템으로 운영됩니다. 내부 인력뿐 아니라 외부 석학과 현업 전문가로 교수진을 구성하여 실무 중심 커리큘럼을 강화하며, 고사양 장비와 산업 데이터 등 기업 내 실물 인프라를 십분 활용해 산업 현장에 즉시 투입 가능한 실전형 AI 인재를 양성하는 데 초점을 맞추고 있습니다.

특히 석사(1년), 박사(6개월~2년), 석박사 통합과정(약 1년 6개월) 등 유연한 교육 체계를 도입해 기존 학제보다 빠르게 고급 인재를 육성할 예정입니다. 2026년부터는 매년 약 30명 내외의 신입생을 사내에서 선발하고, 향후 외부 개방도 검토하고 있습니다. 이곳을 졸업한 인재는 정규 학위를 취득하게 되며 국내외 대학원 진학, 교수 채용 등에서 기존 주요 대학 졸업자와 동등한 학력을 인정받게 됩니다.

국립 AI 교육 아카데미: 미국 빅테크 기업과 교원 노조의 협력

AI를 둘러싼 변화는 이제 교사에게도 직접적인 영향을 미칩니다. 2025년 7월, 미국 최대 교원 노조인 미국교사연맹(AFT)*은 오픈AI, 마이크로소프트, 앤트로픽과 협력해 '국립 AI 교육 아카데미(National

Academy for AI Instruction)'를 출범했습니다. 총 2,300만 달러(약 320억 원) 규모의 이 파트너십을 통해, 맨해튼에 최첨단 교육 시설을 마련하고 2025년 가을부터 교사 연수를 본격화할 예정입니다.

이 아카데미에서는 AI 툴 기본 활용법부터 수업 기획, 퀴즈 제작, 행정 업무 자동화, 평가 준비 등 교사의 실무 전반에 걸친 AI 활용법을 다룹니다. 연수를 마친 교사는 경력개발 학점(Continuing Education Credit)을 공식적으로 인정받습니다. AI 활용 연수를 수료하는 것이 단순히 개인적인 학습과 기술 체험에 그치지 않고, 교사의 공식적인 전문성 체계와 직결되는 것이죠.

향후 5년간 미국의 교사 약 40만 명이 이 과정을 거칠 예정인데, 이는 전체 교사의 약 10%에 해당하는 규모입니다. 기관 명칭에 '국립(National)'이 들어가 있지만 실질적인 운영 주체는 기술 기업이며, 공교육 생태계에 기업이 교사 연수 설계자로 등장했다는 점에서 주목할 만한 변화입니다.

AFT는 'AI는 교사와 학생 간의 직접적인 관계를 대체할 수는 없지만, 올바르게 활용된다면 수업을 더욱 풍부하게 만들 수 있다'고 강조합니다. 기업이 교실에 단순히 도구를 공급하는 수준을 넘어, 교사의 전문성 계발을 제도적으로 지원하는 새로운 교육기관의 주체로 등장했음을 보여주는 사례입니다.

◆ AFT(American Federation of Teachers, 미국교사연맹)는 미국 대표 교원 노동조합으로 약 180만 명의 교사, 교직원, 교수, 공공서비스 종사자가 소속되어 있습니다. 공교육 강화, 교원 권익 보호, 전문성 개발을 주요 활동으로 하며, 최근에는 AI 리터러시와 같은 교사 연수 혁신에도 적극적으로 참여 중입니다.

| 수업에 적용하기 |

지금까지 살펴보았듯 AI는 더 이상 특정 직무나 기술 직군의 몫이 아니라, 모든 조직 구성원이 기본으로 갖춰야 할 역량입니다. 그렇다면 학교는 이 변화에 어떻게 대응하면 좋을까요? 저는 AI의 개념을 설명하거나 기능을 익히는 단계를 넘어, 학생들이 스스로 'AI를 활용해 문제를 해결해보는 감각'을 익히는 경험이 필요하다고 생각합니다. 이를 반영한 해커톤 설계안을 제안합니다.

'AI-First 교실 해커톤'은 중학교 2학년부터 고등학교 1학년까지의 학생들을 대상으로 한 프로젝트형 수업입니다. 기업들이 AI를 실무의 핵심 역량으로 도입하고 있는 현실을 반영하여 학생들이 직접 교실 속 문제를 발견하고 AI를 활용해 해결 아이디어를 기획해보는 활동으로 구성됩니다. 수업 시간(진로, 기술, 창체 등) 또는 교내 행사의 일부로도 활용할 수 있습니다.

AI-First 교실 해커톤 설계안

[1단계] 오프닝 인사이트
소프트뱅크, 마이크로소프트, LG AI대학원 등 실제 기업의 AI 도입 사례를 간략히 소개하고, 왜 지금 AI가 중요한지 질문을 던집니다.

[2단계] 우리 반 아이디어 해커톤 진행
조별로 교실 안에서 반복적으로 일어나는 불편한 문제를 찾아보고, AI를 활용한 해결 아이디어를 기획합니다. 발표 카드에 문제 상황, 아이디어, 활용 가능한 AI 도구를 간단히 정리합니다.

[3단계] 아이디어 피칭 및 마무리 질문
조별로 아이디어를 발표하고, 투표나 피드백을 통해 우수 아이디어를 선정합니다. 마지막엔 '앞으로 내가 AI를 잘 쓸 수 있다면, 어떤 문제를 해결해보고 싶은가?'와 같은 질문으로 수업을 마무리합니다.

학생이 스스로 교실 안의 문제를 정의하고, 그 해결책에 AI를 연결해보는 경험만으로도 AI는 추상적인 기술이 아니라 함께 써볼 수 있는 도구로 다가올 것입니다. 학교는 지식을 가르치는 공간이지만, 동시에 학생들이 사회를 상상해보는 첫 출발점이기도 합니다. 그렇기에 교실에서 '우리 반에 필요한 AI는 무엇일까?'라는 질문 하나를 던지는 것만으로도 학생들은 AI를 위협이 아닌 도구로 받아들이고, 변화 속에서 주체적으로 배워갈 준비를 시작할 수 있습니다.

이제 교사에게는 기술의 단순 사용자나 전달자가 아닌, 기술을 비판적으로 해석하고 교육적으로 재설계하는 주체로서의 역할이 요구됩니다. AI를 가르치는 것이 아니라 함께 다뤄보는 경험을 열어주는 일, 교실 해커톤 활동이 그 출발점이 될 수 있기를 바랍니다.

저녁 시간, 진로에 대해 고민하는 민준이에게 지훈 씨가 조심스럽게 말을 꺼냈다. "민준아, 너무 걱정하지 마. 요즘은 한 가지 직업으로 평생 사는 시대가 아니야?" 민준이는 수저를 내려놓고 아빠를 바라봤다. "AI 때문에 없어질 직업도 많다잖아요…"

지훈 씨가 고개를 끄덕이며 말했다. "맞아, 하지만 새로운 일도 계속 생겨나고 있어. 앞으로는 직업 하나보다 배우는 힘이 훨씬 더 중요해질 거야?" 지혜 씨가 웃으며 말을 보탰다. "할머니도 지금 AI를 배우신다니까?"

"네? 외할머니가요?" 민준이 놀라며 되물었다. "응. 주민센터에서 챗GPT로 시화도 쓰시고, 다음 주엔 전시회도 연대. 요즘엔 챗GPT랑 이야기하면서 '내 인생 자서전'도 쓰시더라?"

서윤이가 눈을 반짝이며 말했다. "우와, 우리 할머니 진짜 멋지다!" 지훈 씨가 아이들을 바라보며 말했다. "앞으로는 누구나 언제든지 다시 배우고 다시 시작할 수 있어. 엄마 아빠도 계속 배우는 중이잖아. 이제 '평생직장' 보다 '평생학습'이 더 중요한 시대야?" 민준이 고개를 끄덕였다. "그러면 나중에 또 바뀌어도 괜찮은 거네요." "그럼. 변화하는 세상에서 멈추지 않는 사람이 진짜 멋진 거지?" 지훈 씨가 민준의 등을 다정하게 토닥이며 말했다.

AI 평생교육의 시대, 은퇴 없는 배움

AI는 평생교육의 패러다임을 근본적으로 바꿉니다.
'학령기에 배우고, 성인기에 일하고, 노년기에 쉰다'는
전통적인 생애주기 모델은 더 이상 유효하지 않습니다.

│ 현장의 목소리 │

"배움에는 나이가 없습니다.
AI는 지금 시니어 세대의 손끝까지 도달했습니다."

AI는 종종 젊은 세대의 전유물처럼 느껴집니다. 하지만 저는 가까운 사람을 통해 그 생각이 바뀌는 순간을 경험했습니다. 올해 칠순을 맞은 어머니께 처음 챗GPT를 보여드렸을 때 이야기입니다. 처음엔 단지 재미삼아 알려드렸습니다.

"엄마, 엄마 인생에서 가장 행복했던 순간이 언제야?" 어머니는 웃으며 대답하셨습니다. "막내를 낳았을 때… 그때가 참 좋았지." 그 기억을 바탕으로 저는 챗GPT에게 글을 써달라고 요청했습니다. 챗GPT는 따뜻한 문장들로 어머니의 이야기를 한 편의 에세이로 써주었습니다.

제목은 '네잎클로버 - 나에겐 아이 한 명 한 명이 모두 행운이었다'. 저는 그 글을 이미지로도 만들어 어머니께 보여드렸고, 어머니는 말없이 눈물을 흘리셨습니다. 그 장면을 지켜보며 깨달았습니다. AI는 단순한 기술이 아니라 누군가의 삶을 조명해주는 감정의 도구가 될 수 있다는 것을요. 그날 이후 어머니는 챗GPT와 점점 더 가까워졌습니다. 사진 동

호회 전시 제목도 챗GPT와 함께 짓고, 이제는 당신의 인생을 책으로 정리해보고 싶다는 꿈까지 가지게 되셨습니다. 기기 조작이 능숙하지 않음에도 불구하고 무언가를 표현할 수 있고 소통할 수 있다는 확신이 생기자 학습은 금세 즐거운 습관이 되었습니다.

제 어머니만의 특수한 사례가 아닙니다. 시니어 대상 AI 교육을 운영하는 한 커머스 업체 대표님의 이야기도 비슷했습니다. "교육 일정이 뜨기만 하면 전국에서 전화가 빗발쳐요. 특히 직접 가게를 운영하시거나 농산물을 판매하시는 60~70대 어르신이 많습니다. 찜질방에서 자면서라도 배우러 오겠다는 분들도 계셨고, 혼자 기차를 타고 새벽에 도착한 70대 어르신도 계셨습니다." 그중에는 마우스 우클릭이나 엔터키의 위치조차 익숙하지 않은 분들도 있었습니다. 그럼에도 불구하고 '이걸 배워야 내 장사를 계속할 수 있다'며 망설임 없이 신청하신다고 합니다.

AI는 더 이상 빠른 사람들만의 기술이 아닙니다. 누구도 소외되지 않기 위한 연결의 언어이자 삶을 주도적으로 이어가기 위한 새로운 학습 도구로서, 지금 이 순간에도 전국 곳곳에서 누군가의 삶에 스며들고 있습니다.

| 인사이트 | 액티브 AI 러너, K-시니어

능동적으로 AI를 학습하는 K-시니어의 열정

과거 디지털 소외층으로 분류되던 50대 및 60대 이상 시니어들이 이제는 AI 얼리어답터로 변모하며, 가장 빠르게 진화하는 학습자로 주목받고 있습니다. 특히 한국의 시니어 세대는 AI 활용에서 놀라운 열정을 보여줍니다. 한 조사에 따르면 50대의 약 50%, 60대 이상의 약 40%가 최근

6개월 내 생성형 AI를 경험했습니다.[*] 단순 체험에 그치지 않고, 주 단위로 꾸준히 사용하는 '액티브 러너(Active Learner)' 집단도 적지 않은 것으로 나타났습니다.

미국과 비교해도 한국 시니어의 학습 열정은 두드러집니다. 퓨 리서치 센터(Pew Research Center)에 따르면 미국 성인 전체의 생성형 AI 사용 경험은 3명 중 1명 수준이며, 50세 이상에서는 그보다 낮게 나타납니다.[**] 이에 비해 한국은 같은 연령대에서 훨씬 빠른 확산세를 보입니다.

시니어들에게 AI는 단순한 '기술'이 아닙니다. 생활을 도와주는 손, 혼자 있는 시간을 채워주는 친구, 건강을 지켜주는 조력자의 역할을 수행합니다. 바로 이 점이 K-시니어를 세계에서 가장 열정적인 '액티브 AI 러너'로 만드는 원동력이죠.

특히 텍스트 입력보다 말하기에 익숙한 시니어 세대에게, 음성으로 질문하고 대화할 수 있는 AI는 진입장벽을 낮춰주는 결정적인 요인입니다. 가뜩이나 노안 때문에 작은 글씨가 잘 안 보이는데, 챗GPT 고급 음성모드와 같은 음성 기반 AI 기술을 활용해 말로 질문하면 바로 답을 알려주니 사용하기 용이하다는 장점이 있습니다. 디지털 기기 사용에 제약을 느끼던 시니어들이 AI로 인해 장벽을 넘은 것이죠.

시니어층의 삶의 질을 높이는 AI의 가능성

한편에서는, 인공지능을 활용해 시니어 계층의 인지 기능을 보조하

---

[*] 임유진. (2025.07.01.). *시니어 사로잡을 AI 뜬다? AI에 푹 빠진 5060 [일상에 박힌 AI]*. 이투데이.

[**] Sidoti, O., & McClain, C. (2025. June 25). *34% of U.S. adults have used ChatGPT, about double the share in 2023*. Pew Research Center.

려는 시도가 활발히 이루어지고 있습니다. 미국 국립노화연구소(NIA)는 AI 기술로 방대한 데이터를 분석해 노화와 알츠하이머 관련 요인을 더 깊이 이해하기 위한 여러 연구를 진행하고 있습니다.[◆] NIA 외에도 여러 연구 기관에서 AI 기반 대화 훈련을 통해 노인의 인지 기능을 개선하려는 다양한 연구가 진행 중입니다.

고령화율이 높은 일본의 가나가와현 요코스카시에서는 실제로 치매 예방을 위해 일상 회화에 특화된 AI를 활용한 시범 사업을 진행 중입니다. 요코스카시는 치매 고위험군 비율이 상당히 높은 지역으로 AI가 노년층과 일상 대화를 나누며 기억력 자극, 생활 습관 모니터링, 응급 대응 알림 기능을 수행하며, 가족이나 복지사에게 이상 징후를 자동으로 전송하는 시스템을 운영합니다. 고령자들은 '검색보다 말로 묻고 바로 알려주는 방식이 훨씬 편하다'며 기술에 대한 거부감 없이 적극 수용하고 있습니다.

혼자 있는 시간이 많은 고령층에게 AI는 대화 상대로서 심리적 안정감도 제공합니다. 언제든지 말을 걸 수 있고, 간단한 농담이나 일상 이야기에도 응답해주기 때문에 '혼잣말을 들어주는 친구'로 받아들이는 사례가 급증하고 있습니다. 국내에서는 2025년 기준, 고독사 예방을 위해 독거노인 가정에 AI 스피커를 보급하는 지자체 사업이 활발히 운영 중입니다. 대표적인 예로 서울 성북구·강남구, 경기도 남양주시 등은 AI 말벗 로봇과 스마트 스피커를 활용한 정서 돌봄 시범 사업을 확대하고 있습니다.

◆ National Institute on Aging. (2025). *Leveraging Artificial Intelligence for Healthy Aging and Dementia Research*. National Institute on Aging.

이러한 변화는 중장년 교사들에게도 마찬가지로 일어납니다. 과거에 컴퓨터, 인터넷, 스마트 기기 활용이 필수 역량이었던 것처럼 이제는 AI가 교사의 새로운 '교양'이자 '필수 역량'이 되었습니다. 학생들은 이미 AI를 자연스럽게 사용하는 시대에, 교사가 이를 모른 채 수업을 이끌기 어렵습니다.

경험 많은 교사일수록 AI의 가치를 극대화할 수 있습니다. 오랜 교직 경험을 바탕으로 AI를 학생의 성장에 의미를 부여하는 도구로 전환할 수 있고, 어떤 기술이 교육적으로 가치가 있는지, 또 어떤 상황에서 학생에게 도움이 되는지 선별할 수 있는 안목을 지녔기 때문입니다. 따라서 중장년 교사의 AI 학습은 단순히 '뒤처지지 않기 위한 노력'이 아닙니다. 교사의 전문성을 확장하고, 교실을 세대 격차가 아닌 세대의 연결 공간으로 만드는 과정입니다.

2025 글로벌 트렌드, 정부 주도 AI 평생교육

2025년, AI는 더 이상 기술 전문가만의 영역이 아닌, 사회 경제 전반을 재편하는 핵심 동력으로 자리 잡았습니다. 이러한 시대적 요구에 따라, 단발적인 교육을 넘어 모든 시민이 AI 시대를 이해하고 적응하는 '평생 AI 교육'의 필요성이 대두되었습니다. 이는 개인의 경쟁력 확보뿐 아니라 국가의 성장 동력 유지와 사회적 안정성을 위한 필수 과제입니다.

이에 세계 각국 정부는 시장의 자율에만 맡겨두지 않고, 국가 차원에서 '정부 주도 평생 AI 교육 체계'를 구축하기 위해 전략적 경쟁에 돌입했습니다. 자국의 사회·경제적 환경에 맞춰 다양한 방식으로 평생 AI 교육 체계를 구축하고 있죠. 미국의 민관 협력 모델부터 중국의 강력한 하향식 정책에 이르기까지, 전 세계는 지금 AI 시대를 선도하기 위해 치열히 경쟁 중입니다. 주요 국가들이 AI를 기반으로 어떻게 평생학습 체계를 새로이 설계하고 있는지, 그 정책과 사례를 중심으로 살펴봅시다.

미국: 방향을 제시하는 정부, 실행하는 사회

미국은 AI를 모든 시민이 갖춰야 할 기본 역량으로 보고, 학교부터 직장까지 이어지는 전 생애 학습 체계를 구축하고 있습니다. 이를 위해 2025년 4월, 미국 백악관은 'AI 교육 강화 행정명령'을 발표하며 AI를 모든 세대가 함께 배워야 할 국가 핵심 역량으로 선언했습니다.[*] 이 명령은 유치원부터 고교(K-12), 교사 연수, 직업훈련, 재교육까지 아우르는 평생학습 기반 AI 교육 체계 확립을 목표로 합니다. 이를 추진하기 위해 정부

---

[*] 김동열. (2025.04.24.). 트럼프, AI 교육 강화 행정명령 서명… K-12 대상 인공지능 학습 확대. 티동아.

는 교육부, 노동부, 에너지부 등 여러 부처가 협력해 AI 교육 정책을 총괄·조정하는 AI 교육 태스크포스(AI Education Task Force) 조직을 만들고, 산업계·대학·비영리단체가 함께 참여하는 민관 협력 생태계를 확대하고 있습니다. 정부가 정책의 방향을 제시하고, 지역 교육청과 기관이 실행을 맡는 구조입니다.

이어 6월, 미국 정부는 민간 기업 및 교육기관과 함께 'AI 교육 서약(AI Education Pledge)'을 발표했습니다. ◆ 마이크로소프트, 구글, 아마존 등 60여 개 기관이 이 서약에 참여하여 향후 4년간 교사 전문성 강화 프로그램 및 AI 교육 자료 개발, 청소년 대상 AI 학습 자원 확충 등에 협력하기로 약속했습니다. 이 서약은 정부와 산업계가 함께 AI 교육의 책임을 나누고, 모든 학생이 미래 기술을 배울 기회를 확대하겠다는 공동의 의지를 담고 있습니다.

7월, 미국 정부는 한 걸음 더 나아가 'America's AI Action Plan'을 발표하며 AI 인재 양성과 디지털 역량 강화를 국가 경쟁력의 핵심 과제로 제시했습니다. ◆◆ 해당 계획은 AI 혁신 가속화, AI 인프라 구축, 국제 외교·안보 협력의 세 가지 축으로 구성되며, 단순한 기술 개발을 넘어 교육과 직업 재훈련을 통한 국민 역량 강화를 중요 전략으로 포함합니다. 이는 기술 경쟁력 확보뿐 아니라 AI를 통한 일자리 혁신과 평생학습 체계 강화를 통해 변화하는 산업 환경 속에서 국민이 성장할 수 있는 기반을 마련하려는 의지로 해석됩니다.

◆   The White House. (2025. June 30). *60+ Organizations Sign White House Pledge to Support America's Youth and Invest in AI Education*. The White House.

◆◆ The White House. (2025. July 23). *White House Unveils America's AI Action Plan*. The White House.

중국: 국가 목표 중심의 하향식 전략

중국은 '2030년 세계 선도 수준의 AI 강국'을 국가 비전으로 삼고, 이를 실현하기 위한 핵심 수단으로 AI 교육의 전국적 확대 및 의무화를 본격화하고 있습니다. 정부가 장기적인 목표와 로드맵을 제시하고 국가 차원의 막대한 자원과 정책적 지원을 통해 AI 산업을 육성하고 기술 주권을 확보하려는 강력한 의지를 보여줍니다.

2025년 가을 학기부터 베이징을 비롯한 전국 초·중등학교 1,400여 곳에서 인공지능 과목이 정규 교과로 의무화되었으며, 초등학교는 'AI에 대한 흥미와 이해', 중학교는 '기술 원리와 응용', 고등학교는 '프로젝트 기반 창작'을 중심으로 단계별 학습 체계를 운영합니다.[*] AI 교과서는 교육부 산하 연구기관이 개발한 국가 표준안을 기반으로 보급되고, 학생들은 챗봇 개발·음성인식·스마트 기기 제어 등 실습 중심의 체험형 수업을 통해 AI의 개념을 학습합니다. 심지어 5~6세 유아를 대상으로 한 인공지능 학원까지 속속 생겨나고 있습니다. 또, 중국 정부는 교원 확보에도 총력을 기울여 사범대 내 교육과정 신설과 교사 자격제도 개편을 추진 중입니다. 현재 초·중등 교사 대비 AI 전담 교사 비율이 상당히 낮아 국가 차원의 교원 재교육 및 양성 프로그램이 단계적으로 진행되고 있습니다.

AI 교육은 학교에 국한되지 않고 직업학교와 산업계로 확장됩니다. 중국 정부는 「국가 직업교육 개혁방안」(2024)[**]과 연계하여 빅데이터, 인

◆　　Zhao, Y. (2025. April 18). *New guideline stresses on AI-based education*. China Daily.

◆◆　중국 교육부와 인력자원사회보장부가 공동으로 발표한 정책으로, 디지털 경제 시대에 대응하기 위한 직업훈련 체계 개편을 목표로 합니다. AI, 빅데이터, 스마트 제조 등 핵심 산업 분야를 중심으로 산학협력형 직업교육 모델과 국가직업표준 제정을 추진 중입니다.

공지능, 스마트 제조 등 첨단 산업 분야의 직업훈련 프로그램을 확대하고, 기업과 교육기관이 공동으로 참여하는 산학협력형 직업훈련 모델을 추진 중입니다. 직업훈련의 질 관리를 위해 국가직업표준(National Occupational Standards)을 제정하고♦, 디지털 엔지니어와 기술자의 재교육 및 역량 고도화도 지원합니다.

이처럼 중국은 정부가 설계하고 사회가 따르는 하향식(Top-down) 모델을 통해, 유아기부터 성인까지 국가 전략의 틀 안에서 일사불란하게 AI 교육을 추진합니다. 이는 민간의 자율과 분권적 협력에 기반한 방식과 달리, 중앙정부가 목표와 표준을 직접 통제하며 추진하는 체계라는 점에서 차이가 있습니다.

유럽: 신뢰, 규제 및 글로벌 협력 중심의 전략

유럽은 강력한 규제를 바탕으로 신뢰할 수 있는 AI 생태계를 구축하는 동시에, 유네스코와 OECD 등 국제기구를 중심으로 포용성과 지속가능성에 초점을 맞춘 글로벌 AI 교육 거버넌스 확장에 기여합니다. 국가 간 협력과 가치 중심 접근을 통해 AI 교육의 새로운 표준을 만들어가는 동시에, 단순히 AI를 '잘 활용하는 시민'을 길러내는 것이 아니라 AI와 함께 더 나은 사회를 설계할 수 있는 시민 양성을 목표로 합니다.

2025년 2월, 프랑스 파리에서 열린 AI 행동 정상회의(AI Action Summit)의 주요 성과 중 하나는 유네스코, OECD, 유럽연합 등을 중심으로 '사람과 지구를 위한 포용적이고 지속가능한 AI에 관한 선언문'을 채

♦　한국무역협회. (2024.07.04). *중국, 2026년까지 AI 분야 50개 국가 표준 만든다.* 한국무역협회.

택한 것입니다.[*] 이 선언은 AI 시대의 교육 불평등 해소와 전 생애주기별 디지털 역량 강화를 국제 공공재로 간주하고, 각국의 AI 교육 거버넌스를 국제 기준에 맞춰 확장할 것을 권고했습니다.

대한민국: AI 기본 사회, 모두의 AI

대한민국 정부는 디지털 대전환 시대에 국가 경쟁력을 좌우하는 핵심 요소로 AI 인재 양성을 강조하며 전 생애에 걸친 평생학습 체계 구축에 집중하고 있습니다. AI가 더 이상 특정 전문 분야의 기술이 아니라, 학생부터 시니어까지 모든 국민이 이해하고 활용해야 하는 삶의 기본 역량으로 자리매김하고 있음을 의미합니다.

정부는 AI 역량 강화를 전 생애 교육 체계로 확장하기 위해 'AI·디지털(AID) 30+ 프로젝트'를 발표했습니다. 30세 이상 성인을 대상으로 한 AI·디지털 평생교육 지원 사업으로, 생애 전환기 성인들이 산업 변화에 대응할 수 있도록 돕는 것을 목표로 합니다. 주요 내용은 다음과 같습니다.

- AID 선도대학 100개교 지정을 통한 대학 중심 평생교육 강화
- 성인 1만 명 대상 디지털 이용권(1인당 연 35만 원 상당) 제공
- 학점은행제 및 온라인 학습 플랫폼 고도화, 독학학위제 전공 확대
- 생활 밀착형 디지털 교육(예 금융앱, 키오스크 활용 등) 확대

---

[*] 김정곤, 나승권, 장한별. (2025.02.21.). *파리 AI 행동 정상회의 주요 결과와 시사점: 포용적 AI를 위한 국제협력 방향*. 대외경제정책연구원.

특히 'AID 커리어 점프 패스'로 불리는 학습 이용권은 방송대, 지역대학, 온라인 교육기관에서 AI 및 디지털 강좌를 수강할 수 있도록 설계되어 있습니다. 현재는 시범 단계이지만, 성인층 중심의 AI 평생학습 제도화라는 점에서 중요한 전환점으로 평가됩니다.

AI 평생교육은 중앙정부의 정책을 넘어 지역 단위 학습 체계로 확산됩니다. 경기도는 AI·디지털 전환을 평생교육의 핵심 과제로 삼고, 청소년 대상 드론·AI 체험 프로그램과 성인 대상 디지털 문해 교육을 운영하고 있습니다. 경기도평생교육진흥원은 시·군 평생교육 담당자를 대상으로 AI 융합 기획 전문가 과정을 개설해 지역 교육 담당자의 기획 역량을 높이는 데 일조합니다. 또한 일부 지자체에서는 '평생교육 이용권'과 같은 바우처 제도를 운영해, 시민이 필요한 학습 과정을 직접 선택할 수 있는 환경을 마련했습니다. 이러한 시도는 지역이 단순한 교육 실행 단계를 넘어 정책 실험의 현장으로 변화하고 있음을 보여줍니다.

대한민국 국가 차원의 AI 컨트롤타워 등장

2025년 9월, 정부조직법 개정으로 과학기술정보통신부가 부총리급 부처로 승격되었습니다. 과기정통부 장관이 부총리를 겸임하게 되면서, 국가 차원의 과학기술·AI 정책을 통합적으로 조정할 수 있는 체계가 마련되었습니다. 이에 따라 부총리 직속으로 '과학기술·인공지능정책협력관'이 신설되고, 부처 간 정책 조율을 담당하는 '과학기술·인공지능 관계장관회의'가 설치되었습니다. ◆ 또한 기존 국(局) 단위였던 AI 전담 조직

◆　구본혁, (2025.09.30.), *17년 만에 부활한 과기부총리… 'AI · 과학기술' 컨트롤타워 본격 출범*. 헤럴드경제.

이 '인공지능정책실'로 확대되었죠. 이러한 개편을 통해 정부는 부처별로 분산되어 있던 AI 관련 정책을 체계적으로 관리하고, 국가 AI 전략의 중심 기관으로서의 역할을 강화했습니다.

2025년 9월, 과학기술정보통신부는 '독자 인공지능 기초 모형(AI 파운데이션 모델)' 프로젝트의 착수식을 열고 본격적인 사업 추진에 들어갔습니다. 이 프로젝트는 글로벌 대규모 언어모델(LLM)에 맞설 수 있는 한국형 파운데이션 모델을 개발해 국가 차원의 AI 주권을 확보하고, 국민 누구나 활용할 수 있는 AI 서비스 제공을 목표로 합니다. 현재 네이버 클라우드, 업스테이지, SK텔레콤, NC AI, LG AI연구원 등 5개 컨소시엄이 정예팀으로 참여하고 있으며, 경쟁적 협력을 통해 모델을 고도화합니다. 이후 단계별 평가를 거쳐 일부 팀은 탈락하고, 최종적으로 소수 정예팀만이 개발을 이어가게 됩니다. 또한 정부는 인프라 확충을 핵심 과제로 삼고 있습니다. ◆

이처럼 나라별 접근은 다르지만, 모두가 'AI 평생학습 사회'라는 같은 목표를 향합니다. AI 시대의 교육은 국가의 전략을 넘어 사람이 배우고 성장하는 보편적 여정으로, 국가의 지속가능성을 좌우하는 사회적 기반이 되었습니다.

◆ 교육부. (2024). *제2차 정보교육 종합계획(안) [2025년 ~ 2029년]*. 과학기술인재정책 플랫폼.

소규모 교사 학습 공동체 운영하기

지금까지 살펴본 것처럼, 생성형 AI의 등장으로 유아부터 시니어까지 연령을 가리지 않는 평생학습의 시대가 열렸습니다. 특히, 교육 현장에도 AI가 빠른 속도로 스며들고 있으므로 교육자들이 AI를 적극적으로 받아들이고 학습하는 것이 중요합니다. 이를 위한 소규모 교사 학습 공동체 운영을 제안합니다. 교사 학습 공동체는 거창한 사업이 아니라 작은 습관처럼 운영할 때 오히려 지속성이 생깁니다. 그렇다면 실제로 학교 안에서 어떻게 꾸려가면 좋을까요?

먼저, 모임의 리듬을 가볍게 정하는 것이 중요합니다. '매달 첫째 주 수요일 점심시간 20분'처럼 딱 정해두면, 바쁜 일정 속에서도 자연스럽게 참여할 수 있습니다. 정기적이되 짧고 가볍게 하는 것이 핵심입니다.

다음으로는 공유 방식입니다. 꼭 PPT나 보고서를 준비할 필요는 없습니다. 교사들이 돌아가며 '이번 주에 내가 시도해본 한 가지'를 짧게 이야기하는 것만으로도 충분합니다. 예를 들어 어떤 교사는 '챗GPT로 학습지 초안을 만들어봤다'라고 소개하고, 다른 교사는 '학생들이 학습지 문항을 너무 길다고 느꼈다'라고 보완점을 나눌 수 있습니다. 이렇게 오가는 대화 자체가 학습 공동체 활동입니다.

또 하나 중요한 것은 흔적 남기기입니다. 회의록처럼 정리하지 않아도 되며, 구글 문서나 학교 클라우드에 '오늘 나온 아이디어'를 한 줄씩 기록해두면 시간이 지나면서 학교만의 사례집이 쌓입니다. 나중에 신입 교사가 들어왔을 때도 이 자료는 귀중한 자원이 됩니다.

마지막으로, 외부 자원과 연결하기를 권합니다. 교육부와 교육청이 운영하는 아이에답(AIEDAP) 같은 플랫폼에서는 전국 교사들의 AI 수업 사례집을 제공합니다. 소규모 모임에서 이 자료집을 함께 읽고 '우리 학교에서는 어떻게 적용할 수 있을까?'를 토론한다면, 단순히 정보를 소비하는 수준을 넘어 실제 수업 개선으로 이어질 수 있습니다.

즉, 소규모 학습 공동체는 '짧고 정기적인 만남 → 간단한 경험 공유 → 한 줄 기록 남기기 → 외부 자료와 연결하기'라는 흐름만 잡아도 충분합니다. 중요한 것은 완성도를 높이는 것이 아니라, 교사들이 서로 경험을 나누고 배우는 습관 형성입니다.

AI FOMO, 알고 계신가요?

'세상에 없던 AI 툴이 나왔다!'

'AI 시대에 필요한 역량은 이것이다.'

'다음 AI 투자 트렌드는 무엇일까?'

요즘 제 SNS 알고리즘은 온통 AI 이야기뿐입니다.

처음엔 '와, 이런 것도 AI로 가능하네!' 하며 새로운 기능을 시험해보고 뉴스를 보는 게 즐거웠죠. 하지만 어느 순간부터 '새로운 걸 놓치면 안 된다'는 압박감이 생겼습니다. 남들이 다 안다는 걸 나는 모르면 괜히 뒤처진 것 같고, 하루라도 업데이트를 놓치면 세상에서 멀어지는 기분이 들더라고요. 그렇게 쉴 새 없이 새로운 걸 좇던 어느 날, 제가 피곤한 얼굴로 이제 그만 알고 싶다고 말하자 남편이 말했습니다. "너무 스트레스 받지 마. 마치 AI FOMO 같은데?"

FOMO의 유래: 놓칠까 봐 두려운 마음

'FOMO'라는 말의 뿌리는 1990년대 중반으로 거슬러 올라갑니다. 마케팅 심리학자 댄 허먼(Dan Herman)은 소비자들이 새로운 상품이나 경험을 놓칠까 봐 느끼는 불안을 관찰했고, 이를 'Fear of Missing Out(놓칠까 봐 두려운 마음)'이라 불렀습니다. 원래는 친구의 여행 사진, SNS 속 '핫플' 인증 사진, 혹은 남들의 커리어 뉴스를 보며 느끼는 감정이었는데, 이제 그 대상이 'AI'로 옮겨 온 것이죠.

우리 모두의 마음 속에 있는 AI FOMO

이제 AI는 '트렌드'가 아니라 '생존 기술'로 자리 잡았습니다. '다들 AI로 성과를 내는데 나만 모르고 있으면 어쩌지?', '내 일자리가 사라지는 건 아닐까?'와 같은 감정이 바로 AI FOMO, 즉 'AI를 놓치면 나만 뒤처질 것 같은 두려움'입니다.

AI FOMO는 교사에게도, 직장인에게도 익숙한 감정입니다. 교사는 AI로 수업을 준비하는 다른 교사들을 보며 '나도 해야겠네'라고 느끼고, 직장인은 동료들이 AI로 보고서를 빠르게 완성하는 걸 보고 불안해집니다.

하지만 이 감정은 단순히 두려움보다 '성장 욕구'에 더 가깝습니다. 새로운 시대를 놓치고 싶지 않은 마음이자 내 아이, 내 학생, 내 커리어가 시대에 뒤처지지 않길 바라는 마음이죠. 문제는 그 마음이 조급함으로 변할 때입니다. AI를 배우는 과정이 '성장'이 아니라 '경주'로 바뀌는 순간, AI는 우리에게 힘이 아니라 부담이 됩니다.

그렇다면, AI FOMO를 건강하게 다루려면 어떻게 해야 할까요?

- 비교 대신 호기심으로 접근하기
- 모든 툴을 다 섭렵하려 하지 않기
- 나의 속도 인정하기

AI FOMO는 두려움의 이름처럼 보이지만, 그 속엔 '나도 배우고 싶다'는 성장 본능이 숨어 있습니다. 놓치지 말아야 할 건 AI 툴이 아니라, 계속 배우고자 하는 나 자신의 용기입니다.

7교시
인간성

결국 사람을 향해 나아가다

AI가 교실과 일터의 풍경을 바꾸는 지금, 교육은 중대한 질문을 마주합니다. AI가 지식과 효율을 증폭해주지만, 인간 고유의 능력인 깊이 생각하고 다른 사람과 관계 맺는 일까지 대신 해줄 수는 없기 때문입니다. 7교시에는 AI의 편리함을 넘어, 생각의 주인이 되고 관계를 이끌며 스스로 책임지는 인간으로 성장하는 법을 탐구합니다. 결국 AI 시대 교육의 본질은 기술이 아니라 그 기술을 다루는 사람을 향해 나아갑니다.

오늘따라 민준이의 얼굴이 어둡다. 지혜 씨가 걱정스럽게 물었다. "민준아, 무슨 일 있어? 오늘 학교 발표는 잘했고?" 민준이가 힘없이 말했다. "망했어요. AI로 대본을 완벽하게 준비했는데, 질의응답 시간에 예상치 못한 질문이 나왔어요." 서윤이가 물었다. "왜? AI가 알려준 내용에 없는 질문이 나온 거야?"

"맞아. 한 친구가 'AI 데이터 센터의 전력 소비는 기후에 괜찮은가?'라고 묻는데 머리가 하얘졌어. AI 대본에는 전혀 없는 내용이었거든. 사실 조금만 생각해봐도 나올 법한 질문이었는데…" 조용히 듣고 있던 지훈 씨가 말했다. "아빠 회사 후배도 AI로 완벽한 보고서를 만들었지. 그런데 임원이 '이걸 적용하면 어느 부서가 가장 먼저 저항할까?'라고 묻자 얼굴이 빨개지더구나. 기술의 현실적인 파장에 대한 고민이 없었던 거야."

지훈 씨는 민준이를 바라보며 말을 이어갔다. "정보를 몰라서가 아니야. 깊이 고민해본 적 없다는 게 드러난 거지. 완벽한 정보도 스스로 소화하지 못하면 설득력이 없어. 결국 AI가 머리가 아닌 입만 빌려준 셈이니까." 민준이가 한숨을 쉬며 말했다. "맞아요. 전 AI가 차려준 밥상에 숟가락만 얹으려 했어요. 직접 고민하지 않았으니 설명할 수도 없었던 거죠. 이젠 먼저 제 생각을 정리한 뒤에 AI를 활용해야겠어요."

소통, 아는 것과 안다는 착각

우리는 이전보다 더 많이 알고 있지만
자신의 언어로 표현해내지 못할 위험에 처해 있습니다.

| 현장의 목소리 |

"AI가 시간을 줄여주는 건 분명 좋아요.
그런데 남는 시간에 뭘 하느냐가 결국 실력을 가릅니다."

아는 것과 안다는 착각이 드러나는 대표적인 상황은 발표와 토론입니다. 둘 다 업무 능력에 중요한 요소지요. 발표부터 짚어볼까요? 발표 준비가 잘되었는지 알 수 있는 주요 지표 중 하나는 '발표 시간'입니다. 발표 내용을 잘 숙지했다면 실제 발표에서 시간을 더 쓸까요, 덜 쓸까요? 적어도 기업 교육, 기업 발표 현장에서는 시간을 '덜' 씁니다. 청중 입장에서 꼭 필요한 내용만 선별해서 말하기 때문입니다. 전체 내용의 핵심 맥락을 꿰뚫고 있는 사람은 청중에게 딱 필요한 만큼을, 청중의 수준에 맞춰 순서대로 연결성 있게 말합니다.

이제 AI에게 주제, 관련 자료, 청중의 입장, 발표의 맥락과 상황을 구체적으로 알려주면 훌륭한 발표 대본과 슬라이드를 만들어줍니다. 여기에 두 가지 문제가 있습니다. 첫째, '충분히 구체적으로 알려줄 수 있는가'입니다. 기본적인 상황 이해, 표현력, 업무 경험 등이 있어야 가능한 것이죠. 둘째, 그렇게 만들어진 슬라이드를 띄워놓고 대본대로 읽으면 과연

성과가 날까요? 많은 경우 그렇지 못합니다. 이유는 크게 두 가지입니다. 첫 번째는 아리스토텔레스가 말한 '에토스(Ethos)'입니다. 에토스는 '누가 말했는가?'입니다. 같은 법 조항을 인용해도 사기꾼과 존경받는 변호사 중 누가 말했는가에 따라 신뢰도가 달라지겠죠. 또한 책임을 질 수 있는 가와도 관련됩니다. AI는 이미 인간의 말투, 심지어 헛기침 같은 것까지 거의 똑같이 표현하는 수준에 이르렀습니다. 하지만 슈퍼 휴머노이드가 나타나 인간과 똑같은 발표를 해낸다고 해서 사람을 대체할 수 있을까요? 그렇지 않습니다. 에토스 때문이죠. 두 번째는 돌발 변수에 대한 대응입니다. 실전 발표에서는 청중의 반응이 기대와 다를 수 있습니다. 갑자기 시간이 짧아지는 경우도 많고요(중요한 발표일수록 이런 경우가 많습니다). 갑자기 공격적인 질문이 들어와 흐름이 끊기기도 하죠. 긴장한 나머지 머릿속이 하얘지는 경우도 있습니다.

그럼 어떻게 해야 할까요? 제가 AI를 활용해 학생과 회사 임직원들을 훈련하는 방법은 이렇습니다. 우선 본인의 발표 자료와 대본을 간결하게 정리해보도록 합니다. 이후에 AI에게도 작성하게 합니다. 대신 프롬프트를 아주 꼼꼼하게 쓰고, 여러 번의 대화를 통해 맥락을 최대한으로 학습시킵니다. 학생들은 그 과정에서 본인이 놓쳤던 것을 알게 되지요. 특히 본인이, 본인의 발표를 들을 청중이 무엇을 원하는지조차 제대로 알지 못한다는 것을 깨닫습니다. 정말 중요한 발견이죠. 그리고 최종 대본을 다시 학습시킨 후, 나올 수 있는 까다로운 질문들을 도출해달라고 요청합니다. 각 질문에 대해 답할 핵심 키워드를 직접 정리해봅니다. 이후 AI에게 답을 요구하고 본인의 답과 비교합니다.

느끼셨겠지만 순서가 중요합니다. 이 순서대로 하면 과정에서 배우는 것도 있고, 훨씬 양질의 결과물이 나옵니다. 마지막으로 실전 발표는 대본을 줄줄 외우는 형식이 아니라, 핵심 키워드만 보고 본인의 방식으로 표현하는 훈련을 합니다. 이 부분이 가장 중요하므로 여러 번 반복하죠. 이 과정에서 핵심이 무엇인지, 청중에게는 어떻게 들릴지, 청중 수준에 어떻게 맞출지에 대한 '감각'이 조금씩 생겨나기 시작합니다. 바로 이 '감각'이 핵심 능력입니다.

안다는 착각을 발견하는 또 다른 대표 상황인 토론 과정을 살펴볼까요? 제가 실제로 기업의 중견 실무자, 팀장, 임원을 대상으로 진행하는 토론 워크숍에서 워밍업으로 제시하는 과제를 소개하겠습니다.

"여러분, 지금부터 딱 20분 드릴 테니, '내년 R&D 예산을 두 배로 늘려야 한다'에 대해 찬반 토론을 준비하세요. A 그룹은 찬성, B 그룹은 반대 입장입니다. 팀원과의 토의는 물론이고 AI 도구도 최대한 사용해보세요."

참가자들은 각자 본인이 주로 쓰는 AI 도구를 열어 찬성 또는 반대 의견과 근거를 찾기 시작합니다. 그리고 팀 자체적으로 토의를 합니다. 그런데 막상 토론을 시작하면 처음 몇 마디 이후로 표현을 잘 못하는 경우가 많습니다. 정보도 많이 찾았고, 정리된 내용도 분명히 있지만 말하는 사람의 머릿속에 정리되지 않았기 때문입니다. 충분히 소화하지 못한 것이죠. 그 결과 휴대폰을 들여다보고 줄줄 읽는 장면이 연출됩니다. 그리고 제3자가 보면, 찬성팀과 반대팀이 각자 자신의 이야기만 하고 있습니다. 같은 공간에 있지만 대화가 아니라 각자 '독백'을 하는 웃픈 상황이 만들어집니다. 최소 10년 이상 해당 업무를 해온 전문가가 이제 막 답을 '생성해낸' AI의 제안에 의존해서 말하는 상황인 것이죠. 안다고 착각하는 수준에 머물 때 우리는 제대로 된 표현도, 설명도, 당연히 설득도 할 수가 없습니다. 워밍업에서 얻는 중요한 교훈이죠.

다음 단계로 현업의 실제 이슈를 정하고 준비 시간을 충분히 주면 그림이 많이 달라집니다. 우선 AI를 활용해 빠르게 정보를 얻고 남는 시간에 맥락적 이해를 더합니다. AI에게 추가적인 맥락을 물어보기도 하고, 다른 참가자들과 갑론을박을 벌이기도 합니다. 이렇게 1~2시간을 준비한 후 진행하는 토론은 깊이가 다릅니다. 참가자들은 토론의 승패보다는 해당 주제에 대한 폭넓은 '맥락적 이해'를 얻게 되었다는 피드백을 많이 합니다.

토론의 시작 단계에서는 '간결하고 명확한 주장(입안 또는 입론이라고 합니다)'이 중요합니다. 하지만 이보다 더 중요한 것이 있는데요. 바로 반박과 질문입니다. 반박을 잘하는 이들에게는 공통점이 있습니다. 무엇일까요? 흔히 말발이 좋고 소위 '전투력'이 있는 사람이 반박을 잘할 거라 생각합니다. 그런데 현장에서 디베이트를 하고 나면 알게 됩니다. 반박을 잘하는 이들은 '경청'한다는 것을요. 상대의 말을 잘 듣고, 그 말을 기반으로 반박하면 누가 들어도 '일리가 있다'고 반응하게 됩니다. 반박에 서툰 사람은 상대의 말을 듣지 않고 자기 하고 싶은 말만 반복하지요. 질문도 같습니다. 질문을 잘하는 사람은 토론 주제, 그리고 상대의 발언에 늘 관심을 갖습니다. 그래서 모순점이 발견되거나 추가로 알고 싶은 부분이 생길 때 날카로운 질문을 할 수 있지요. 반박과 질문 모두 배경지식이 충분하고, 상대의 말을 머릿속에 차곡차곡 정리하는 능력이 있어야 가능한 것입니다.

발표와 토론은 협업에서 매우 중요한 능력입니다. 이 영역에서 AI가 도움을 주게 된 것은 희소식이 맞습니다. 슬라이드 디자인을 구성하거나 디베이트를 위한 기본 정보를 수집하고 정리할 때 AI는 상당한 시간을 절약해주니까요. 핵심은 그렇게 절약되어 남는 시간에 무엇을 하는가입니다. 어떤 사람은 슬라이드와 자료를 종합적으로 검토해서 문제점이 없는지를 체크하겠죠. 또한 상대방에게 적절하게 전달되도록 연습도 할 것입니다. 아무것도 하지 않고 덮어놓았다가 발표 또는 미팅 시점이 되어서 AI가 만들어준 것을 말로 되풀이한다면 어떻게 될까요? 당장의 성과가 문제가 아닙니다. 시간이 흐르면서 점점 본인의 학습 능력, 일하는 능력, 주체적인 생산 능력 자체를 잃게 될 것입니다. 반대로 시간이 걸리는 작업을 AI에게 위임하고 가장 중요한 핵심을 지속적으로 고민하는 이들은 학습 능력, 일하는 능력, 주체적 생산 능력을 계속 키워나갈 수 있을 것입니다. 그런 이들에게 AI의 진보는 축복이겠지요.

| 인사이트 | 생각 없는 말하기: '지식의 환각'에 빠진 뇌

생각 건너뛰기, 인지적 오프로딩

학생들이 AI에 의존해 생각 과정을 건너뛰는 현상은 단순한 게으름이 아니라 뇌과학적 원리로 설명됩니다. 스위스 비즈니스 스쿨(SBS)의 마이클 게를리히 교수는 이러한 현상의 핵심 기제로 '인지적 오프로딩(Cognitive Offloading)'을 지목합니다. 인지적 오프로딩이란 기억, 분석, 문제 해결과 같은 고차원적 인지 작업을 외부 도구(AI)에 위임하고 자신의 뇌는 그 과정을 생략하려는 경향을 의미합니다.

게를리히 교수의 연구팀은 666명의 참가자를 대상으로 AI 도구 사용 빈도, 인지적 오프로딩 경향, 비판적 사고 능력을 측정했습니다. 그 결과,

AI 도구 사용 빈도가 높을수록 비판적 사고 능력이 낮아지는 뚜렷한 음의 상관관계가 나타났으며, 이 관계를 매개하는 핵심 요인이 바로 인지적 오프로딩이었습니다. 즉, AI에 더 많이 의존할수록 인지적 작업을 외부로 떠넘기게 되고, 이는 결국 비판적 사고 능력의 저하로 이어진다는 것입니다.[*]

이 연구는 연령과 교육 수준에 따른 중요한 차이점도 발견했습니다. AI 네이티브인 젊은 층(17~25세)은 AI에 대한 의존도와 인지적 오프로딩 경향이 더 높게 나타난 반면, 고등교육을 받은 사람들은 AI를 사용하더라도 비판적 사고 능력을 상대적으로 잘 유지하는 경향을 보였습니다.[**] 이는 정규교육을 통해 비판적 사고 훈련을 받은 경험이 AI의 부정적 영향을 완화하는 '보호 요인'으로 작용할 수 있음을 시사합니다.

뇌 속을 들여다보다: '생각 근육'의 위축

'생각 없는 말하기'는 단순히 나쁜 습관의 문제가 아니라, 뇌의 활동 방식 자체가 변하고 있다는 생리적 신호일 수 있습니다. MIT 미디어랩에서 진행한 한 연구[***]는 이 가설에 힘을 싣습니다. 연구진은 대학생들을 세 그룹으로 나누어 각각 자신의 힘으로, 구글 검색을 활용해, 챗GPT

◆   Dolan, E. W. (2025, March 21). *AI tools may weaken critical thinking skills by encouraging cognitive offloading, study suggests*. PsyPost.

◆◆ Loga, R. (2025, February 26). *AI's cognitive implications: The decline of our thinking skills?*. IE University, Center for Health and Well-being blog.

◆◆◆ Kosmyna, N., Hauptmann, E., Yuan, Y. T., Situ, J., Liao, X.-H., Beresnitzky, A. V., Braunstein, I., & Maes, P. (2025, June 10). *Your brain on ChatGPT: Accumulation of cognitive debt when using an AI assistant for essay writing task*. arXiv.

를 활용해 에세이를 작성하게 하고 뇌파(EEG)를 측정했습니다. 그 결과, 챗GPT를 사용한 그룹은 다른 두 그룹에 비해 집중력, 실행기능, 판단 등 고차원적 사고와 관련된 뇌 영역의 활동이 현저히 낮게 나타났습니다.

AI 의존	검색 활용	자신의 노력
		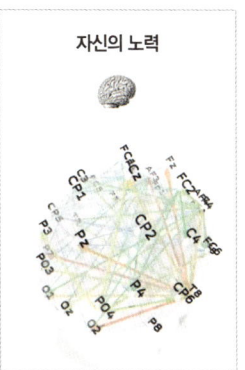

MIT 미디어랩의 뇌파 측정 연구 결과

이는 AI가 정답을 제시할수록 뇌가 스스로 정보를 분석하고 종합하며 결론을 도출하는 복잡한 과정을 건너뛴다는 것을 의미합니다. 오랫동안 사용하지 않은 근육이 위축되듯, 생각하는 데 필요한 뇌의 신경 회로 역시 반복적으로 사용하지 않으면 그 기능이 약화될 수 있습니다. 이처럼 인지적 오프로딩 현상은 행동의 변화를 넘어, 뇌의 생리적 활동 패턴까지 바꿉니다. 따라서 교육의 과제는 단순히 표절을 막는 수준을 넘어, 학생들의 근본적인 인지 발달을 어떻게 지킬 것인가라는 더 깊은 차원의 문제로 확장됩니다.

| 인사이트 | 복사된 글쓰기: '지식의 주체'는 어디에 있는가?

새로운 역할 모델: 인간은 AI의 관리자다

AI가 생성한 글을 무비판적으로 복사하는 행위의 근원에는 AI와의 관계 설정에 대한 오해가 자리 잡고 있습니다. 많은 학생들이 AI를 '정답을 주는 현자'나 '모든 것을 해결해주는 상사'로 여기지만, 전문가들은 전혀 다른 관계 모델을 제안합니다.

펜실베이니아대학교 와튼 스쿨의 이선 몰릭 교수는 그의 저서 『듀얼 브레인(Co-Intelligence)』에서 AI를 '똑똑하지만 경험 없는 인턴'으로 대하라고 조언합니다. ◆ 인턴에게는 명확한 지시와 충분한 맥락 설명이 필요하며, 그가 가져온 결과물은 반드시 관리자가 직접 검토하고 수정하며 최종 책임을 져야 합니다. 즉, 인간은 수동적 사용자가 아니라 AI의 작업을 지휘하고 관리하며 그 결과에 책임을 지는 적극적인 '관리자'가 되어야 한다는 것입니다. 마이크로소프트의 CEO 사티아 나델라 역시 AI를 인간 조종사를 돕는 '코파일럿(Copilot, 부조종사)'으로 명명하며, 최종 방향을 결정하는 조종간은 언제나 인간이 잡고 있어야 한다고 강조합니다.

기업은 AI '사용자'가 아닌 AI '관리자'를 원한다

이러한 새로운 역할 모델은 단순한 비유가 아니라 실제 산업 현장에서 요구하는 핵심 역량과 정확히 일치합니다. AI 기술을 선도하는 기업들은 AI를 단순히 잘 다루는 직원이 아니라 AI를 전략적으로 관리하고

◆　Mollick, E. (2024). *Co-Intelligence: Living and Working with AI*. Portfolio. (국내 번역서: 이선 몰릭, 신동숙 옮김. (2025). *듀얼 브레인*. 상상스퀘어.)

인간 고유의 통찰력으로 이끌 수 있는 인재를 찾고 있습니다.

마이크로소프트가 발표한 40억 달러 규모의 'Elevate' 이니셔티브는 이러한 철학을 명확히 보여줍니다. 브래드 스미스 사장은 이 계획을 발표하며 "목표는 우리를 대체하는 기계를 만드는 것이 아니라 우리가 더 많이, 더 잘할 수 있도록 돕는 기계를 만드는 것"이라고 강조했습니다.◆ 이는 기술 개발의 중심에 있는 기업조차 AI의 역할은 인간을 보조하고 증강시키는 것이며, 최종적인 판단과 책임의 주체는 인간임을 분명히 하고 있음을 보여줍니다.

이러한 흐름은 국내 기업에서도 동일하게 나타납니다. LG, 삼성, SK, 현대자동차 등 주요 대기업들은 해외 인재 영입에만 의존하지 않고 'LG AI대학원'과 같은 사내 교육기관을 설립하여 자체적으로 AI 인재를 양성합니다. 이들 교육과정은 단순한 코딩이나 도구 활용법이 아니라 AI가 생성한 결과물을 비판적으로 검토하고, 산업 현장의 실제 문제를 해결하며, 윤리적 판단을 내리는 'AI 관리자'로서의 역량을 기르는 것이 핵심입니다.

이는 학생들이 AI를 사용하는 방식과 미래 사회가 그들에게 기대하는 역할 사이에 큰 간극이 존재함을 시사합니다. 많은 학생들이 효율성을 위해 AI의 '수동적 사용자'가 되는 길을 택하지만, 정작 사회와 기업은 AI를 이끌어갈 '능동적 관리자'를 요구하고 있습니다. 교육의 가장 시급한 과제는 바로 이 간극을 메우고, 학생들이 AI의 지배를 받는 객체가 아닌 지식의 주체로 우뚝 서도록 돕는 것입니다.

◆　Smith, B. (2025, July 9). *Microsoft Elevate: Putting people first*. Microsoft.

| 수업에 적용하기 |

발표의 주도권을 유지하는 수업 설계안

[1단계] 발표 3단계 프롬프트 설계하기

- 학생이 AI에게 무작정 '발표 자료 만들어줘'라고 요청하기 전에, 반드시 먼저 스스로 '기획안'을 작성하게 합니다. 다음 세 가지 질문에 대한 답을 작성하고, 이를 바탕으로 AI에게 제시할 구체적인 프롬프트를 만들도록 지도합니다.

  ① **청중 분석**: 나의 청중은 누구이며, 발표 주제에 대해 이들이 이미 아는 것과 궁금해하는 것은 무엇인가?

  ② **목표 설정**: 이 발표를 통해 청중이 느끼거나 행동하게 만들고 싶은 것은 무엇인가?

  ③ **구조 구상**: 어떤 순서로 이야기해야 가장 설득력이 높을까?

- **심화 활동**: '실패한 프롬프트 전시회'를 열어 학생들이 자신의 의도와 다르게 나온 AI 결과물과 그 원인이 된 프롬프트를 공유하고, 어떻게 개선할 수 있을지 함께 토론하며 프롬프트 엔지니어링의 원리를 체득하게 합니다. 작성한 프롬프트, 활용한 AI 도구, 결과물을 공유 문서(구글 독스, 슬리도(Slido) 등 활용)에 모아서 상호 비교해봅니다.

[2단계] AI와 함께 하는 Q&A 리허설

- 완성된 발표 대본을 AI에게 제시하고 다양한 각도의 질문을 요청하여 Q&A를 준비합니다. '이 발표 내용에 대해 나올 수 있는 가장 비판적인 질문 5가지를 해줘', '만약 내가 CEO라면 이 발표를 듣고 어떤 점을 가장 우려할까?', '이 기술의 윤리적 맹점은 뭐라고 생각해?'와 같이 역할과 관점을 부여하여 질문하게 하면, 단순 사실 확인을 넘어선 깊이 있는 질의응답을 시뮬레이션할 수 있습니다.

- **팁**: 학생들이 단순히 AI의 질문에 답하는 것을 넘어, AI의 질문 자체를 평

가하게 해보세요. '이 질문은 발표의 핵심을 찌르는 좋은 질문인가?', '더 나은 질문을 하려면 AI에게 어떤 추가 정보를 줘야 할까?'와 같이 질문의 질을 높이는 훈련 기회가 됩니다.

[3단계] '핵심 메시지' 한 문장으로 요약하기 훈련

- AI가 생성해준 방대한 자료와 스크립트를 빠르게 읽고 학습한 뒤, 발표의 핵심 포인트를 정하는 과정입니다. '그래서 이 모든 내용을 관통하는 핵심, 청중이 당신의 발표에서 딱 한 가지만 기억해야 한다면 그것은 무엇인가?'라는 질문에 '자신만의 언어'로 단 한 문장의 핵심 메시지를 만들게 합니다. 핵심을 빠르게 읽어내는 독해력, 청중의 입장에서 가장 중요한 것이 무엇일지 생각해보는 공감력, 복잡한 것을 간결하게 전달하는 표현력을 키울 수 있습니다. 이 문장을 발표의 시작과 끝에 반복하여 청중에게 각인시키는 훈련을 합니다.
- **심화 활동**: 완성된 핵심 메시지를 바탕으로, 청중의 마음에 꽂힐 만한 강력한 제목이나 슬로건을 만들어보는 '카피라이팅' 활동으로 연결하여 메시지 압축 능력을 강화합니다.

[4단계] AI 피드백 코치로 발표 연습하기

- 스마트폰으로 자신의 발표 모습을 녹화한 뒤, 영상 분석이 가능한 AI 도구나 챗봇에게 영상을 업로드하고 피드백을 요청합니다. 이때 '말이 너무 빠른 부분은 어디인가?'와 같은 기술적 피드백뿐 아니라, '내 주장이 가장 설득력 없게 들리는 부분은 어디인가?', '더 강력한 인상을 남기기 위해 어떤 비유나 예시를 추가하면 좋을까?' 등 내용과 전략에 대한 구체적인 피드백을 요청합니다. 이를 통해 발표의 완성도는 물론 발표 능력 자체가 높아집니다. 다만 영상을 올릴 때는 개인정보보호를 위해 얼굴을 가리는 것을 권장합니다.
- **팁**: 학생들이 AI의 피드백을 맹목적으로 수용하지 않도록 'AI 피드백 수용

및 거부 보고서'를 간단히 작성하게 합니다. 어떤 피드백을 왜 수용했고, 어떤 피드백은 왜 거부했는지를 적어보며 피드백에 대한 주체적인 판단 능력을 기르게 합니다. 별도의 발표 및 토론 수업으로 이어지면 더욱 좋습니다.

[5단계] AI 생성물 비판적으로 재구성하기

- AI가 작성한 글이나 발표 대본을 '초안'으로 제시하고, 학생들에게 '편집자' 역할을 부여합니다. 학생들이 다음의 세 가지 주요 포인트를 찾게 합니다.

  ① 가장 강력한 주장과 근거

  ② 논리가 가장 빈약한 부분

  ③ 잠재적 편향 또는 빠진 관점

- 이를 바탕으로 더 설득력 있는 글로 재구성한 뒤, 자신이 수정한 부분과 그 이유를 발표하게 합니다. 이를 통해 비판적 사고와 글쓰기 능력을 동시에 훈련시킬 수 있습니다.

- **심화 활동**: 모둠별로 동일한 AI 생성물을 나눠주고 각기 다른 방향으로 재구성하게 한 뒤, 어떤 팀의 '편집'이 가장 설득력 있는지 상호 평가하는 활동을 통해 관점의 다양성을 학습합니다.

주말 오후, 서윤이는 며칠 전 친구와 다툰 일로 소파 구석에 시무룩하게 앉아 있다. 지훈 씨가 다가와 앉자, 서윤이가 속상한 듯 입을 열었다. "AI 챗봇한테 '친구랑 화해하는 법'을 물어봤어요. AI가 알려준 대로 '네 입장을 생각 못 하고 내가 결정해서 미안해'라고 구체적으로 사과했는데, 민지는 '네가 뭘 잘못했는지 진짜 알아?'라면서 더 화를 냈어요."

이야기를 듣던 지혜 씨가 자신의 경험을 들려주었다. "엄마도 얼마 전 회사 동료와 오해가 있었어. 프로젝트 효율을 위해 내 의견을 강조했는데, 그분은 자기 의견을 무시했다며 서운해하더라고. 난 회사를 위한 최선의 결정이었다고 논리적으로 설명했지만, '제 입장은 들어보지도 않았잖아요'라며 마음을 닫아버렸어."

지혜 씨가 서윤이를 바라보며 말을 이었다. "그때 깨달았지. 관계에서는 정답을 말하기 전에 상대의 마음을 먼저 읽어주는 게 더 중요하다는 걸. AI는 가장 합리적인 답을 줬겠지만, 지금 민지는 서운한 감정이 앞서서 서윤이의 '정답'이 들리지 않았을 거야. 어쩌면 사과보다 '내 마음을 알아주는구나' 하는 공감이 더 필요했을지도 몰라." 서윤이는 잠시 생각하더니 조용히 말했다. "그럼… 먼저 '많이 속상했지?'라고 물어봐야 했나 봐요."

관계, AI는 알려주지 않는
마음을 읽는 법

AI와는 잘 소통하지만, 친구와의 갈등은 어려운 아이들.
기업과 사회에 정작 필요한 '협업과 리더십'에 어려움을 겪게 됩니다.

| 현장의 목소리 |

"요즘 친구들은 이기적이고 멘탈이 약해서 협업이 어렵습니다."

기업의 팀장들을 대상으로 리더십 코칭을 할 때 종종 듣는 이야기입니다. 신입 사원뿐 아니라 요즘 학생들이 공통적으로 듣는 평가이기도 합니다. 저는 이 현상을 개인의 '멘탈' 문제라기보다, 그들이 살아온 '세상'의 차이로 봅니다. 기성세대가 사람과 시스템에 스스로를 '맞춰야' 했다면, 지금의 신세대에게는 모든 서비스가 자신에게 맞춰지는 '온디맨드(On-demand)'가 당연합니다.

이들은 AI와는 곧잘 협업합니다. AI는 24시간 나를 기다려주고, 내 감정을 상하게 하지 않으니까요. 하지만 사람과의 협업은 다릅니다. AI는 내가 어떻게 말해도 싫은 티를 내지 않지만, 모둠 활동의 (까칠한) 친구나 직장 상사는 그렇지 않거든요. 특히 회사 조직에서는 '고객'이라는 존재를 이해하고 '온디맨드'로 맞춰주는 노력이 필요한 일이 많습니다. 거기에서 회사의 수익, 가치 창출이 이뤄지니까요. 그러니 나에게 맞춰주는 것도 많아진 지금이지만, 사회에서는 '내가 맞춰줘야 하는 것'도 많아집니다. 학교도 사회이기 때문에 이에 대한 경험과 훈련이 반드시 있어야겠지요. 그런데 AI의 무한 긍정은 역설적으로 현실 관계의 갈등에 대한 내성을 약화시키기 쉽습니다. 사람과의 관계가 불편해서 차라리 AI와 대화하는 게 낫다고 생각하기 쉬워진 시대입니다. 그런데 사람과의 '불편한 과정' 자체를 견디지 못하고 회피하면 어떻게 될까요? 학창 시절에 갈등을 다루는 경험을 제대로 하지 못하고 사회에 나오면 어떻게 될까요?

의외로 많은 리더가 '갈등을 없애는' 방법을 물어보십니다. 하지만 지금까지의 경험을 조금만 돌아보면 바로 알게 됩니다. 갈등은 없을 수가 없다는 것을요. 한 발 더 나아가 갈등은 성장과 성과에 필수적인 요소라는 것을요. 회사 조직은 서로 다른 성격, 배경, 환경을 경험해온 사람들이 '목적 달성'을 위해 한자리에 모인 곳입니다. 당연히 의견 차이와 갈등이 생기겠지요. 그러니 잘되는 조직은 '안 싸우는 조직'이 아니라 '잘 싸우는 조직'입니다. 감정 소모만 하는 싸움이 아니라, 서로의 의견을 끝까지 듣고 이해가 가지 않으면 기꺼이 반박하는 과정을 거치면서 최선의 결과를 도출하는 것입니다. 이를 위해서는 상대의 입장을 이해하고, 동시에 논리적으로 반박하고, 감정적 불편을 견뎌내는 능력이 있어야 합니다. AI의 위로와 조언만으로는 채워지지 않는 영역이지요. 사람들과 직접적으로 부딪치며 체득하는 영역입니다.

특히 우리나라처럼 표정, 말투, 분위기로 소통하는 '고맥락 사회'에서 이 간극은 더 커집니다. 상대의 감정을 제대로 읽지 못하고 자기 감정만 앞세우면 본인도 모르는 사이에 고립될 수 있습니다. 당연히 업무적으로 협업도 잘될 수 없습니다. 능력은 있는데 퇴사를 하거나, 은둔 청년을 넘어 은둔 중년이 되는 주요한 이유 중 하나입니다. 유·초등부터 시작된 많은 투자를 생각하면 본인은 물론 사회 전체에 엄청난 손실이죠.

최고의 협상 강의로 유명한 와튼 스쿨의 스튜어트 다이아몬드 교수가 말한 협상의 핵심은 '상대방의 머릿속 그림을 그리는 것'입니다. 협업도 마찬가지입니다. 그가 쓴 책의 제목은 『Getting more』, 번역서의 제목은 『어떻게 원하는 것을 얻는가』입니다. 내가 원하는 것을 얻기 위해 먼저 해야 할 일은 상대의 입장을 이해하는 것이라는 얼핏 보면 역설적으로 들리는 가르침이지요. 상대의 입장을 이해하려는 노력 없이는 어떤 시너지도 일어날 수 없습니다. 그러니 '나를 이해해줘'에만 머물지 않고 '너(동료, 상사, 고객)를 이해하고 싶어'로 확장되어야겠지요. 이것이 바로 학교 교육에서부터 '잘 싸우는 법'을 가르쳐야 하는 이유입니다.

신입 사원 교육에서 '토론과 협상' 훈련을 하다 보면 학창 시절부터 경험해본 분들과 아닌 분들의 차이가 보입니다. 어쩔 수 없이 성과물, 설득력에서도 차이가 나게 됩니다. 학생 때 배웠어야 할 중요한 역량이라는 생각이 드는 이유입니다. AI가 관계의 갈등을 풀어가는 지식은 알려줄 수 있어도, 현실에 적용하고 경험하고 실패하며 얻는 지혜는 가르쳐주지 못합니다. 학생들이 교실 안에서 친구들과 부딪치는 건강한 갈등을 경험하고 그 속에서 감정적 상호작용을 통해 진짜 협업을 배우는 기회를 만들어주는 것, 그것이 AI 시대에 교사에게 주어진 새로운 과제입니다.

| 인사이트 | 잘되는 팀의 비결, '심리적 안전감'

AI 시대에 기업의 성과를 좌우하는 중요한 변수는 무엇일까요? 구글은 '성공하는 팀의 핵심 요인'을 찾는 연구를 실시했습니다. 180개의 실제 팀을 대상으로 2년간 진행한 내부 연구인 '아리스토텔레스 프로젝트 (Project Aristotle)'인데요. 성공하는 팀의 핵심 요인은 바로 '심리적 안전감(Psychological Safety)'이었습니다. [*] 심리적 안전감이란 팀 안에서 자신의 생각이나 의견, 질문, 실수를 솔직하게 이야기해도 처벌받거나 불이익을 당하지 않을 것이라는 집단적 믿음을 의미합니다.

이 개념은 AI 시대를 선도하는 기업들의 핵심 경영 전략으로 자리 잡고 있습니다. 마이크로소프트는 자사의 협업 툴인 팀즈(Teams)에 구성원의 감정 상태를 공유하고 공감대를 형성하도록 돕는 '리플렉트(Reflect)' 기능을 탑재하고[**], 심리적 안전감 구축을 주제로 한 웨비나 시리즈를 운영[***]하는 등 이를 조직 문화의 근간으로 삼기 위해 노력합니다. AI 기술을 가장 적극적으로 도입하는 기업들이 역설적으로 가장 인간적인 가치에 투자하고 있는 것입니다.

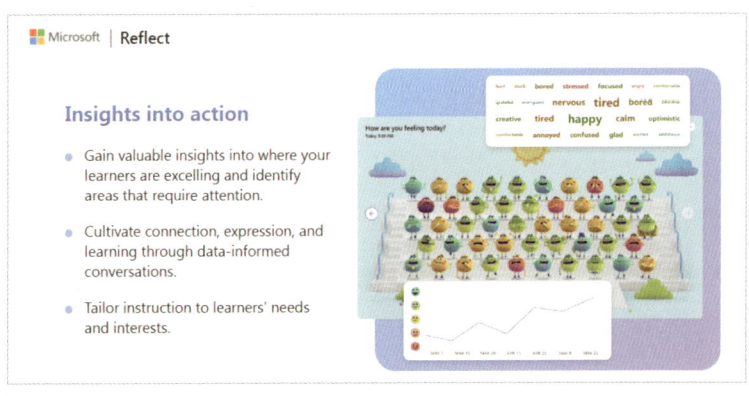

구성원의 감정 상태를 효율적으로 파악할 수 있는 툴인 '리플렉트'

---

[*]   Google re:Work, *Understand team effectiveness*, Google re:Work.

[**] reflect.microsoft.com

[***] adoption.microsoft.com/ko-kr/viva/building-psychological-safety

인간-AI 협업의 잠재력을 최대한 끌어내기 위해서는 인간 팀원들이 AI에게 과감한 질문을 던지고, AI가 내놓은 그럴듯한 결과물을 비판적으로 검토하며, 때로는 AI의 제안을 뛰어넘는 창의적인 실험을 할 수 있어야 합니다. 이 모든 창의적이고 도전적인 행동의 전제 조건이 바로 심리적 안전감입니다. 팀원들이 'AI보다 못한 질문을 하면 어떡하지?' 혹은 'AI의 분석에 이의를 제기했다가 무능해 보이면 어떡하지?'라고 두려워하는 조직에서는 AI가 고가의 계산기 이상의 역할을 하기 어렵습니다.

결국 심리적 안전감은 AI 시대에 팀의 창의성과 효율성을 구동하는 핵심적인 '운영체제(Operating System)'와 같습니다. 운영체제가 잘 갖춰진 조직만이 AI라는 강력한 애플리케이션을 제대로 활용해 혁신을 만들어낼 수 있습니다.

| 인사이트 | 감성 지능의 시대, 배울 수 있는 공감 능력

감성 지능(EQ) 이론의 창시자 대니얼 골먼은 공감이란 타고나는 기질이 아니라 학습과 훈련을 통해 개발될 수 있는 영역이라고 말합니다. AI가 논리적 분석과 데이터 처리를 대신 해주는 시대에 인간 고유의 역량인 공감(Empathy)의 가치는 더욱 중요해집니다. 최근 기업들은 이 역량을 체계적으로 훈련시키기 위해 최첨단 기술을 적극적으로 도입하고 있습니다. 가장 대표적인 것이 가상현실(VR)과 증강현실(AR)을 활용한 몰입형 교육입니다.

뱅크 오브 아메리카(Bank of America)는 미국 내 약 4,300개의 금융센터에서 근무하는 50,000명에 달하는 직원들을 대상으로 대규모 VR 교육 프로그램을 도입했습니다. 직원들은 VR 헤드셋을 착용하고 고객과의 복잡한 상담, 불만 처리, 공감적 경청 등 실제 현장에서 마주할 법한 다양한 시나리오를 시뮬레이션합니다. 특히 '아이코치(iCoach)'라는 모듈은 AI와 VR을 결합해 고객, 상사, 부하 직원 등 다양한 상대와의 대화를 가상 환경에서 연습할 수 있게 해줍니다. 파일럿 프로그램에 참여한 직원의 97%가 VR 훈련 후 업무 수행에 더 큰 자신감을 느꼈다고 응답했으며, 전통적인 교육 방식에 비해 학습 내용의 장기 기억률이 4배 가까이 높은 것으로 나타났습니다. ◆

이러한 흐름은 금융권을 넘어 전 산업으로 확산되고 있습니다. 의료계에서는 VR을 통해 의사와 간호사가 환자의 입장에서 고통과 불안을 체험하며 공감 능력을 기르는 훈련을 실시하고, 스탠퍼드대학교 연구팀은 노숙인의 삶을 1인칭 시점으로 경험하게 하는 VR 콘텐츠를 통해 사회적 약자에 대한 공감대를 높이고 기부와 같은 친사회적 행동을 유도하는 데 성공했습니다. 이 외에도 월마트, 보잉, BMW 등 수많은 글로벌 기업이 고객 응대, 위기관리, 팀워크 훈련에 VR 및 AR 기술을 도입하여 직원들의 소프트 스킬을 강화하고 있습니다. ◆◆

◆　　ArborXR. (2024, May 1). *Customer story: How Bank of America uses VR training to create excited employees and powerful outcomes*. ArborXR.

◆◆　Boswijk, T. (2021, November 4). *The 22 best examples of how companies use virtual reality for training*. VR Owl.

감정 단어 확장하기 게임

- **학습 목표**: 이 활동은 자신의 감정을 세분화된 언어로 표현하고 명확히 인지하는 능력을 기르는 것을 목표로 합니다. 나아가 타인의 감정을 예측하고 비교하는 과정을 통해 공감 능력을 향상할 수 있습니다.

- **진행 방식**

  ① 학생들은 '서운하다', '억울하다', '모욕감을 느꼈다', '뿌듯하다', '벅차오르다' 등 구체적인 감정 단어 카드를 활용해 자신의 경험과 감정을 연결합니다.

  ② 이후 AI에게 자신의 상황을 설명하여 자신과 타인이 느꼈을 법한 다양한 감정 어휘를 추천받습니다.

  ③ 자신이 고른 단어와 AI의 제안을 비교하며 자신의 감정을 깊이 이해하고 타인의 입장을 헤아려봅니다.

- **교사의 팁**: 학생들이 선택한 감정 단어를 사용해 짧은 시나리오 또는 1인칭 시점의 글을 쓰게 하여, 감정을 구체적인 상황과 연결하는 훈련을 시킵니다. 이를 통해 감정을 명확히 인지하고 건강하게 표현하는 능력을 기를 수 있습니다.

'입장 바꿔' 토론하기

- **학습 목표**: 이 활동은 특정 쟁점에 대해 자신의 실제 생각과 반대되는 입장을 변호하며 역지사지의 자세를 기르는 것을 목표로 합니다. 상대방의 논리를 깊이 이해하고 자신의 관점을 성찰함으로써, 균형 잡힌 시각과 비판적 사고력이 함양됩니다.

- **진행 방식**

  ① 먼저 사회적 쟁점(**예** 교내 CCTV 설치 의무화)을 정한 뒤, 학생들은 자신의 생각과 반대되는 팀에 속해 AI 없이 토의하며 핵심 논거를 정리합니다.

  ② AI와의 대화로 논리를 보강하여 토론을 준비합니다.

  ③ 토론이 끝난 후에는 반대 입장을 경험한 소감을 나누고, 자신의 관점 변화를 '성찰 일지'로 작성하며 활동을 마무리합니다.

- **교사의 팁**: 한 팀은 AI를 적극 활용하고 다른 팀은 최소한으로 사용하게 하여, AI가 토론 준비에 미치는 영향을 비교해보는 것도 좋은 접근법입니다. 활동의 핵심은 승패가 아니라 상대 입장을 이해하고 성찰하는 것임을 지속적으로 강조하며, 개방적인 탐색이 가능한 분위기를 만들어주세요.

갈등 중재 시나리오 시뮬레이션

- **학습 목표**: 갈등 상황에서 감정적 대응을 넘어, 문제의 본질에 접근하는 질문의 중요성을 배우는 것을 목표로 합니다. 객관적이고 건설적인 질문법을 익혀, 실제 갈등 해결 능력을 기를 수 있습니다.

- **진행 방식**

  ① 먼저 구체적인 갈등 상황을 설정합니다.

  > **예** A는 B가 자신의 아이디어를 도용했다고 주장하고, B는 억울하다고 말하는 상황

  ② 학생들은 중재자 1명과 당사자 2명으로 역할을 나누고, 먼저 AI 없이 갈등 중재를 시도합니다.

  ③ AI에게 상담 교사 역할을 부여하고 중재 질문을 추천받습니다.

  ④ 학생들은 AI의 제안을 참고하여 다시 한번 중재 시뮬레이션을 진행하

고, 관찰한 학생들과 함께 피드백을 주고받으며 마무리합니다.

- **교사의 팁**: 학생들이 직접 중재한 경험과 AI의 제안을 비교하며 질문 방식의 차이가 결과에 미치는 영향을 스스로 깨닫게 하는 것이 중요합니다. 시뮬레이션 후에는 좋았던 점과 아쉬웠던 점을 나누는 피드백 시간을 충분히 확보해주세요. 학생들이 역할에 몰입하여 솔직하게 대화하고 실패를 두려워하지 않도록 안전하고 지지적인 분위기를 조성하는 것이 핵심입니다.

주말 저녁, 뉴스에서 한 기업이 AI로 업무 효율을 높였다는 소식을 듣고 지훈 씨가 중얼거렸다. "AI가 일을 도와주니 편하기는 한데… 가끔은 걱정되기도 해." 민준이 의아한 듯 물었다. "왜요? 좋은 거 아니에요?"

지훈 씨가 답했다. "우리 팀에 AI 코칭 프로그램이 도입됐는데 AI가 팀원의 업무 습관을 분석해서 '보고서 작성 시 서론을 강화하고, 결론에 핵심 내용을 한 번 더 요약하라'는 구체적인 피드백을 주더라고. 그 뒤로 모든 보고서를 그 틀에 맞춰서 쓰는데, 정작 중요한 '왜 이 보고서를 쓰는가', '누구에게 어떤 영향을 미칠 것인가'에 대한 근본적인 고민은 빠져 있었어. 그 친구를 따로 불러서 그 부분을 물어봤더니 '아, 저는 그냥 피드백 받은 대로 쓴 건데 문제가 있나요?'라고 되묻더라고."

이야기를 듣던 서윤이 물었다. "그럼 AI가 시키는 대로 하면 안 되는 거예요?" 지혜 씨가 미소 지으며 답했다. "엄마가 AI 레시피 그대로 따라 했다가 음식을 태운 적이 있는데, 그거랑 비슷해. AI 레시피는 '200도에서 15분'이라고 알려줬지만, 우리 집 오븐은 화력이 세서 12분만 돌려도 충분하거든. AI는 우리 집 오븐의 특성까지는 모르니까, 결국 상황에 맞게 조절하는 건 사람의 몫이야."

지훈 씨가 아이들을 바라보며 말했다. "AI도 마찬가지야. 내 생각을 비춰보고 다듬는 도구로 써야지, 내 생각 자체를 AI에게 맡겨버리면 결국 텅 빈 껍데기만 남게 돼. 어느 길로 갈지 결정하고 그 결과에 책임지는 경험을 해봐야 진짜 자기만의 중심이 생기는 거야.

주체성, AI의 조언을 넘어 나의 중심을 세우는 법

AI의 권위에 의존하는 아이들에게
어떻게 스스로 생각하고 책임지는 힘을 길러줄까요?

| 현장의 목소리 |

기업 교육에서 팀장과 임원을 대상으로 AI 도구를 응용한 강의를 하면 대부분 AI의 성능에 깜짝 놀랍니다. 본인이 10~20년 이상 걸쳐 축적해온 경험과 지식을 몇 분 만에 구조적으로 정리하여 보여준다는 느낌을 받기 때문입니다. 하지만 많은 경우 어렵지 않게 곳곳에서 문제점을 발견합니다. 크게 세 가지 문제점이 있는데요. 첫 번째, 개념적으로는 맞지만 현장에서 돌아가는 현실은 반영하지 못합니다. 현업 전문가가 AI에게 프롬프트로 현실의 문제를 알려주지 않는 이상 알 수 없죠. 두 번째, 온라인에는 존재하지 않는 보안 정보입니다. 한 회사의 제품 및 솔루션에 관한 일반 정보는 잘 수집해서 정리하지만, 가장 핵심이 되는 보안 정보는 반영하지 못합니다. 물론 보안이 인증된, 고도화된 도구를 쓰는 경우는 예외입니다. 세 번째는 정보의 오염, 잘못된 해석, AI의 오류 등으로 인한 착시, 즉 할루시네이션입니다.

문제는 AI를 잘 다루는 1~7년 차 실무 직원들과의 협업에서 일어납니다. 1~7년 차 직원은 AI를 잘 활용하지만, 결과물을 만드는 태도에서 차이가 납니다. 어떤 직원은 AI를 우선으로 하고 '괜찮아 보이면' 그대로 보고하거나 업무를 진행합니다. 상황이 이러하니 의사결정을 하는 사람들 입장에서는 '그럴싸한 보고서'만 늘어나고 있어 걱정입니다. 관련 부서나 고객사 담당자에게 실제로 연락해서 알아보고, 필요하면 직접 현장에 가보거나 관계자를 직접 만나 알게 된 정보를 AI에게 알려주고 정리하면 문제가 없습니다. 일의 주체는 인간이고, 정보를 알아보기 쉽게 정리하는 것은 AI의 몫이지요. AI가 업무를 도와줄 수는 있지만 책임은 져줄 수 없다는 당연한 사실을 기억하며 일해야 하는 시대입니다.

그런데 인간은 나약한 존재입니다. 감정적으로 지치고 앞길이 보이지 않을 때, 우리는 편리한 길을 따르려는 경향을 보입니다. 우리는 행동경제학에서 말하는 '인지적 구두쇠'니까요. 그래서인지 우리는 너무 쉽게 권위에, 때로는 사기꾼이나 사이비 종교의 달콤한 말에 기대고 싶어집니다. 그 편이 '스스로 책임져야 하는' 고통스러운 과정보다 훨씬 쉬우니까요.

만약 우리 아이들이 AI를 '의지할 대상'이자 '절대적인 권위'로 여기게 된다면 어떻게 될까요? 'AI가 그렇게 말해서요'라는 말은 훗날 '상사가 시켜서', '사회가 원래 그래서'로 바뀌며 자신의 생각과 책임을 외면하는 사람으로 성장하지는 않을까요? 지금의 어른들이 스스로를 돌아보고, 아이들의 성장을 어떻게 안내해줄 것인가를 고민해야 하는 이유입니다. 이는 한나 아렌트가 지적한 '악의 평범성', 즉 생각 없이 권위를 따르는 것의 위험성과도 맞닿아 있습니다.

그래서 교육자는 다짐할 필요가 있습니다. 교육자는 정답을 알려주는 사람이 아니라, 아이들이 스스로 답을 찾도록 돕는 '마중물'이 되어주어야 한다고 말이죠. AI의 의견은 수많은 의견 중 하나일 뿐이며, 선생님의 조언조차도 무조건적인 정답이 아니라는 것을 가르쳐야 합니다. 교실에서부터 '내가 선택하고', 그 선택에 '내가 책임지는' 작은 연습을 시작하게 해야 합니다. 그것이 AI 시대를 살아갈 아이들에게 우리가 물려줄 수 있는 가장 중요한 유산일 것입니다.

| 인사이트 | 인지적 위탁의 시대, 생각의 주인이 되는 법

AI는 교육 현장에 역설적인 상황을 만듭니다. 한편으로 AI는 맞춤형 학습을 제공하며 교육 효과를 높이는 잠재력을 지녔지만, 다른 한편으로는 학생들의 인지적 의존성을 심화시켜 비판적 사고력을 약화시킬 위험을 안고 있죠.

2024년 12월에 발표된 실험 연구는 이러한 현상을 더욱 명확하게 보여줍니다. ◆ 연구진은 대학생들을 여러 그룹으로 나누어 챗GPT를 사용해 과제를 수행하게 했습니다. 챗GPT를 활용한 그룹의 에세이 품질은 눈에 띄게 향상되었지만, 정작 해당 주제에 대한 학습 효과는 다른 그룹과 차이가 없었습니다. 연구진은 이 현상을 '메타인지적 게으름(Metacognitive Laziness)'이라고 명명하며, 학생들이 AI의 도움으로 과제를 쉽게 해결하면서 스스로 정보를 종합하고 분석하는 깊이 있는 사고 과정을 생략해버렸다고 지적했습니다.

이러한 연구 결과는 교육자에게 중요한 시사점을 던집니다. AI 시대의 교육은 단순히 결과물의 완성도를 높이는 데 그쳐서는 안 되며, 오히려 그 결과물을 만들어내는 학생의 '사고 과정' 자체에 주목해야 합니다.

◆ Fan, Y., Tang, L., Le, H., Shen, K., Tan, S., Zhao, Y., Shen, Y., Li, X., & Gašević, D. (2024, December 10). *Beware of metacognitive laziness: Effects of generative artificial intelligence on learning motivation, processes, and performance.* British Journal of Educational Technology.

학생들이 AI를 사용하며 건너뛰게 되는 정보 탐색, 자료 비판, 논리 구성의 과정이야말로 진정한 학습이 일어나는 핵심 구간이기 때문입니다. 한 걸음 더 나아가, 앞서 318쪽에서 살펴본 MIT 미디어랩의 연구에서 AI를 활용해 글을 쓸 때 집중력 및 판단과 관련된 뇌 영역의 활동이 현저히 낮아졌습니다. 이는 인지적 위탁이 단순한 학습 습관의 문제가 아니라, 뇌의 작동 방식에까지 영향을 미칠 수 있음을 보여주는 충격적인 결과입니다. 결국 AI 시대의 교육적 과제는 학생들이 AI가 제공하는 세련된 결과물 뒤에 숨어 생각의 근육을 잃지 않도록, 의도적으로 사고의 과정을 설계하고 그 과정을 격려하는 데 있습니다.

인간 주체성 수호를 위한 교육계의 조직적인 대응

AI가 인간의 고유한 사고 영역에 미치는 잠재적 위협에 대해, 국제 교육계는 마치 조직적인 면역 체계처럼 공동의 대응 전략을 구축하고 있습니다. 유네스코(UNESCO), 국제교육기술학회(ISTE), 경제협력개발기구(OECD) 등 주요 국제기구에서 발표한 가이드라인은 각기 다른 표현을 사용하지만, 일관된 핵심 원칙을 공유합니다. 바로 '인간 중심 접근'과 '학습자 주체성(Learner Agency) 강화'입니다.

유네스코는 AI가 다른 디지털 기술과의 근본적인 차이점으로 인간의 행동을 모방함으로써 '인간의 주체성에 직접적인 영향을 미친다'는 점을 명확히 지적합니다. 따라서 유네스코의 AI 역량 프레임워크는 기술 활용법 이전에 인간 중심적 사고방식, 윤리, 책임감을 강조하며 AI가 교사를 대체하는 것이 아니라 인간 교육자를 보완하고 학습자의 주체성을 신장하는 방향으로 활용되어야 함을 최우선 원칙으로 삼습니다.

국제교육기술학회의 학생 표준은 이러한 원칙을 구체적인 교육 활동으로 번역하는 훌륭한 지침을 제공합니다. 특히 학생들이 디지털 정보의 정확성, 타당성, 편향, 출처 등을 비판적으로 평가하도록 요구하며 AI가 생성한 정보를 무비판적으로 수용하는 수동적 학습 태도에 대한 가장 강력한 교육적 처방전을 내리고 있습니다.

OECD의 'Learning Compass 2030' 프로젝트 역시 21세기 학습자가 갖춰야 할 핵심 역량의 기반으로 '학생 주체성(Student Agency)'을 지목합니다. 여기서 주체성이란 단순히 무언가를 선택하는 것 이상으로, 스스로 목표를 설정하고 책임감 있게 행동하며 변화를 만들어내는 능동적인 힘을 의미합니다.

세계 교육계를 선도하는 국제기구들이 약속이라도 한 듯 '주체성'과 '비판적 사고'를 강조하는 현상은 우연이 아닙니다. AI라는 강력한 기술이 가져올 인지적 위탁의 위험을 교육 공동체가 깊이 인식하고, 이에 대응하기 위한 일종의 '글로벌 교육 면역 반응'으로 해석할 수 있습니다. AI 시대에 학생의 주체성을 기르는 것은 더 이상 여러 교육 목표 중 하나가 아니라, 교육의 본질을 지키기 위한 가장 핵심적이며 타협할 수 없는 과제가 되었습니다.

| 인사이트 | 책임감 있는 디지털 시민으로 성장하기

AI 시대에 책임감 있는 디지털 시민으로 성장하기 위해서는 단순한 정보 소비자에 머무르지 않고 정보를 선별, 검토하고 윤리적 기준에 따라 재구성하는 '편집장'이 되어야 합니다. '편집장'의 역할은 정보를 단순히 비판적으로 검토하는 기술을 넘어, 윤리적 판단과 책임 의식을 바탕으로 합니다.

글로벌 표준: 유네스코의 윤리적 토대

유네스코의 AI 역량 프레임워크는 바로 이 윤리적 토대를 제공하며, 학습자가 AI 기술의 사회적 영향을 이해하고 공정성, 투명성, 사생활 보호와 같은 핵심 윤리 원칙을 내면화해야 한다고 강조합니다. 또한 기술을 개발하고 사용하는 과정에서 인간 중심적 사고방식을 유지하며, 사회적 책임을 다하는 태도를 기를 것을 요구합니다. 이는 학생들이 AI라는 강력한 도구를 사용할 때 어떤 윤리적 기준을 가지고 '편집'에 임해야 하는지를 묻는 근본적인 '왜?'라는 질문에 답을 줍니다.

국가적 실행 모델: 싱가포르의 체계적 디지털 시민 교육

싱가포르는 '편집장'을 길러내는 국가적 교육 모델의 가장 성공적인 사례입니다. 싱가포르 교육부의 '에듀테크 마스터플랜 2030'은 '발견하고, 생각하고, 적용하고, 창조하기(Find, Think, Apply, Create)'라는 프레임워크 아래, 9가지 구체적인 디지털 역량을 정의합니다.

싱가포르 교육부 '에듀테크 마스터플랜 2030'의 디지털 역량

1. **디지털 안전 및 보안**: 온라인에서 자신을 보호하는 방법과 행동 양식에 대한 이해

2. **디지털 책임감**(책무성): 책임감 있고 윤리적인 온라인 행동과 타인 및 자신을 존중하는 태도

3. **디지털 지식 통화**: 디지털 기술과 자원의 최신 동향을 인지하고 활용할 수 있는 능력

4. **컴퓨팅 사고**: 알고리즘적 문제 해결과 디지털 도구의 활용을 통한 해결 방안 모색

5. **디지털 정보 관리**: 다양한 정보와 자료의 조사, 평가, 분석 및 핵심 내용 추출 능력

6. **디지털 의사소통 · 협력 · 참여**: 디지털 플랫폼을 활용한 소통, 협력 및 공동 목표 달성 능력

7. **데이터 역량**: 데이터를 읽고, 해석하고, 분석해서 가치를 창출하는 능력

8. **장치 및 소프트웨어 운용**: 디지털 기기와 소프트웨어를 제대로 이해하고 생산적으로 활용하는 능력

9. **코딩 및 프로그래밍**: 블록형 · 텍스트형 프로그래밍, 프롬프트 엔지니어링 등 다양한 코딩 방법을 디지털 결과물 제작과 문제 해결에 활용하는 능력

이 중 '디지털 책임감(Digital Responsibility)'은 온라인 공간에서 자신과 타인을 존중하며 안전하고 윤리적인 사용을 실천하는 능력을, '디지털 정보 관리(Digital Information Management)'는 정보의 정확성, 신뢰성, 타당성을 평가하고 종합하는 능력을 포함합니다. 특히 싱가포르는 AI 리터러시 교육의 목표를 'AI의 잠재적 이점, 한계, 위험을 이해하고 설명하며, 학습과 일상생활에서 효과적으로 활용하는 것'으로 명시하며, 비판적이

고 책임감 있는 사용자 양성에 초점을 맞추고 있습니다.

싱가포르의 접근 방식이 주목받는 이유는 이러한 역량 교육을 일회성 특강이 아닌, 국가 교육과정 전반에 체계적으로 통합하여 어릴 때부터 책임감 있는 기술 활용 문화를 내재화시키고 있기 때문입니다. 책임감 있는 디지털 시민, 즉 '편집장'을 길러내는 일은 단편적인 교육이 아니라 장기적이고 일관된 국가적 교육 생태계를 통해 가능하다는 것을 보여줍니다.

국내 정책의 전환: '신뢰할 수 있는 AI' 생태계 구축

한국 역시 AI 활용에 따르는 책임을 강조하는 방향으로 정책의 무게중심이 옮겨가고 있습니다. 과학기술정보통신부가 발표한 '신뢰할 수 있는 인공지능 실현 전략'과 2026년 1월 시행 예정인 '인공지능 산업 육성 및 신뢰 기반 조성에 관한 법률(AI 기본법)'은 AI 기술의 투명성, 안전성, 책임성을 법적·제도적으로 확보하려는 국가적 의지를 담고 있습니다.

국가적 차원의 정책 기조는 교육 현장에도 직접적인 영향을 미칩니다. 교육부는 초·중·고교 교육과정에 AI 윤리 교육을 의무화하고 인간 존엄성, 공공선, 기술의 합목적성이라는 3대 기본 원칙과 10대 핵심 요건을 담은 체계적인 교육과정을 개발하여 보급합니다. 서울시교육청이 발표한 '생성형 AI 활용 가이드라인'은 AI를 활용한 과제물에 대한 최종적인 책임은 학생 본인에게 있음을 명확히 하고, 표절 및 저작권 침해를 방지하기 위한 구체적인 지침을 제시합니다.

이처럼 한국 정부는 국가 차원에서 AI 기술의 사회적 책임을 규제하는 동시에, 교육 시스템 안에서는 학생들의 윤리 의식과 책임감을 함양하는 전략을 취하고 있습니다. 이는 법과 제도가 단순한 규제를 넘어, 사회 구성원 모두에게 인간의 감독과 책임이 무엇보다 중요함을 가르치는 거대한 '사회적 교육(Societal Pedagogy)'의 역할을 하고 있음을 의미합니다. 이러한 거시적 환경은 교실에서의 윤리 교육이 사회적 규범과 긴밀하게 연결되어 시너지를 만들어내는 강력한 기반을 마련해줄 것입니다.

| 수업에 적용하기 |

학생들이 책임감 있는 디지털 시민으로 성장하는 데 훌륭한 밑거름이 되어줄 몇 가지 활동을 제안합니다.

'AI 조언' 검토 체크리스트 만들기

- **활동 목표**: AI로부터 조언이나 피드백을 받았을 때, 무조건 수용하기 전에 스스로 점검하는 리스트를 만듭니다.
- **예시**
  ① 이 조언은 신뢰할 만한가?
  ② 나의 원래 목표와 부합하는가?
  ③ 이 조언을 따랐을 때의 장점과 위험은 무엇인가?
  ④ 나는 이 조언을 어떻게 변형하여 수용할 것인가?
- **교사의 팁**: 체크리스트를 바탕으로 모둠 활동을 진행하여 같은 AI 조언에 대해 친구들은 어떻게 다르게 평가하는지 비교하게 합니다. 이를 통해 학생들은 관점의 다양성과 비판적 사고의 중요성을 깨닫게 됩니다.

'나의 첫 생각' 먼저 기록하기

- **활동 목표**: 과제나 문제 해결 시, AI에게 묻기 전에 반드시 먼저 '자신이 생각하는 첫 번째 아이디어 또는 해결책'을 간단히 기록하게 합니다. 이후 AI의 제안과 비교하며 자신의 생각이 어떻게 확장되거나 달라졌는지, 혹은 왜 자신의 생각을 유지할 것인지를 설명하게 합니다.
- **심화 활동**: 한 학기 동안 '나의 첫 생각 vs AI의 제안' 포트폴리오를 만듭니다. 학기 말에 자신의 사고 과정이 어떻게 변화하고 발전했는지 스스로 분석하고 발표하는 시간을 갖습니다.

AI 피드백 수용 · 거부 결정권 부여하기

- **활동 목표**: AI가 글이나 프로젝트에 대해 피드백을 주면, 학생이 직접 '수용할 항목'과 '거부할 항목'을 선택하고 그 이유를 작성합니다. 피드백을 거부할 경우에는 반드시 '나의 대안'을 제시합니다. 이를 통해 비판을 넘어 대안을 만드는 능력을 기릅니다.
- **예시**: AI의 이 제안은 제 글의 방향과 맞지 않아 거부합니다. 대신 저는 ~한 방식으로 글을 수정하겠습니다.
- **교사의 팁**: 이 활동을 통해 학생들이 AI의 제안을 절대적인 정답이 아니라 참고할 만한 여러 의견 중 하나로 인식하게 하고, 최종 결정권은 자신에게 있음을 자연스럽게 체득하도록 돕습니다.

346

책임 소재 토론하기: 'AI가 그랬어요'는 유효한가?

- **활동 목표**: 'AI의 잘못된 정보로 팀 과제를 망쳤다면 누구의 책임일까?'와 같은 구체적인 시나리오를 제시하고 찬반 토론을 진행합니다. 이를 통해 AI 활용에 따르는 책임의 무게를 자연스럽게 체감하게 합니다.
- **심화 활동**: 뉴스에 실제 등장했던 AI 관련 윤리 문제(예 AI 챗봇의 가짜 뉴스 생성, AI 그림의 저작권 문제)를 가져와 '이 문제의 근본적인 원인은 무엇이며 책임은 누구에게, 어떻게 물어야 하는가?'에 대해 심층 토론을 진행합니다.

AI와의 협상 훈련하기

- **활동 목표**: 학생이 AI에게 무언가를 요청할 때, 한 번에 만족스러운 결과를 얻으려 하지 말고 여러 차례 대화를 통해 AI를 '설득'하고 '협상'하여 원하는 결과물을 만들어내는 훈련을 시킵니다.
- **교사의 팁**: '네가 제안한 첫 번째 아이디어는 너무 평범해. 좀 더 획기적인 아이디어를 제안해주되, 현실적인 예산 범위는 넘지 않도록 해줘'와 같이 점진적으로 요구사항을 구체화하고 조율하는 연습을 합니다.
- **심화 활동**: '최고의 결과물을 위한 나의 프롬프트 변천사'를 기록하게 합니다. 처음의 막연한 프롬프트에서 시작하여 AI와 대화하며 어떻게 프롬프트를 발전시켜 최종 결과물을 얻었는지, 그 과정을 시각적으로 정리하고 발표합니다.

나만의 'AI 활용 윤리 선언문' 만들기

- **활동 목표**: 한 학기 동안 AI를 사용해본 경험을 바탕으로, '나는 AI를 사용할 때 다음과 같은 원칙을 지키겠다'는 내용의 개인적인 윤리 선언문을 작성하고 공유하게 합니다.
- **예시**
  ① 나는 AI의 결과물을 그대로 복사하지 않으며, 반드시 출처를 밝힌다.
  ② 나는 AI에게 편향된 질문을 하지 않도록 노력한다.
  ③ 나는 AI 활용으로 얻은 시간을 더 깊이 사유하고, 친구들과 토론하는 데 쓴다.
- **교사의 팁**: 학급 전체의 윤리 선언문을 함께 만들어 교실에 게시해두고, 수시로 함께 읽어보며 내면화하는 과정을 돕습니다.

AI 시대, 두려움 대신 호기심으로

6개월 만에 'ZOOM 전문가'가 되다

코로나가 처음 시작되었을 때를 기억하시나요? 벌써 오래전 일 같기도 합니다. 하루아침에 모든 것이 비대면으로 바뀌면서 정말 몇 달간은 모두가 패닉 상태였습니다. 그런데 저는 운이 좋은 편이었습니다. 코로나가 있기 전에 줌(ZOOM)으로 비대면 워크숍을 몇 차례 진행한 경험이 있었거든요. 코로나가 본격화되자 주변에서 많은 분들이 어떻게 비대면 미팅과 워크숍을 해야 할지 고민하기 시작했습니다. 그래서 나름의 경험치가 있었던 저는 용기를 내어 무료 공개 과정을 열었습니다. 그리고 제가 알고 있는 것들을 나눠보기로 했습니다.

'10명 정도는 오지 않을까?' 하고 생각했는데 예상과 달리 무려 100명이 넘게 신청했습니다. 100명 제한이 있는 줌 요금제를 사용 중이어서 진땀을 뺐던 기억이 있네요. 하여튼 정말 놀라운 반응이었습니다. 그 후로 공개 과정도 계속 운영하고, 여러 회사 담당자들을 대상으로도 강의를 진행했습니다. 그러던 어느 날, 한 모임에 초대받았는데 저를 '줌 전문가'라고 소개하시더군요. '응? 6개월 만에 전문가?' 솔직히 조금 어색했습니다. 줌을 제대로 사용한 지 고작 6개월. 전문가라면 최소 10년은 해야 하는 것 아닌가 싶었습니다. 게다가 저보다 훨씬 젊고 감각 있는 디지털 네이티브들이 많은데 전문가라 불리니 어색하더군요. 하지만 이런 생각도 들었습니다.

'나이가 있어도 관심만 있으면 충분히 디지털을 잘 다룰 수 있구나. 아니, 오히려 경험이 있기 때문에 기존 시스템과 업무 방식을 새로운 기술과 어떻게 효과적으로 통합할지 더 잘 알 수 있지 않을까?' 그리고 그런 생각을 다른 사람들에게도 전하고 싶은 욕심이 있었던 것 같습니다.

나의 전문 분야에 AI를 더하다

시간이 흘러 이제 AI 시대가 활짝 열렸습니다. 하루가 다르게 새로운 서비스가 쏟아지고, 활용법도 끝없이 나오고 있습니다. '모두가 다 앞서가는데 나만 모르는 것 아닐까?', '나만 제대로 활용하지 못하는 것은 아닐까?' 하는 두려움에 사로잡히기 쉬운 시대죠. 하지만 제 생각은 이렇습니다. 호기심을 갖고 꾸준히 배워나가면, 적어도 자신의 분야에서는 AI를 전문가처럼 활용할 수 있습니다. AI를 직접 개발하지는 못해도, 내가 해온 공부와 업무에 가장 잘 적용하는 방법은 결국 내가 제일 잘 알 테니까요.

새로운 기술이 나올 때마다 적극적으로 배우고, 내가 해온 일과 공부에 접목해서 가치를 만들어내는 노력을 계속한다면 어떨까요? 그러면 '이 분야에서는 내가 AI 활용 전문가다'라고 자신 있게 말할 수 있지 않을까요? 그런 자신감이 쌓일 때, 계속 쏟아져 나오는 새로운 기술을 더 이상 '두려움'이 아닌 '호기심'으로 받아들일 수 있을 것입니다. 그것이 바로 이 변화무쌍한 시대를 즐겁게 헤쳐나가는 방법이 아닐까 생각합니다.

찾아보기

ㅈ~ㅎ